哲学与文明起源

林志猛 ● 主编

恢复古典的创制观
西塞罗《论法律》义疏

Recovering the Ancient View of Founding
A Commentary on Cicero's De Legibus

〔美〕蒂莫西·卡斯珀　著

林志猛　王　旭　等译

商务印书馆
The Commercial Press

Timothy W. Caspar
RECOVERING THE ANCIENT VIEW OF FOUNDING
A Commentary on Cicero's *De Legibus*

Copyright © 2011 by Rowman & Littlefield Publishing Group
根据美国罗曼和利特尔菲尔德出版集团公司2011年版译出

Published by agreement with the Rowman & Littlefield Publishing Group Inc., through the Chinese Connection Agency, a division of Beijing XinGuangCanLan ShuKan Distribution Company Ltd., a.k.a Sino-Star.

国家社科基金重大项目
"地中海文明与古希腊哲学起源研究"（23&ZD239）
阶段性成果

哲学与文明起源
总　序

从西方文明的发展脉络来看,古代近东、古埃及作为文明的发源地,对古希腊文明具有重要影响。早在公元前三千多年,环地中海域的西亚文明和古埃及文明就有较繁荣的文明形态和城邦生活。古代近东和埃及的宇宙论神话、灵魂学、政治观展示出对存在秩序的整体理解,其影响不止于早期希腊神话、哲学和政制,而且延续到后来的希腊化和罗马帝国统治时期。

古代近东文明包含的宇宙起源论、灵魂轮回和灵魂不朽说、宗教神话等,蕴含着对本原、灵魂与身体、善与恶、一与多等议题的思考,激发了古希腊哲学最初对宇宙、自然、灵魂等问题的热切探索。在荷马、赫西俄德、柏拉图及后世思想中,也可瞥见古代近东神话与"宇宙—政治"秩序观念的余晖。因此,欧洲或西方文明的源头是否可略过古代近东而直溯古希腊文明,仍需仔细考辨。

古希腊哲学在融汇古代地中海各地区辉煌文明的基础上,实现了诸多创造性转化,对人世各种基本问题有了更丰富深邃的思索。柏拉图作为古希腊哲学和古典理性主义的突出代表,缔造了宙斯时代或荷马时代之后的文明形态,体现出一种文明综合与提升的典范性努力。柏拉图不仅将宇宙论与目的论关联起来,还特别注重城邦秩序与灵魂秩序的融合,以应对人世的无序化和心灵的畸变。柏拉图试图在适度保留传统宗法的基础上,通过哲学对智慧的求索重塑文明秩序,使政治、法律和文明具有更稳固的根基。

对于什么是自然、本原,自然与礼法的关系,自然与强力、正义的关联,柏拉图的理解迥异于自然哲人、智术师和历史学家,他们之间的思想差异构成西方思想史上的一大张力。柏拉图重新定义自然、灵魂、正义、理性、强弱等核心概念,形成了新的宇宙论、自然观、神学观、自然法和政治理念。与之相反,智术师和历史学家将强者统治弱者当作自然正义和自然法则,而导向强力主义、帝国和僭政。此外,苏格拉底—柏拉图—亚里士多德形成的古典政治哲学传统,在古希腊亦有一个相对立的非政治的哲学传统,即犬儒派的厌世主义、廊下派的世界主义、伊壁鸠鲁派的快乐主义。可见,古希腊哲学本身存在种种思想分歧,呈现出异常复杂的面相。各哲学流派与古代地中海诸文明的关系也盘根错节,皆有待深入细致地重新梳理。

两希文明的冲突与交融,对西方文明的形成亦有重要作用。两希文明中的不同要素,如理性与信仰、古罗马法律制度、基督教文明、日耳曼帝国统治等,对西方文明的最终成型有许多层面的影响。同样需要进一步探察和辨析,近代西方文明主要是承接古代希腊哲学,还是希腊化罗马时期的哲学,抑或以希伯来—基督教文明为主体,从而厘清西方文明的整体面貌和不同文明要素之间的复杂关系。

近现代西方哲人提出新的自然和政治原则,构建了现代自然法和自然权利论,更为关注人的自然欲望的满足。霍布斯、洛克、卢梭等哲人对于自然状态、人性、德性和政制的新构想,塑造了现代政治哲学的新面目。古今哲学对自然、德性、法律、理性、快乐的看法存在诸多争执,由此产生了不同的制度设计、道德意识、人性认知和文明理念。可以看到,西方文明体内部具有各种张力。重新探究西方哲学和文明的根源,可以更好地看清西方在近现代为何遭受了文明、价值、政治上的危机和困境。通过检审西方古今文明的得与失，亦可打破文明史的线性叙事，展现西方哲学史和文明史中的转折、断裂和变型。

从东西方古典文明来看，中华文明与古代近东、古希腊文明亦有相当的契合性，对于宇宙、城邦、德性、战争与和平等重要议题常有共通的见解。东西方古典文明都强调德政和灵魂完善，对强力主义、政治失衡、人伦失序、过度欲望化等均有深刻反思。故而，对东西方传世经典的深入阐发与互鉴，也有助于古典文明的返本开新和古今价值的转化融通。

林志猛

2024 年 10 月

译 序

西塞罗的经典著作《论法律》(*De Legibus*)[1]分三卷探讨了自然法、宗教法和官职法，他对自然法的阐述对后世影响深远。在诸多《论法律》的研究中，卡斯珀(Timothy W. Caspar)的《恢复古典的创制观：西塞罗〈论法律〉义疏》[2]尤为细致入微，逐卷逐节地解读了这部经典，并对勘了西塞罗《论共和国》(*De re publica*)、柏拉图《法义》(*Laws*)、廊下派著作等相关论述。卡斯珀深入阐明，西塞罗并非一般所认为的廊下派，而是更接近柏拉图。卡斯珀充分关注到《论法律》的戏剧和修辞特性，并抽丝剥茧地剖析了其中的思想内涵，挖掘出西塞罗法律观蕴含的政治与哲学意图。

一、自然、理性与法律

在西方自然法传统中，西塞罗的自然法观念是古典自然法的突出代表。西塞罗对自然、法律和理性的理解看起来有廊下派色彩，但实则与柏拉图密切相关。《论法律》从场景的设置、对话主题的安排到具体的论证，都有意模仿柏拉图的《法义》。《论法律》卷一阐述法律的根基为自然、理性，哲学乃是法律的基础，这与《法义》卷一的主旨相关。《论法律》卷二探讨宗教法，与《法义》卷八的宗教法和卷十的神学论证等也有直接关联。《论法律》卷三考

---

[1] 西塞罗：《论法律》，王焕生译，上海人民出版社2006年版。以下凡引此书只在文中标明出处，据原文有改动。
[2] 以下凡引本书只在文中标明原书页码，即本书边码。

察官职法，则对应于《法义》卷六的官职设置。

在《论法律》中，西塞罗对"自然"（natura）有着深刻的理解。他一开始就指出，要探究法律的根源，首先得弄清"自然"赋予人什么恩惠，人的心智（mens）有何种创造完美事物的巨大能力，人生在世要履行什么义务，人与人之间有何自然联系（《论法律》I.16）。在西塞罗看来，要解释法的本质，需从人的自然本性去寻找，凭借哲学来探究。他更看重的是人追求心智完善的自然目的和自然义务，因为理性蕴含于人的自然本性。西塞罗提到廊下派的法律（lex）观：

> 法律是植根于自然的最高理性（ratio summa），它命令必须做的事情，禁止相反的事情。当同样的理性在人们心中得到确保和建立时，就是法律。因此，他们通常认为，法即智识（prudentiam），其含义是智识要求人们正确地行为，禁止人们违法。（《论法律》I.18—19）

西塞罗认为法律与自然紧密关联，但传统诗人却力图将两者拆开。卡斯珀表明，按照传统诗人，人的想象力或心智与自然无关，自然之物易朽，而不依赖于自然的诗作才永恒。诗的创作或技艺可以征服自然，由此对新政制的立法者或创制者构成威胁（卡斯珀，第27页）。诗人构筑的诸神形象和宗教若成为法律的唯一根基，在时代变迁和宗教衰落的过程中，法律将无法持续改良直至失去权威。因此，需要将法律与自然、真理融合起来，使自然成为法律和正义的正当基础，这种自然法将支配人与人、人与神之间的关系。西塞罗由此让我们看到，政治和法律无法超越自然，违背人的自然本性，两者均植根于自然而有其限度。

西塞罗还表示，廊下派秉承希腊法律（νόμος）中的公平概念，即法律是赋予每个人所应得。但他自己更倾向于认为，"法律"

(lex)源自"选择"(lego)概念,法律是自然的力量,明智者的心智和理性,亦是正义与不义的准则(《论法律》I.19)。实际上,柏拉图也早就将法(νόμος)与理智、理性、哲学关联在一起:"法意图成为对实在的发现"[3],法是"理智的分配"(νοῦ διανομὴν)[4],"理性(λόγος)力图成为法"(柏拉图《法义》835e)。在柏拉图看来,好的立法基于诸德性的自然秩序(柏拉图《法义》631b—d)。西塞罗对法律的阐述与柏拉图息息相关。

卡斯珀明确指出,西塞罗兼取了希腊与罗马对法的理解。西塞罗式的政治智慧认识到,政治正义是自然正义与习俗正义的结合,西塞罗也像亚里士多德那样,区分了分配正义与交换正义。法律不仅要给每个人分配应得之物,还要在人遭受不义时进行矫正以恢复正义(卡斯珀,第42—43页)。法律要做出恰当的分配,就得充分认识每个人的自然本性,以分配适合其本性的有益之物或位置,使人各得其所。因此,法律需要包含理智或智慧的要素,才能做出这样的分配。换言之,法律和政治需要高于其自身的哲学。但对于各种不义和犯罪行为的矫正,又需以政治和现实为依据,采取具有强制性的法律手段。自然法虽是最高的,但西塞罗并不限于谈论最高的法律,而是顾及民众通常会提到的那些有允许或禁止效力的条规(《论法律》I.19)。

在西塞罗那里,自然、神、人之间有着独特的关系。西塞罗提出,统治整个自然(naturam omnem)的到底是不朽神明的力量或本性,还是理性、权力、智慧、意愿等概念。在各种生灵中,唯有人有感觉、记忆、预见、理性、智力、思维等,人由神所创造。人和神共有理性这一最美好之物,彼此间存在"正确的共同理性"(recta ratio

---

[3] 柏拉图:《米诺斯》,林志猛译,载《柏拉图全集·中短篇作品(下)》,华夏出版社2023年版,315a。以下凡引此书只在文中标明出处。

[4] 柏拉图:《法义》,林志猛译,华夏出版社2023年版,714a。以下凡引此书只在文中标明出处。

communis）。法律便是理性，人与神在法律上也共有。人们若服从于同一个政权，便是服从于"上天秩序、神的智慧和全能的神"。因此，整个宇宙应视为神人的共同体（《论法律》I. 22—23）。西塞罗进一步表明对人的自然本性的看法：

> 天体经过不断的运行和循环，达到了某种可以播种人类的成熟状态；人类被撒播于地球各处，并被赋予神明的礼物——灵魂；当组成人的其他成分来自有死之物，脆弱、易朽时，灵魂却产生于神明。因此完全可以说，我们同神明之间有着亲缘的或世系的或同源的联系。（《论法律》I. 24）

西塞罗对人的灵魂和人神关系的描述，同样有着柏拉图的思想印痕。按照柏拉图《蒂迈欧》中的创世论，宇宙灵魂具有理智，支配着整个宇宙体。人的灵魂是宇宙灵魂跟一些杂质混合的产物，在此世活得好的灵魂会回到天上对应的那颗星辰。造物者在恰当的时机将每个灵魂"播种"到地球、月亮等之后，灵魂自然生长为最敬神的部分。[5]在《法义》中，柏拉图将宇宙灵魂视为一种"自我运动"，能推动自身和宇宙万物运动。灵魂作为"初始之物"，优先于物质性的诸元素（水、火、土、气等），因此更应称为"自然"。柏拉图最后将诸神定义为具有完整德性和理智的诸灵魂（柏拉图《法义》892c，896c，899b）。显然，西塞罗认为人的灵魂源于神，并在天体运行中被"播种"，人回忆和认识自己便是在认识神，这与柏拉图的看法极为相近。

卡斯珀注意到，西塞罗笔下的至高神赋予人理性，人与神共享理性，可谓同一谱系和族群。"西塞罗的至高之神似乎受到理性和

---

5 柏拉图：《蒂迈欧》，叶然译，载《柏拉图全集·中短篇作品（下）》，34a—b，41d—42e。

自然的约束：至高无上的神受内自身内在标准约束，同时以这一标准掌管人与次一级的神。相比之下，《创世记》中的创世神神秘而全能，人根本无法企及。"（卡斯珀，第58页）西塞罗描述的神明显不同于多数人崇敬和供奉的传统神，而是更多用理性、理智、智慧、德性、灵魂这类概念来展现，更接近柏拉图呈现的理智神。西塞罗甚至说，神人相似，具有同一种德性，那便是达到完善，进入"最高境界的自然"（《论法律》I. 25）。自然原本有别于习俗塑造的诸神，西塞罗却将两者融为一体。自然不仅给人提供了丰富无比的东西，还教导人发明了各种技艺，凭智慧创造出种种生活所需之物。在柏拉图看来，人的自然目的在于追求灵魂的完善和心智的完满，使自身拥有健全的德性和智慧。爱智慧的哲人常被比作神样的人。西塞罗同样表示，人与神经由完善和发展理性，可达到自身存在的最高境界，人与神共享同样的德性。西塞罗得出：

> 按照自然生活是最高的善，亦即过适度的、符合德性要求的生活，或者说遵循自然，如同按照自然法律生活，亦即尽其可能，完成自然要求的一切……自然要求我们如同遵循法律般地遵循德性的要求生活。（《论法律》I. 56）

依自然生活即过合德性的生活和根据自然法生活，因为法律源于自然。这种生活被视为最高的善，西塞罗进一步表明，智慧是所有善之母，而"哲学"的原意即是爱智慧。哲学既教导人认识诸事物，更重要的是教人认识自己，以感受到自身的某种神性，进而在智慧的指引下成为高贵和幸福之人（《论法律》I. 58—59）。从这些论述看，西塞罗更为强调的是哲学而非宗教，即便他的哲学与政治、宗教有所调和。因此，西塞罗在根本上并非廊下派或犬儒派。廊下派的自然法基于神圣天意说和人类中心的目的论，西塞罗在《论神性》中都进行了批驳。尽管《论法律》看起来有廊下派的思想痕迹,但西塞罗终归更倾向柏拉图哲学。[6]

廊下派的自然法或神法相当于最高神或其理性,通过形塑恒在的质料,自然法等同于支配宇宙大全的有序原则。人作为理性存在者能认识并遵从这样的自然法,而走向有德的生活和完善。但有德性的生活并非普通人的道德生活,而是类似于哲人的沉思生活。问题在于,多数人能过哲人的生活吗? 廊下派也被看作是平等主义者,否定了亚里士多德所谓的自然奴隶。但这并不能证明,所有人在成为智慧者或有德者方面自然平等。[7]比起柏拉图,西塞罗为传统宗教做了更多保留。西塞罗也表示,自然法要与人类生活真正相关,就不能将人类视为脱离身体的灵魂,而必须看成灵魂与身体的结合(卡斯珀,第38页)。但灵魂在认识并接受德性之后,便不再受制于身体,而会抑制对快乐的追求,摆脱对死亡和痛苦的恐惧,并保持宗教的纯洁性,分辨善恶(《论法律》I.60)。西塞罗在兼顾罗马宗教和政治现实的同时,更为强调灵魂的优异和理性生活。

在解释自然法和自然正义时,西塞罗追溯到法律和正义的起源或第一原则。卡斯珀表示,西塞罗遵循柏拉图和亚里士多德的教导:探究某物"是什么"依赖于其开端,开端内含此物的终极目的和自然本性(卡斯珀,第41页)。既然法律源于自然且内含最高理性或正确理性,法律就不只是由人民的法令、统治者的决定、法官们的判决确立,或是人民投票或决议的产物(《论法律》I.43—44)。因为,多数人的意见有好有坏,彼此之间相互冲突(柏拉图《米诺斯》314b—e),法律作为善物并非源自坏的意见。正义与不

---

6 施特劳斯:《自然权利与历史》,彭刚译,生活·读书·新知三联书店2016年版,第156—157页;卡斯珀,第49—50页。
7 施特劳斯:《论自然法》,张缨译,载《柏拉图式政治哲学研究》,张缨等译,华夏出版社2012年版,第187—188页。

义的区分同样依据自然,而非意见或决议。无疑,西塞罗对自然正义和自然目的的看法也更接近柏拉图。

二、 宗教法与官职法

《论法律》卷二主要探讨宗教法。西塞罗认为,真正的立法者必须具备最高的实践智慧,共和国应由懂得最好的自然法的政治家来统治,此即自然法共和国。自然法体现了正确的理性,自然法共和国创立者的目标在于正确的理性,并能够以通俗的理性言说教化公民。法植根于自然意味着基于人的灵魂,植根于明智者的灵魂和理性。西塞罗虽看重理性,却未忽略宗教和虔敬,他创立的政制基于对诸神的尊敬及诸神统治的自然。

西塞罗像柏拉图那样引入了"法律序曲"(legis proemium),即置于正式的法律条文前的劝谕性言辞。法律序曲旨在让人更认同并接受法律,并从中学到东西(柏拉图《法义》723a)。西塞罗的宗教法序曲表明,凡事皆由神明统治和管理,按神的决定和意志发生,神有恩于人类,关注每个人的为人、行为、想法和是否虔敬。此外,人具有理性和灵智,宇宙大全同样有,天体乃是靠理性运动。没有什么事物能超越自然,自然具有理性(《论法律》II. 15—16)。西塞罗还提出,我们若承认诸神存在,其灵智统治宇宙,并关心人类,能向人显示要发生之事的征兆,预言就可能存在(《论法律》II. 32)。柏拉图在《法义》卷十也论证过,诸神存在、关心人类且不会被献祭和祈祷收买。诸神作为有完整德性的诸灵魂,理智、智慧也是其突出特征。

在卡斯珀看来,西塞罗接受私人圣坛和家族诸神,其城邦有别于柏拉图的城邦。西塞罗的城邦会更虑及人的境况,这些人居住于自然世界而非理念的世界,同样注重公共仪式而不仅仅是纯粹的哲学。西塞罗对宗教的关切是其关注自然和自然法的一部分,因为,宗教及其典礼加强了政制的正当性。西塞罗的法律确立了宗教崇拜体系,但人应当借此形成对政制的伟大敬意和尊重,造就健康的共和国(卡斯珀,第148页)。宗教法的引入是为对灵魂保持永恒的关注,使灵魂尽可能朝向理性与自然正义。但卡斯珀在对照柏拉图的论述中,往往更凸显柏拉图的哲人王和善的理念,柏拉图的城邦看起来过于理想。[8]实际上,柏拉图《法义》构建的是次好的城邦,或现实可行的最佳政制,即包含贵族制、君主制和民主制的混合政制。[9]哲学在《法义》中非常隐蔽,已经过淡化与调和,可与宗教和政治更好地融合。

《论法律》卷三涉及官职法,《法义》卷六也是处理官职问题。在提出具体的法律条文前,西塞罗像柏拉图那样放入了法律序曲,主要包含三个方面。第一,官员及其职责与法律之间有内在联系,官员的职责是规定正确、有益且符合法律的事情,官员如同会说话的法律。第二,官员的权力有宗教基础,乃是神圣权力的一部分。第三,合理安排官员的职位,官员们要知道如何轮流统治与被统治(《论法律》III.1—5)。

西塞罗也提倡包含君主制、贵族制和民主制要素的混合政制,认为最好的共和国是混合的或节制的共和国。保民官职位乃是混合政制的必要部分,既能平息民众的愤怒又能防止僭政,从而确立正当的政制。西塞罗对官职的安排体现了政治的节制,充分认识到政治的限度和人的限度,其创立政制的教诲是对政治节制的教导。所有的创制者应从自己原有的政制出发,而非推倒重来、连根

---

[8] 雷克辛指出,西塞罗在某种程度上依赖于柏拉图,但更依赖于罗马理想、习俗及传统。西塞罗强调人与神的关系,并表示像祖先那样恰切地敬神将十分有益。他同样认为,柏拉图过于形而上和理想化,西塞罗则回溯到罗马祖先及罗马国家的辉煌历史。参 John Rexine, *Religion in Plato and Cicero*, New York: Greenwood Press, 1959, pp.127-128。

[9] 林志猛:《柏拉图〈法义〉研究、翻译和笺注》第一卷《立法的哲学基础:〈法义〉研究》,华东师范大学出版社2019年版,第109—111页。

拔除，直接另立新政体。西塞罗构建的最好法律并不是对任何现实政治的完全抽象，而是顾及人类生活和利益，以适用于现实政体或共和国。西塞罗从既定的罗马共和国出发，并在罗马之外寻求立法标准。在拥有稳固的根基后，方能走出罗马，在自身政制之外寻求超越性的哲学指引。因此，卡斯珀将这种政治正当看作自然正当与法律或传统正当的结合（卡斯珀，第202—203页）。

卡斯珀表明，西塞罗的哲学与政治任务息息相关。西塞罗试图在罗马重建共和政制，为未来的自然法共和国缔造者提供模型。因此，西塞罗首先要复兴健康的哲学，以引导共和制的回归与平稳运行。此外，西塞罗借助荣誉或高贵吸引各学派，尤其是向廊下派显示，人要变得高贵需参与政治，而非仅仅过哲人式的沉思生活。由此也可说服学园派和漫步学派，正直和高贵之人都能认可的政制，并不只是专注于明智者，而是着眼于共同利益的自然法政制（卡斯珀，第84页）。可以看到，西塞罗的政制和法律与现实有更深的调和，但并未由此摒弃哲学。

本译著初稿由徐芹芹译第一章，王旭译第二章，罗勇译第三章，王婕玲译第四章，笔者译第五章。后由笔者重译了部分章节，并统校全书。王旭、于璐审校了部分译文，在此对各位译者一并致谢！译稿虽几经打磨，错误在所难免，望方家不吝指正！

林志猛
2024年9月

目　录

致谢 ·· 1

第一章　导论:回顾《论法律》研究 ················ 2
第二章　自然与正义法的根基 ····················· 27
第三章　自然法共和国(一):宗教法 ············· 132
第四章　自然法共和国(二):官职法 ············· 221
第五章　结语:哲学、政治和修辞 ················ 278

参考文献 ··· 283
索引 ·· 292

致　谢

此书是我2006年3月在克莱蒙特研究生大学（Claremont Graduate University）的博士毕业论文修订版。我很幸运有许多优秀的教授指导我的研究生学习。我要特别感谢委员会的成员，他们对我的思想和写作产生了巨大而持久的影响，不管是总体而言的政治学，还是尤其针对西塞罗：凯斯勒（Charles R. Kesler）是委员会主席，也是第一个建议我就《论法律》写作的人；布利茨（Mark Blitz）；雅法（Harry V. Jaffa）；小尼科尔斯（James H. Nichols, Jr.）。他们全部来自克莱蒙特·麦克纳学院（Claremont McKenna College）。在希尔斯代尔学院（Hillsdale College）——我的母校和雇主——我有许多优秀的同事，一些是我以前的教授，对他们我都感激不尽。尤其，我想要感谢：克雷格（Mickey Craig）和伊登（Robert Eden），他们是我转向严肃的政治哲学研究的原因；霍姆斯（Lorna Holmes），感谢她在古典拉丁语和古希腊语方面的严格教导；莱星（Judy Leising），她在迈克尔·亚力克斯·摩西图书馆（Michael Alex Mossey Library）馆际互借办公室工作，不辞辛劳地帮我找到了许多书籍与文章，其中一些非常少见。列克星敦出版社（Lexington Books）的员工同样不可或缺，尤其是我的编辑威尔逊（Jana M. Wilson）和格日博夫斯基（Laura Grzybowski）。匿名评审的意见深入而缜密，这本书也因此得到很大的改进。我也特别感谢我的双亲鲁道夫（Rudolph）和西夫（Siv），他们从小培养我对古典研究，特别是对古罗马的热爱。势必摧毁迦太基（Carthago delenda est）！最后，我想要特别感谢我亲爱的妻子凯蒂（Katy），没有她的支持、鼓励和编辑技艺，此书难成。

第一章　导论：回顾《论法律》研究

> 实际上，对于男子气德性的所有检验，立法并创建城邦乃是最完美的。
>
> ——柏拉图：《法义》708d7—8*
>
> 要知道，人类的德性在任何事情中都不及在建立新国家或者保卫已经建立的国家中更接近神意。
>
> ——西塞罗：《论共和国》I.12**

任何研究总有这样的风险：为了追求无所不包，阐释者的理论变得太过僵硬，以至于无法或不能调整以适应它面临的任何新现象。这种解释可能展示了作者自己明显的洞察力或阐释能力，却未公平对待它所尽力阐释的内容。抛开这种潜在困难，如果我们想要了解西塞罗写作《论法律》的意图，必须开始拟定一种初步的解释。[1]

---

* 《法义》中译文参柏拉图：《法义》，林志猛译，华夏出版社 2023 年版，下同。[星号注为译者注。]

** 本书《论共和国》《论法律》《论演说家》《论义务》中译文参西塞罗：《西塞罗文集（政治学卷）》，王焕生译，中央编译出版社 2010 年版，据原文有改动，下同。

[1] 拉丁文本见西塞罗：《论共和国 论法律 论年老 论友谊》(*De Re Publica, De Legibus, Cato Maior De Senectute, Laelius De Amicitia*, ed. J. G. F. Powell, New York: Oxford University Press, 2006)。在鲍威尔的版本之前，权威拉丁文本是齐格勒版，西塞罗：《论法律》(*De Legibus*, ed. Konrat Ziegler, Heidelberg: F. H. Kerle Verlag, 1950)。英译本见《论共和国 论法律》(*On the Commonwealth and On the Laws*, trans. James E. G. Zetzel, Cambridge: Cambridge University Press, 1999)。另一版新近的翻译是鲍威尔(Jonathan Powell)和拉德(Niall Rudd)作序、注疏的《论共和国 论法律》(*The Republic and The Laws*, trans. Niall Rudd, New York: Oxford University Press, 1998)。洛布古典丛书版采用英文和拉丁文本相互对照，仍然是许多人的标准教学版本，西塞罗：《论共和国 论法律》(*De Re Publica. De Legibus*, trans. Clinton Walker Keyes, Cambridge: Harvard University Press, 1994, 首版 1928 年)。

毕竟,西塞罗写作是为了供人阅读。难道他竟料想,没有人敢尝试研究如此备受敬重的罗马圣贤,唯恐扰乱了伟大的哲学传统?这看起来极不可能:西塞罗本人针对过度依赖权威的言辞引导我们抛弃了这种看法,与其追随老师的权威(auctoritas),不如追随理性(ratio)的运行。[2]

西塞罗本人身为学园派怀疑论者,倾向于质疑所有摆在他面前的学说。在涉及自己的作品时,无论受到多么高的尊崇,他都不可能试图横加武断之论。[3] 毕竟,当他找到政治哲学的伟大传统时,他毫无畏惧地践履其上:他常说,尽管他追随希腊人,特别是"神样的人"柏拉图,但他不仅仅是一个翻译者。他经常提醒读者,希腊路径看似以各种晦涩或过于专业的问题的辩证争论为特征,但切勿被它们困在一个狭窄的角落里。西塞罗坚持,为了回应那些仅仅把他的思想等同于他人思想的人,他想要做"我自己"。[4]

那么,为什么我们不应该期望做我们自己呢?凭着这种坚持己见,即坚信不存在伟大到无法与之对质的哲学权威,西塞罗不仅为他自己的时代,而且为所有时代,为我们制定了一个艰巨的任务:他强烈建议我们面对哲人的教导,理解其中适用于所有时间和

---

2 《论诸神的本性》(*De Natura Deorum*, trans. H. Rackham, Cambridge: Harvard University Press, 2000) I. 10。

3 见,例如,《图斯库路姆论辩集》(*Tusculan Disputations*, trans. J. E. King, Cambridge: Harvard University Press, 1996) II. 5, 9; III. 12; IV. 7, 47;《论学园派》(*Academica*),载《论诸神的本性》,"致瓦罗的信";I. 17, 43—46; II. 7—9, 64—146,特别是143、148;《论诸神的本性》I. 6, 11—12;《论占卜》(*De Divinatione*),见《论老年 论友谊 论占卜》(*De Senectute, De Amicitia, De Divinatione*, trans. William Armistead Falconer, Cambridge: Harvard University Press, 1996) I. 6—7; II. 8, 150;《论义务》(*De Officis*, trans. Walter Miller, Cambridge: Harvard University Press, 1968) II. 8—9; III. 20。

4 《论法律》II. 17; III. 1;比较 I. 36—37;《论演说家》(*De Oratore*)卷1—2(trans. E. W. Sutton and H. Rackham, Cambridge: Harvard University Press, 1948),以及卷3(trans. H. Rackham, Cambridge: Harvard University Press, 2004) I. 23, 102, 224; II. 61;《论至善与至恶》(*De Finibus Bonorum et Malorum*, trans. H. Rackham, Cambridge: Harvard University Press, 1994) I. 7。西塞罗依托于柏拉图与亚里士多德的明确证据,见《论法律》I. 15, 38, 55; II. 14, 39, 41, 45, 67, 69; III. 1, 5, 14(但是见 III. 32 对柏拉图的批评)。其他例子是《论学园派》I. 10, 17, 18;《图斯库路姆论辩集》I. 7; II. 9。

地点的观念和真理,也就是,不仅仅适用于希腊人的。相比之下,西塞罗时代的罗马人大部分都满足于将哲学留给希腊思想家,要么唯恐玷污希腊哲学,要么更可能地,担心罗马男子气概的德性相形见绌。研究西塞罗的一流学者尼戈尔斯基写道:"在罗马人眼里,哲学是一种希腊式的追求。"实际上,西塞罗对哲学的追求使他获得了"不适合罗马的风格""奇怪的希腊迷(Graecophile)"的名声。无论如何,既然一手的希腊作品唾手可得,用拉丁语精心雕琢希腊哲学文本的意义何在?不管怎样,西塞罗都不会同意:虽然他不会成为一个纯粹的翻译者,但他理所当然地认为哲学在罗马有一席之地。另一方面,他敏锐地察觉到,因他对哲学的热爱,他的公民同胞们可能觉得他不合时宜(ineptum),并由此产生对他的蔑视。(在这种背景下,想一想,在《论演说家》中,勇敢的、热衷政治的克拉苏斯[Crassus]如何发誓:不管社会状况怎样,希腊人偏偏充满着投入最精微的辩证式追问的意愿。)然而,西塞罗也表示,哲学是他独自享受闲暇(oti)的最高尚(honestissimum)的方式。他的话激励我们从事相同的事业。[5]

《论法律》及其研究者

《论法律》中的人物马尔库斯(Marcus)不止一次告诉我们,他在为《论共和国》中描述的混合共和政制立法,是一种罗马共和政制的改良或理想化形式。[6]此时此刻,我们应该注意到,学者们并没

---

[5] 《论学园派》I. 4, 8, 10—11。《论演说家》II. 17。Walter Nicgorski, "Cicero and the Rebirth of Political Philosophy," *The Political Science Reviewer* 8 (Fall 1978): 63-101, 见第67页。在第68页,就上文提及的西塞罗怀疑主义,尼戈尔斯基写道,"毫无疑问,西塞罗把自己与学园派联系起来",因为他认为,这是发现"哲学思考的重要问题可能或最可能答案的"最好方式;同时见第70、72—73页。罗森(Elizabeth Rawson)注意到,在西塞罗时代,任何在希腊学习的罗马人都遭到嘲笑,见 *Intellectual Life in the Late Roman Republic*, London: Duckworth, 1985, 6。

[6] 《论法律》I. 20; II. 14, 23; III. 4, 12;比较 I. 15。

有就《论共和国》展现了一个理想化罗马这一观点达成共识,即便他们承认它与《论法律》之间有密不可分且至关重要的联系。尤其,在一篇充满敏锐洞察力的论文中,鲍威尔主张:"事实上,在《论共和国》中不存在理想的国家,使得《论法律》之法成为该国之法。"[7]换句话说,在《论法律》中,马尔库斯为之立法的罗马不是理想化的罗马。相反,斯基皮奥(Scipio)于《论共和国》卷二叙述的罗马史,在依然存在于斯基皮奥时代的政制中达到鼎盛,甚至可能延续至西塞罗的时代。根据鲍威尔的说法,斯基皮奥传达的"信息是我们于449年达成了混合政制,即最好的政制,从那时起一直延续,直至现在"。[8]因而,这使得他坚持,罗马衰败是由于"罗马人自身的过失",而"不是政制的过失。罗马依然有着最好的政制"。[9]

如果像鲍威尔那样,说罗马共和国衰弱是由于"统治者的巨大过失",而不是因为混合政制的丧失,那就忽视了统治者、被统治者以及政制之间的联系。[10]统治者与被统治者的关系是最佳政制或混合政制的真正本质。假如西塞罗时代的罗马统治越来越将以牺牲公共善为代价追求个体卓越的统治作为特征,那么,该政制就不再是混合的,而且,为恢复其恰当的平衡,就需要由政治哲学指导进行重建。正如马尔库斯在《论法律》中所说:"整个国家的管理靠官员之间的权力分配来维系。"[11]倘若一些官员获得了不应当属于他们的权力,整个混合共和政制的基本平衡就丧失了。

更重要的是,我赞同鲍威尔的观点,斯基皮奥的历史描述了一种罗马政制的诞生,这种政制是恰当混合的。但那更多是偶然与

7　J. G. F. Powell, "Were Cicero's *Laws* the Laws of Cicero's *Republic*?" in *Cicero's Republic*, eds. J. G. F. Powell and J. A. North, London: Institute of Classical Studies, 2001, 17-39,见第20页。

8　J. G. F. Powell, "Were Cicero's *Laws* the Laws of Cicero's *Republic*?" 24. 强调为鲍威尔所加。

9　J. G. F. Powell, "Were Cicero's *Laws* the Laws of Cicero's *Republic*?" 25.

10　J. G. F. Powell, "Were Cicero's *Laws* the Laws of Cicero's *Republic*?" 25.

11　《论法律》III. 5。

强力，而非反思与选择的结果，正如当鲍威尔写作时，他自己承认：西塞罗的"方案"——利用罗马作为他效仿的那种混合政制的最佳实践案例——"将会被追随，即便代价是把罗马祖先实际上并未实现的对第一原则更伟大的理解归于他们"。[12]这种"更伟大的理解"，与有选择性改编罗马历史事件相结合——包括为希腊知识及其影响虚构出一种巨大作用——恰好使得斯基皮奥的罗马成为"理想化"的罗马。[13]正如莱利乌斯（Laelius）就斯基皮奥对罗慕路斯（Romulus）建城的描述注意到的："你在谈到罗马的地理位置特征时，把罗慕路斯出于机运或必要性做的事情归于他深思熟虑的计划。"[14]换言之，如果罗马在过去处于最好政制之下，直言不讳地说，那是运气。斯基皮奥引用加图作为权威明确地指出过，并没有统领一切的计划指导罗马朝向最好的政制或混合政制。[15]相反，原初的罗马德性，在西塞罗时代渐趋衰落，它与运势的偶然事件结合，为罗马带来了混合政制的益处。实际上，斯基皮奥的历史是政治哲学为罗马历史恢复名誉的一个实例。它描绘了一个从一开始就愿意接受政治哲学指导的罗马，而如果要在西塞罗时代或将来某个时候恢复混合政制，如此的指导绝对必不可少。这就是鲍威尔声称在《论共和国》中不见其踪影的"净化或纯化"。[16]

之后，鲍威尔声称，斯基皮奥的历史证明了"具有远见卓识的个体在历史进程中有着决定性的影响"，因此，"智慧能复原其创造之物"，这种观点当然是正确的。[17]但是，为了给西塞罗时代或者未来某个时代的罗马人在政治危急关头开创哲学指导的可能性，斯基皮奥的历史在早期罗马统治者身上灌输了本不存在的远见卓

---

12 J. G. F. Powell, "Were Cicero's *Laws* the Laws of Cicero's *Republic*?" 21.
13 《论共和国》II. 34。
14 《论共和国》II. 22。
15 《论共和国》II. 2。
16 J. G. F. Powell, "Were Cicero's *Laws* the Laws of Cicero's *Republic*?" 25.
17 J. G. F. Powell, "Were Cicero's *Laws* the Laws of Cicero's *Republic*?" 29.

识与智慧。鲍威尔自己也暗示了这一点,尽管是不经意地提及的,他写道:"凭着天赋的才智,罗马的王者与治邦者们应当已经洞穿后来希腊哲人在理论上呈现的东西。"[18]斯基皮奥的罗马是理想的,它展现了一个有意且乐意选择最好政制形式的罗马,但事实上并非如此。而且,因为他们并不知道他们曾拥有过,所以当开始失去时,他们也无从知晓。事实上,斯基皮奥提供了一个对原初罗马德性的深刻批评:要是他们一开始就知道他们在做什么,恰如他暗示的,罗马人不会置身于现在的困境之中。作为政治体制的学生,他们会意识到罗马的衰落,并做出行动予以阻止。他们就能够"知道政治循环的转变",能够知道如何"从其始端起认识这一循环的自然运动和轮转"。他们就能拥有"公民审慎(civic prudence)的首要素":有能力"理解各个共和国的发展道路与转折"。那么,他们就能知道"任一行为向哪个方向转变",因而能够"预先加以制止或抗阻"。[19]然而,西塞罗清楚周遭发生的事,因此他将批评隐藏在表面上的恭维之中:斯基皮奥提出他理想化的历史,试图说服他的罗马同胞,尽管到目前为止所有一切都偏离正轨,但明智选择仍为时未晚,只要他们愿意像罗马一开始那样受政治哲学的学问指导。

不管我们如何看待《论共和国》描述的罗马,所有人都赞同,西塞罗讨论共和国和讨论法律的书之间有着根本的联系。然而,《论法律》对政治哲学传统看似重要,却与其受到的学术兴趣的对应程度不相匹配。而且,那些花费许多时间钻研这本书的学者似乎并不太鼓励更深入的研究。古典学者戴克新近在一则评价中,惋惜《论法律》研究的冷清:"对西塞罗《论法律》的忽视令人震惊。"[20]

---

18 J. G. F. Powell, "Were Cicero's *Laws* the Laws of Cicero's *Republic*?" 30.
19 《论共和国》II. 45。
20 Andrew R. Dyck, *A Commentary on Cicero, De Legibus*, Ann Arbor: The University of Michigan Press, 2004, vii.

而戴克并不是唯一一位察觉到这一点的学者:在他对《论法律》大量评注(总体上,对所有研究这部作品的学者而言,都是优秀的参考资料)的导言开头,他引述了另一位学者瓦尔特的研究:"尽管对希腊化哲学的兴趣业已复兴,但新近研究《论法律》的作品出人意料地寥寥无几",这非常遗憾,因为"《论法律》卷一……是一项恢宏的规划,其本身就非常值得关注"。[21]在瓦尔特与戴克之前,古典学者罗森(她三十年前的开创性作品现今仍影响广泛)在一篇广受尊崇的论文中写道,《论法律》"提出了无数的问题",这个事实令"作者的许多研究者干脆绕开了它",或者也许甚少言之。它被极大地忽略了,这一事实促使罗森如此悲观地评价:"过去的百年见证了甚少的扎实前进,这着实令人沮丧。"[22]在一部《论法律》最新译本的导言中,作者主张,她的文章是有关此文本"大多数重要关键问题的基础性介绍",因此,罗森显然是许多研究《论法律》的当代学者诉诸的权威。[23]

然而,如果学者们共同惋惜对《论法律》的相对忽视,那么可以问,他们是否至少应该为这事态承担某些责任。在他们的作品中,我们能否为政治哲学的严肃研究者找到一个不可抗拒的理由,使其在穿梭于从古希腊到后来基督教和中世纪思想家的道路上时,给予西塞罗和他谈论法律的作品更多关注,而非草率或匆匆一瞥?相反,这些极具才能和备受训练的专家令读者倾向于认为,西塞罗是一位杂乱无章的思想家,热衷于过于野心勃勃的尝试,即整合其他作者的思想,而这些思想并不总是互相契合——或者说,至少不能完美契合。如上所述,罗森论及"无数的问题",这令《论法

---

21 Paul A. Vander Waerdt, "Philosophical Influence on Roman Jurisprudence? The Case of Stoicism and Natural Law," *Aufstieg und Niedergang der romischen Welt* 2, no. 36 (1994): 4867, 4867n60.

22 Elizabeth Rawson, "The Interpretation of Cicero's *De Legibus*," in *Roman Culture and Society: Collected Papers*, Oxford: Clarendon Press, 1991, 125–48, 见第 125 页。

23 *On the Commonwealth and On the Laws*, trans. James E. G. Zetzel, xxxv.

律》晦涩难懂。倘若西塞罗自身没有条分缕析地写作,如何指望我们严肃认真地分析他的作品?[24]同时,戴克几乎将对西塞罗的理解贬损为资料的堆积,因此,看似褒扬,实则贬抑:西塞罗不是"哲学写手",他的主要成就是从他遇到的不同思想家那里,比如第欧根尼(Diogenes)、波西多尼乌斯(Posidonius)、帕奈提乌斯(Panaetius)或者安提俄库斯(Antiochus),"摘录那些他自己感兴趣的观点","构思他自己的哲学论证评论"。[25]类似地,瓦尔特认为,在《论法律》卷一中,西塞罗给出的自然法定义"明显选择了改编廊下派自然法的理论"。运用"学述源头"(doxographical sources)的方法,瓦尔特继续追溯西塞罗自然法的定义直至廊下派,芝诺(Zeno)、克律西普斯(Chrysippus),最终到安提俄库斯。[26]再来看看洛布版《论共和国 论法律》导言,其中强调,西塞罗《论共和国》和《论法律》的蓝图全都依托于柏拉图,但是,其中也暗示,西塞罗"忽视了柏拉图《法义》绝不是《理想国》续作的事实"。[27]蔡策尔回应并放大了这个观点,认为西塞罗"没有意识到"柏拉图两部作品之间的本质区别,这使得他以"谬误"来描绘西塞罗思想的特征。[28]

类似的评论远不是恭维,也令读者困惑:一个对政治哲学的主要贡献似乎是有缺陷或成问题地传播前人思想的人,一个自称是

---

24 公平地说,罗森对西塞罗的观点似乎随着时间而变化,例如,她在后来的一部作品中(其《西塞罗〈论法律〉释义》首发 1973 年)认为,西塞罗"通常超越"他的知识背景。但是,这个有限的褒扬并不会改变之前对《论法律》的尖刻评论。见 *Cicero: A Portrait*, London: Bristol Classical Press, 1983, vi。

25 我承认,就"构想出他自己的批评"而言,戴克为西塞罗的原创性留了一点余地,但是,提供"摘录"的"批评"远远算不上为政治思想史做出独特而广泛的贡献。见 Andrew R. Dyck, *A Commentary on Cicero,* De Legibus, 49-51。

26 Vander Waerdt, "Philosophical Influence on Roman Jurisprudence? The Case of Stoicism and Natural Law," 第 4870 页及以下。

27 凯斯(Clinton Walker Keyes)《论法律》导言,第 291—292 页,与《论法律》II. 14, I. 15 和 I. 20 比较。尽管凯斯的导言大多围绕西塞罗思想的来源,但在第 293 页,他确实注意到,卷二及卷三勾勒的政制"包含了大量的原创内容"。

28 *On the Commonwealth and On the Laws,* trans. James E. G. Zetzel, 110n18, 134n20。

柏拉图的弟子,却明显误解了柏拉图最重要的两部著作之间关系的人,我们如何能严肃对待此人的作品?应该注意到,本书的部分目的就在于挑战这种关于西塞罗这位政治哲人的主流观点。然而同时,留给我们的是对西塞罗作为一名原创政治思想家的贬低,这种贬低尤其来自那些似乎最重要的督促重新研究西塞罗作品的人。但是,为何要纠结于一位二流甚或三流的罗马人呢?事实表明,他只是他人思想单纯的摘录者或改编者,而且还不甚精湛。尽管在这些对西塞罗思想的处理中,有许多东西令人受益,特别是就展露哲学的影响(毕竟,问题不是一位政治思想家是否受前人影响,或向前人学习,而是他如何运用这些知识)和为我们描绘他所处的历史环境的方方面面而言,然而,它们往往会阻碍我们认为,西塞罗的政治哲学作品,包括《论法律》,以决定性的方式提供了与前人截然不同的教导。[29]

造成西塞罗学术研究现状的更深层原因——对《论法律》来说更是如此——至少能够回溯到19世纪在德国发起的历史主义的攻击,西塞罗作为一名政治思想家必须从这样毁灭性的围攻中恢复过来。尼戈尔斯基追根究底、气势恢宏的分析甚至进一步回顾了西塞罗自己的时代,他发现,他所谓的"批评结构"(fabric of criticism)的源头在于西塞罗的同时代人,例如,普鲁塔克批评西塞罗过度"欲求荣誉",并表明西塞罗对权力与名誉的热爱阻碍了对哲学的追求。也就是说,一个人可以选择全心全意地致力于哲学或者政治,但两者不可兼得,至少在最高的层次上行不通。在那种层次上,政治与哲学不可兼容。(尼戈尔斯基质疑了此结论,他甚至认为,活跃治邦者的视角非但不是阻碍,反而能够促使西塞罗对政治有某些更广阔、更深层的见解,而不参与政治的哲人无法洞察

---

[29] 关于将西塞罗思想视为"派生物"的文献讨论和一份有价值的文献清单,见 J. Jackson Barlow, "The Education of Statesmen in Cicero's *De Republica*," *Polity* 19(1987): 354-56。

这些,至少无法清晰地洞察。)尼戈尔斯基与其他学者——当然是支持西塞罗的朋友——追溯了西塞罗研究在文艺复兴时期的崛起,在启蒙运动大部分时期里的持续发展,在诸如莫姆森(Mommsen)和德鲁曼(Drumann)(他们深受黑格尔的影响)等学者手下的衰落,以及在20世纪后半叶短暂而无力的复兴。[30]

在美国,没有什么比萨拜因颇具影响力的《政治学说史》更毁坏西塞罗的名声了。萨拜因对西塞罗的评论使我们联想到之前讨论过的学者们提出的批评:"西塞罗的政治思想由于缺乏原创性而无足轻重;坦白地说,如他自己承认的,他的作品不过是编纂。"(这里,萨拜因指的是西塞罗在一封写给朋友阿提库斯的信中一段著名的或者说声名狼藉的话,西塞罗宣称,他的作品只不过是"转录"他人的作品。萨拜因同许多其他人抓住这句在一封写给密友的私信中的话,断章取义,将其解释成西塞罗只是翻译那些他敬仰的希腊作品,添加一些自己的话语,就把它们称之为自己的作品。但是,至少我们能问,这何以解释西塞罗在发表的作品中所主张的不计其数的例子? 这些是西塞罗自己的,与希腊人无关。这一点显而易见地回应了萨拜因的看法,同时也有助于解释,为何尤其在1960年之后,西塞罗仅仅作为"转录者"的观点渐渐地不再风行。用鲍威尔的话说,关于西塞罗的这种及其他类似观点"毫不费力地被摒弃了"。不幸的是,即使这种非常极端的观点不再占主导,它仍然以一种弱化的形式在当代学术研究中阴魂不散。)萨拜因并未止步于此,他自信地告知读者,西塞罗缺乏"哲学能力"与"原创

---

[30] 见 Walter Nicgorski, "Cicero and the Rebirth of Political Philosophy," 73–81; Charles R. Kesler, "Cicero and the Natural Law," Ph. D. diss., Harvard University (1985), 39–52; A. E. Douglas, *Cicero*, Oxford: Clarendon Press, 1968, reprinted 1979, 5–13; James E. Holton, "Marcus Tullius Cicero," in *History of Political Philosophy*, ed. Leo Strauss and Joseph Cropsey, Chicago: The University of Chicago Press, 1987, 155–75。亦见 M. S. Slaughter, "Cicero and His Critics," *Classical Journal* 17, no. 3 (1921): 120–31。尼戈尔斯基表示,斯劳特令他注意到德鲁曼对19世纪西塞罗阐释的重要性。

性"来创造出一套"新理论",以便同时解释希腊的理论以及罗马的经历。西塞罗"从希腊源头那里拿来现成的理论,嫁接以一种关于罗马历史的解释"。在萨拜因提及的"源头"中,廊下派独占鳌头。至此,我们已经抵达当代对于西塞罗批评的中心,在许多人眼里,这也恰好是他最伟大的成就:西塞罗的思想值得留存千古,最重要的是因为他传播了廊下派的教义,否则这些教义就将在政治哲学史的长河中消失殆尽。[31]

萨拜因的观点显然依托于 R. W. 卡莱尔和 A. J. 卡莱尔创作的六册巨著《西方中世纪政治理论史》。卡莱尔颂扬西塞罗作为传播者的能力:"西塞罗是一位非常重要的政治作家,不是因为他拥有多么伟大的思想原创性或政治分析能力,而是因为,以一个业余哲人的折中方式,他总结了他那个时代政治理论的常识。"在西塞罗对自然法的分析中,他"所做的不过是发展'过去思想家们'特有的概念",尤其是"对于正义",西塞罗拥有"与克律西普斯及其他廊下派相同的观点"。换言之,西塞罗的伟大成就是,从晦涩及不为人所知的廊下派手中,拯救并保存了几近灭亡的廊下派学说,即基于自然法的普遍人类平等,这是他传递给西方的礼物,这个礼物以多种形式流传至今。正如一位新近的翻译者指出的,廊下派关于人类"统一"的原则,经由西塞罗保存下来,是"处于人道主义

---

31 George H. Sabine, *A History of Political Theory*, New York: Holt, Rinehart and Winston Inc., 1961, 146–47. 同时见 George H. Sabine and Stanley B. Smith, "Introduction" to *On the Commonwealth*, Columbus, OH: Ohio State University Press, 1929, 1–99, 特别是第 39—41 页。比较西塞罗:《致阿提库斯》(*Ad Atticum*, vol. 4, ed. and trans. D. R. Shackleton Bailey, Cambridge: Harvard University Press, 1999) XII. 52. 3; J. G. F. Powell, Review of *Eckard Lefevre, Panaitios' und Ciceros Pflichtenlehre. Vom philophischen Traktat zum politischen Lehrbuch. Historia Einzelschriften 150*, Stuttgart: Franz Steiner Verlag, 2001, in *Bryn Mawr Classical Review*, Bryn Mawr: Bryn Mawr College, 2002. 08. 40; Walter Nicgorski, "Cicero and the Rebirth of Political Philosophy," 73–74;鲍威尔(J. G. F. Powell, "Introduction: Cicero's Philosophical Works and their Background," in *Cicero the Philosopher: Twelve Papers*, ed. J. G. F. Powell, Oxford: Clarendon Press, 1999, 1–35,特别是第 8 页注 20)批驳了那些将西塞罗研究简化为简单的来源调查或原始资料研究的人。

中心"的"亲密（affinity）或类同（kinship）"的基础，而且，它"依然缓慢地、艰难地对种族、性别和阶级实施着影响"。在逐步发展的历史潮流的巨轮中，西塞罗的观点作为一个至关重要的齿轮，仍然很有力，只不过如今更为微妙。[32]

虽然西塞罗的当代研究者不像萨拜因或卡莱尔那样严苛，更别说莫姆森或德鲁曼了，但是，西塞罗依然难逃"传播者"与"折中主义者"的标签。尽管如此，如果说萨拜因的观点标志着西塞罗思想在美国评价的低谷，但从那以后，对西塞罗的研究似乎在渐渐复原。在遭到萨拜因贬低的 26 年后，另一种政治理论史横空出世，西塞罗作为折中传播者的指控遭到当头棒喝，西塞罗在《论共和国》和《论法律》中的研究被描述为"直指政治事务的本质理解"，而其目标则是阐明"最好政治秩序的本质"。[33]最近，鲍威尔写道："在西塞罗 2100 年诞辰到来之际，学者们比几个世代前更加认真地对待他的哲学著作。"[34]鲍威尔注意到，在他写下这句话（1995年）的 20 或 30 年前，他完全不能如此宣称——那时，学者们相当轻视西塞罗，他引用了道格拉斯 1968 年的调查作为证据。[35]而在道格拉斯写作 10 年之后，尼戈尔斯基的研究确认了，在上一时代，缺乏支持西塞罗的学术研究。至少可以这样说，结果不尽如人意。[36]

32　R. W. and A. J. Carlyle, *A History of Medieval Political Theory in the West*, Vol. 1, London: William Blackwood and Sons, Ltd., 1950, 3－6; *The Republic and The Laws*, trans. Niall Rudd, "Introduction," xxviii-xxix.

33　James E. Holton, "Marcus Tullius Cicero," 155-75,见第 174 页。

34　J. G. F. Powell, "Introduction: Cicero's Philosophical Works and Their Background," 1.

35　A. E. Douglas, *Cicero*.

36　Walter Nicgorski, "Cicero and the Rebirth of Political Philosophy," 63n1,除了以上引用的霍尔顿和道格拉斯的作品，还向我们指出了下列作品: R. F. Hathaway, "Cicero, *De Re Publica* II, and His Socratic View of History," *Journal of the History of Ideas* 29, no. 1 (1968): 3-12; Frederick D. Wilhelmsen and Willmoore Kendall, "Cicero and the Politics of the Public Orthodoxy," Pamplona: Universidad De Narvarra, 1965, reprint, *The Intercollegiate Review* 5, no. 2 (Winter 1968-1969): 84-100;以及 Robert Denoon Cumming, *Human Nature and History*, 2 vols., Chicago: The University of Chicago Press, 1969。

鲍威尔乐观的评价也有据可循：一些作品与论文集得以面世，试图抓住西塞罗的思想或他的哲学背景，要么更普遍地，两者皆有。[37]

尽管在研究西塞罗的学者中出现了这股令人愉悦的增长，主流的学术研究仍然抵制或否认西塞罗的独一无二。例如，这就是为何鲍威尔自己告诉我们，西塞罗"既非一个职业的哲人，亦非一位突出的原创思想家"，而我们研究他，"不是因为我们期望他作为一位思想家带来多么原创的贡献，而是因为他是他那个时代的代表，而且是一位清醒而博爱的阐释者"。同样，戴克在其评论中也认为，西塞罗在《论法律》卷一探讨正义法的普遍基础，是基于"'廊下派或廊下派式'的学说"，而且，这本书包含了柏拉图主义的"特征"或"笔触"，嫁接于"本质上为廊下派的自然法学说"之上。毋庸置疑，鲍威尔和戴克为促进西塞罗研究的普遍复兴功不可没，也帮助学者们远离以下观点，即对西塞罗政治思想的严肃研究只不过是"搜寻源头"罢了。然而，两者似乎都促使我们认为，西塞罗只是一块白布，任由不同的学派，特别是廊下派各抒己见，而不是像尼戈尔斯基主张的，西塞罗通过了解他在自己时代面对的不同学派，发表自己独一无二的教导。轻而易举地赞同主流的一致意见——不管有意无意，全都断定西塞罗只是其时代的产物——是将西塞罗抛至历史放逐之中，多年前莫姆森和德鲁曼置西塞罗于同样处境，而西塞罗能否卷土重来亦不可知。[38]

---

37 除了之前引用的鲍威尔编撰的选集，见，例如，*Philosophia Togata I: Essays on Philosophy and Roman Society*, eds. Mariam Griffin and Jonathan Barnes, Oxford: Clarendon Press, 1997; Paul MacKendrick, *The Philosophical Books of Cicero*, New York: St. Martin's Press, 1989; Neal Wood, *Cicero's Social and Political Thought*, Berkeley: University of California Press, 1988;以及更通行的，Anthony Everitt, *Cicero: The Life and Times of Rome's Greatest Politician*, New York: Random House, 2001。

38 J. G. F. Powell, "Introduction: Cicero's Philosophical Works and Their Background," 2; Andrew R. Dyck, *A Commentary on Cicero, De Legibus*, 51; Walter Nicgorski, "Cicero and the Rebirth of Political Philosophy," 73.

廊下派西塞罗

西塞罗作为折中传播者的普遍指控尤其体现于以下主张:《论法律》卷一提出了一条据说是直接的廊下派自然法学说。然而,如果能证明,在《论法律》中,西塞罗的规划不仅仅是廊下派的,那么,那些认为西塞罗在决定性的层面超越了编撰者或传播者的人就能有另外的立足之地。他们将更有能力为西塞罗政治与自然法学说的独一无二做辩护。

在这种背景下,考虑尼戈尔斯基、科利什(Marcia Colish)和克里斯(Douglas Kries)对西塞罗另一部作品《论义务》的学术研究就大有裨益。这些学术研究的一个共同主题是,在《论义务》中,西塞罗的学说——与主流观点相反——不只是廊下派学说的旧调重弹。他们认为,在《论义务》中,西塞罗主要的成就是为帕奈提乌斯讨论义务的作品《论义务》(*peri tou kathekontos*)穿上罗马的盛装,其中帕奈提乌斯以单独两卷探讨善与效用(对西塞罗来说,这两者分别为高尚[honestum]与效用[utile]*)。但是,按照尼戈尔斯基所说,西塞罗拒斥了许多廊下派的教导与实践,因为他们"强调自制与自我顺从的真正幸福",倾向于"诱导潜在的领导者远离政治"。"廊下派式的完满"首先在"贤哲"(Wiseman)的形象中得以展现,任一致力于塑造"廊下派式的完满"的人绝不会用日常政治的语言说话,因为"他认为大多数人是奴隶、疯子和敌人"。高尚与效用的潜在张力——《论义务》的明确关切——与他无关,因为"认真地考虑该问题就是德性不完满的标记"。"贤哲"永远正确地行动,"毫不踌躇"。因此,"西塞罗的重点"——在其所有的道德与政治作品中,但可能在《论义务》中最为凸显——"是将廊

---

* 或也可以译为"义"与"利"。

下派拉回人间,逼迫它面对必然性与利益的紧急召唤"。最重要的是,西塞罗在其作品中"促使廊下派的道德教育明确承认漫步学派的观点,即除了最高善之外,还有其他的善",这种努力由他对"人类本性的包容性要求"的理解所决定。[39]对科利什来说,她认为廊下派极大地影响了西塞罗的许多学说,可是,这并不妨碍她主张,尽管《论义务》展现了某种"对廊下派的依赖",但"结果却大大地逆转了帕奈提乌斯伦理学的方向"。[40]

克里斯显著地发展了尼戈尔斯基与科利什的论证:他甚至表明,细致阅读《论义务》会发现,这部作品反廊下派。[41]依据克里斯的说法,廊下派认为善与利之间不存在任何张力,这最能解释帕奈提乌斯为何从未试图通过增添卷三调解这两种思想,而西塞罗在其《论义务》的卷三如是为之。这个事实指出了西塞罗与帕奈提乌斯——扩展至整体的廊下派——之间在外在善地位问题上的深刻区别。克里斯论证,在《论义务》中,西塞罗对廊下派学说显而易见的明确依赖实际上极其有限,这些限制显示了廊下派学说最终的限度及其不足之处。帕奈提乌斯和廊下派认为,对贤哲[42]来说,有一类事物(如荣誉、财富或权力)是有用的,但却不是善(因此,廊下派不称之为善,而是"有利的")。西塞罗却认为,非贤哲之人生活着,需要此类外在善,面向这些从事政治生活的人,他写了《论义务》。为那些善与利事实上可能互相冲突的时刻,西塞罗

---

39 Walter Nicgorski, "Cicero's Paradoxes and His Idea of Utility," *Political Theory* 12, no. 4 (November 1984): 557-78,特别是第 560、569—571 页;比较 Walter Nicgorski, "Cicero and the Rebirth of Political Philosophy," 94:"西塞罗认为廊下派学说是最好的,尽管在许多方面有所欠缺。"

40 Marcia L. Colish, *The Stoic Tradition from Antiquity to the Early Middle Ages*, vol. 1 of *Stoicism in Classical Latin Literature*, Leiden: E. J. Brill, 1985, 151.

41 Douglas Kries, "On the Intention of Cicero's *De Officiis*," *Review of Politics* 65, no. 4 (Fall 2003): 375-93,特别是第 380—382、391—393 页。

42 这种前文中尼戈尔斯基讨论过的贤哲形象,为廊下派学说的核心——同时也是其顶点——提供了一个不错的初步定义。西塞罗在《论义务》III. 13 主张,对廊下派来说,真正的高尚"不可能与德性割裂开来","只有在贤哲身上"才能找到。

提出了"普通的"责任/义务的学说(以此对应于贤哲"完满的"德性),正如尼戈尔斯基注意到的,这一学说在贤哲之下,对贤哲来说,善与利从不冲突。[43]

因而,沿着由尼戈尔斯基、科利什与克里斯普遍提议的路线,《论法律》——尤其卷一的自然法论证——可以说是提出了一种反廊下派学说的最终分析,而在此情况下,这是为立法者提供的,他势必要为斯基皮奥在《论共和国》中刻画的那种共和政制立法。科利什特别表明了这种平行处理,她写道,在《论法律》中,西塞罗"扩展了廊下派的自然法学说,并运用到政治生活中",如此一来,他"发展了廊下派的自然法学说,超越了廊下派自身的限制"。但是,这引出了另一个问题:如此扩展和发展的廊下派学说仍被称为廊下派学说是否恰当。在这种学说不再是廊下派的,反而成为原创的、西塞罗式的之前,西塞罗能将廊下派扩展和延伸至多远——尤其就把一种非政治学说转化为政治学说而言?[44]

如果证明西塞罗在《论法律》中对廊下派的处理与《论义务》一致,那么,以下观点就并非没有可能:两部作品共同的根本主题之一,可能也是西塞罗政治哲学整体的特征,是他渴望推翻廊下派作为自己时代政治鉴别力的裁决者角色。西塞罗的这种观点,与认为他在其作品中提出一种廊下派学说的共识形成鲜明对比。例如,蔡策尔在一篇关于戴克评注的评论文章中写道,《论法律》是一篇"难解的、独特的文本,结合了廊下派的自然法理论与仿古的(pseudo-ar-

---

43 《论义务》I.8。在《论演说家》II. 157—159 中,克拉苏斯批评廊下派的双重过错,以贫乏无趣又晦涩的修辞方式展现过于复杂、无法解决的论证;然而,演说必须适应大众。比较亚里士多德:《尼各马可伦理学》(*Nicomachean Ethics*, trans. Joe Sachs, Newburyport: Focus, 2002) 1154b20—31 和 1177b26—1178a9。亚里士多德写道:"我们的本性不是单纯的",人是"复杂的存在";人身上最好的东西是"神圣的",但是我们也有"易朽的"部分。(中译本参亚里士多德:《尼各马可伦理学》,廖申白译注,商务印书馆2003年版,下同。——译者)

44 Marcia L. Colish, *The Stoic Tradition from Antiquity to the Early Middle Ages*, 95-96, 104.

chaizing)法律条款,而西塞罗认为后者是十二铜表法的形式"。在其《论法律》译本的导言中,蔡策尔就更着重强调:"卷一中对自然法的阐释和暗示,是现存对廊下派学说世界城邦(cosmopolis)话题的最完整阐释。"[45]其他学者——他们的作品稍后会讨论——领会到西塞罗的学说与仅仅适用于廊下派圣贤之学说的明显差异,但是,他们坚决拒绝让他脱离廊下派的传统:在西塞罗的作品中,无论怎样偏离严格的廊下派学说,他们都将之归于廊下派自身传统的变化。最终,无论如何,西塞罗依旧是某种廊下派学说的传播者。

但是,我们如何处理如下事实:马尔库斯明确告诉我们,《论法律》"完全"面向普罗大众?[46]在此意义上,无论什么样的廊下派哲学,哪怕是由帕奈提乌斯提出的晚期形式(克里斯注意到,西塞罗在《论义务》中对其进行了严厉批评),都不是大众的或政治的。它的伦理学说只适用于极少数人——那些能践行"完满"义务的人——因此,严格地说,不是政治的,或是与政治无关的。[47]仅举一例,当施特劳斯写道,《论共和国》和《论法律》的证据表明,西塞罗呈现了一种"原初廊下派自然法学说的温和版本"时,他似乎是错误的,因为一种温和的或缓和的廊下派仍然是廊下派。即使施特劳斯最终主张,"称西塞罗为廊下派自然法学说的拥趸乃是误导人的",他的结论还是建立在纯粹的廊下派学说必须"经一种较低原则稀释"才能适用于公民社会的前提之上。但是,如果廊下派学说的核心或顶点仅仅是贤哲的学说,那么,它就不可能被"稀释",乃至于能运用于政治,否则的话,严格地说,它就不再是廊下派。[48]事

---

45 James E. G. Zetzel, Review of *A Commentary on Cicero, De Legibus*, by Andrew R. Dyck, *The Classical Review* 55, no. 1 (2005): 111-13; James E. G. Zetzel, "Introduction" to *On the Commonwealth and On the Laws*, xxii.

46 《论法律》I.19,比较 I.37。

47 见 Charles R. Kesler, "Cicero and the Natural Law," 64-70。

48 Leo Strauss, *Natural Right and History*, Chicago: The University of Chicago Press, 1953, 154-56.(中译本参施特劳斯:《自然权利与历史》,彭刚译,生活·读书·新知三联书店 2016 年版。——译者)

实上，韦斯特反驳道，施特劳斯自己才是"误导人的"，因为他对西塞罗与廊下派关系的评论，"似乎将规定特定道德责任的自然法归于廊下派"。[49]毕竟，廊下派的贤哲不需要命令或责任；他只行正确之事。如果廊下派未曾给贤哲强加任何义务，那么，它自然也没有将义务施加给公民社会的非贤哲部分。

而且，历史证据似乎反对一种"廊下派自然法"的概念，不管对贤哲抑或其他人而言：在这个话题上，凯斯特重要却受到忽视的论文证明，几乎没有证据显示 nomos physeos［自然法］的术语出现在西塞罗时代之前的希腊思想中。他推断："'自然法'的术语……在廊下派的作品中，几乎完全不见踪影。可以肯定，芝诺从未使用过这个术语。"凯斯特发现，在希腊文学中，自然法第一次且经常出现在亚历山大的斐洛（Philo of Alexandria）那里。我们拥有的自然法出现在廊下派作品中的证据要么来自斐洛，要么来自西塞罗自身。实际上，廊下派的立场描述成按照"自然理性"生活更为恰当，而不是自然法，"理性"是贤哲的一种内在领悟或个体伦理，并非为整个共和国设立的政治标准。[50]

除了《论法律》的大众特征或目的，注意到西塞罗清楚论证了以下两点极为重要：首先，他意识到先前提到的廊下派内部的变化；其次，他认为，这些变化在政治方向走得不够远。他并不是心不在焉地采用了他所接触到的廊下派——后者风靡于他的时代——反而高度赞扬了廊下派。毫无疑问，在《论法律》卷三中，

---

[49] Thomas G. West, "Cicero's Teaching on Natural Laws," *St. John's Review*（Annapolis：St. John's College）32, no. 3（1981）：74—81,见第 81 页注 7。

[50] Helmut Koester, "NOMOS PHYSEOS：The Concept of Natural Law in Greek Thought," in *Religions in Antiquity: Essays in Memory of Erwin Ramsdell Goodenough*, Leiden：E. J. Brill, 1968, 521—41,特别是第 521—522、527—530 页。在第 523 页,凯斯特细致地注意到极少数重要的例外，以证明他的一般性原则，包括"自然法"这一术语以希腊语的形式最早出现在柏拉图与特奥弗拉斯托斯（Theophrastus）的作品中。在《高尔吉亚》483e 中，卡利克勒斯（Callicles）主张，强者的权利合乎自然法。《蒂迈欧》83e 涉及疾病，因而是一种身体的而非政治的或道德的自然法。

马尔库斯确实赞扬了帕奈提乌斯(以及第欧根尼),因为在政治方向上,在适用于生活在斯基皮奥混合共和国中的公民的规则或原则上,帕奈提乌斯远离了早先的廊下派。[51]但《论义务》明确表明,帕奈提乌斯并未足够远离严格的廊下派,或者说没有彻底脱离廊下派,因为他认为高尚与效用之间不存在冲突,如果克里斯看法也没错的话,那么,我们就能恰当地质疑《论法律》中对帕奈提乌斯的赞颂。

事实上,依照马尔库斯,帕奈提乌斯值得赞扬是因为他展现了廊下派谁想参与到自然法共和国,就必须开始转向或应该转向的方向。他受到赞扬,不是因为他最终关于政治的学说,而只是因为他严肃对待政治的尝试。尽管马尔库斯意识到,帕奈提乌斯开始远离原先的、与政治无关的廊下派,然而,他从未表明,他不假思索地接受了这种改变的廊下派作为他自己观点的来源。想一下,马尔库斯将帕奈提乌斯与几位其他学派的思想家归为一类,尤其包括柏拉图、亚里士多德以及亚氏的学生特奥弗拉斯托斯,就政治、法律和政制而言,所有这些思想家都有许多精湛而重要的教导。帕奈提乌斯值得赞颂,是由于他与其他学派所共有的品质,而非他区别于其他人作为廊下派的特质。另一方面,早先廊下派学说与这场关于政治及最好法律的讨论无关,因为他们的学说不是为了"对共和国的人民或公民(popularem atque civilem)有益"。(值得注意的是,在《论共和国》中,帕奈提乌斯因其实践经历也受到赞扬:莱利乌斯告诉我们,斯基皮奥曾花费大量时间与帕奈提乌斯、珀律比俄斯[Polybius]讨论政治,而"他们是目前为止[vel]在公民事务上[rerum civilum]最有经验的两位希腊人"。)相反,在《论法律》中,除了人民的健康、城邦的稳定、共和国的稳固之外,马尔库斯的讨论没有更高的关注点了。马尔库斯将帕奈提乌斯与柏拉

---

51 《论法律》III. 13—14。

图、亚里士多德、特奥弗拉斯托斯及其他人归于一类,表明了不同于早先彻底与政治无关的廊下派,帕奈提乌斯值得赞扬,仅仅是因为他愿意将那些严肃对待政治的其他学派成员作为公民同胞接受。结合《论法律》对帕奈提乌斯的适度赞扬和《论义务》对帕奈提乌斯的含蓄批评,我们能够得出结论,甚至帕奈提乌斯的改良的廊下派都不能作为马尔库斯共和国的主导原则。帕奈提乌斯的例子的确表明,要成为自然法共和国的完全公民,廊下派必须采取西塞罗的标准,而不是廊下派的。他们也必须忠于为漫步学派接受的原则——所有"正确和高贵的事物"都是好的,而且本身就值得追求。[52]

一部统一的作品?

对西塞罗作为他人思想与观念传播者的指控深藏于卷二、卷三中,另外还有前后不一的指控。倘若西塞罗起初是作为廊下派或淡化的廊下派的传播者,那么至少他兜售其思想的方式在理论上是有趣的,读起来也令人愉悦,而且这些思想对全人类大有裨益。但是,当西塞罗开始真正立法时,他不仅继续他传播者的角色(在这种情况下,是罗马法而非哲学的传播者),而且他这样做完全是为了一己之私。基本上,大多数当代评论者认为,西塞罗的立法只是一次复兴斯基皮奥时代古老保守的贵族秩序的尝试。正如拉德写道:"西塞罗向往一百年前的罗马。"[53] 更糟糕的是,为了实现这尝试,西塞罗必须放弃自然法准则,而这是他为所有正义的

---

52 《论共和国》I.34;《论法律》I.37;III.14。比较就帕奈提乌斯"人道"(humaneness)的讨论,见 A. A. Long and D. N. Sedley, *The Hellenistic Philosophers*, Vol. 1, Cambridge: Cambridge University Press, 1987, reprinted 1988, 427。

53 *The Republic and The Laws*, trans. Niall Rudd, "Introduction," xxvi. 同时见 T. N. Mitchell, "Cicero on the Moral Crisis of the Late Republic," *Hermathena* 136 (1984): 21-41,特别是第 26、34—36 页。

法律设立的根基。戴克指出,他看到了"一致性"的"基本问题":卷一"表明,'自然'将会是卷二和卷三立法的标准","但实际上,罗马传统(以及在一定程度上希腊传统)大多承担了这一角色"。大体上,罗森同意这个观点:"在《论法律》中,西塞罗基本上在思索罗马。"他认为,西塞罗的法律"能够因地制宜,适合于任何国家",因为"罗马人已经倾向于认为,他们的形式放之四海皆准"。罗马的肆心或强力而非自然,才是这些法律普适性真正的源头。[54]因此,假如说西塞罗前后一致,那也仅仅是就他传播他人的话语与学说而言,但是,为了保持这种一致性,在《论法律》中,他不得不放弃真正的善和真正值得保存的东西。于是,西塞罗的批评者认为他的规划最终一片混乱就不足为奇了。有些评论者将之命名为"两个西塞罗"的问题:一方面是深思的、哲学的、人道的西塞罗,另一方面是自利的、野心勃勃的、反智的西塞罗。[55]

《论法律》一个新近译本的导言确认了这部作品的"局限","尤其"就卷二、卷三而言,并且再次提醒我们,在政治哲人的星系中,西塞罗这颗星的位置有多么低:"总体上,《论法律》缺乏柏拉图作品的那种创新品质,它只是为了适应《论共和国》中描述的罗马政制的改良版而作。"[56]鉴于西塞罗的宗教法为了"政治功利"如

---

[54] Andrew R. Dyck, *A Commentary on Cicero*, De Legibus, 11; Elizabeth Rawson, "The Interpretation of Cicero's *De Legibus*," 134-35. 不同观点见 J. G. F. Powell, "Were Cicero's *Laws* the Laws of Cicero's *Republic*?" 26。他写道:"这些法律不能理所当然地认为是重建某一特定历史时期的法律的尝试。暂且不谈确定相关时期的问题,一个人只需注意到,他的某些建议十分新颖;最明显的例子是法律的永久审查与守卫制度(特别见 III. 46)。"鲍威尔在第 33 页强调,西塞罗不是在"努力重塑一种逝去的理想"。

[55] 见 Walter Nicgorski, "Cicero and the Rebirth of Political Philosophy," 78-79, 99。需要注意,某些学者将整部《论法律》看作纯粹私利的设计:Anna Dolganov, "Constructing Author and Authority: Generic Discourse in Cicero's *De Legibus*," *Greece and Rome* 55, no. 1 (April 2008): 23-38,见第 31、35 页,作者主张,西塞罗采用不同的文学体裁来"为自己及其作品塑造权威的地位",而他将自己刻画为"哲学角色"从而超越政治争论的尝试是"有趣的虚伪"。

[56] *The Republic and The Laws*, trans. Niall Rudd, "Introduction," xxv-xxvii.

此明目张胆地使用"善意的欺骗",它们是"令人失望的"。[57]行政官的法律显示了"更多严重的"缺陷,因为它们不能解决不断发展的政治问题。法律条款与卷一阐释的自然标准也毫不相关。因此,"《论法律》给人一种虚幻的感觉"也就不足为奇了。在最终分析中,《论法律》最引人入胜的并非西塞罗有缺陷和局限的学说,而是其中关于罗马社会与政治史,关于仍然与当代法理学相关的一些法律与自然概念的根源,或者最重要地,关于"一位杰出热忱之人人格"的内容。个体的、社会的、政治的历史:最终,西塞罗在《论法律》中前后不一的呈现指明了他作为一位历史学家而非一位政治思想家的价值。

然而,鉴于卷一中关于廊下派本质的流行观点已经开始受到合理质疑,能否也对《论法律》一致性(或缺乏一致性)的流行观点进行严肃的质疑?在卷一中,西塞罗非廊下派或反廊下派的学说能否作为论证整部作品一致性的坚实基础?倘若卷一的学说只是廊下派式的,这种论证就绝无可能。以这种方式处理一致性问题,该论证假定西塞罗独特的学说——他最为人知的学说——是自然法学说,而且,这一学说决定性地塑造了他关于政治哲学的思想。这是一条他在其三部最关心政治的作品——《论共和国》《论法律》《论义务》——中加以阐释和解读的学说。[58]如果是这样的话,

---

[57] 关于这一点,威廉森和肯德尔(Frederick D. Wilhelmsen and Willmoore Kendall,"Cicero and the Politics of the Public Orthodoxy",特别是第91、94、97页)同意西塞罗的宗教法是为了服务于"政治功利"的目标。然而,对他们来说,《论法律》的核心内涵是"正义的自然性"。宗教法有益并非因为它们能够令贵族蒙骗民众,而是因为它们有助于维持一种天然正义的政治秩序,尽管宗教自身是罗马历史的产物,与作者自己宣称的基督教相去甚远。

[58] 这三部作品中,有两部——《论法律》与《论义务》——并未出现在西塞罗《论占卜》罗列的13部作品目录当中。(《论义务》尚未成书,尽管西塞罗可能也不会将之包含在内;包含它会打乱他精心整理安排的书目结构。)但见 J. Jackson Barlow,"The Fox and the Lion: Machiavelli Replies to Cicero," *History of Political Thought* XX, no. 4 (Winter 1999): 627–45,第631页:"在《论义务》中,大多数时候,西塞罗对政制的终极目的或其自然法根基保持缄默。"

似乎很难理解为何西塞罗只在《论法律》写作的一部分中考虑自然法,而在这部作品的其余部分中却抛弃了这条准则。[59] 不如说,之前关于卷一表明的新观点或修正观点,在接下来一章将会做深入挖掘,与《论共和国》中马尔库斯经常重复的为斯基皮奥的最佳政制立法的声明结合起来——这声明不只出现于卷一,而且出现于全部三卷中——证明了重新或加倍努力寻找这种一致性是合理的。[60]

《论法律》对当今政治科学的重要性

为《论法律》研究所做的一种更广泛的辩护是,西塞罗不认为自己是时代的囚徒。他坚信,如同柏拉图和亚里士多德那样,他能通向政治的真理,而为了前进的目的,这条通道允许他批评哲学先辈。为何西塞罗认为他能做"他自己"呢?[61] 研究《论法律》的这一原因是非常西塞罗式的:如果我们要理解西塞罗(或者柏拉图,或者亚里士多德),我们必须研读他的作品。通过阅读西塞罗的作品,我们希望进一步加深我们对西塞罗独特的自然法学说的理解。《论法律》,唯一一部西塞罗"持续阐释其法律思想"的作品,提供了获得这种学说的最好方法之一。[62] 换言之,通过阅读西塞罗,我们试图像他理解自己一样理解他,而不是像当代学者想让我们做的那样理解他。

古典学者已经就《论法律》创作了大量文献,但是政治科学家

---

59 这里需要注意的是,这不仅包含整个卷一,还包括卷二开头对法律含义的重述。这一重述框定了对这两个法律条款的颁布与解释。见《论法律》II. 8—16。

60 韦斯特(Thomas G. West, "Cicero's Teaching on Natural Laws," 77, 81n7)细致地区分了西塞罗的自然法学说与中世纪自然法。福廷(Earnst Fortin, "Augustine, Thomas Aquinas and the Problem of Natural Law," *Mediaevalia* 4[1978]: 182-86)也做了类似的区分,并提到凯斯特在其作品中对自然法的廊下派起源的质疑。

61 《论法律》II. 17;比较 I. 36—37。

62 Thomas G. West, "Cicero's Teaching on Natural Laws," 75.

却意兴阑珊。如果说,对古典政治哲学的研究全部由当代政治科学接手,那么,这几乎会是一项古文物研究事业,而不是为了从这些古老的作品中挖掘永恒的政治真理。现代政治科学似乎想要避开对古典政治哲学而言最为中心的问题,即最佳政制以及如何建立最佳政制的问题。[63]然而,如果要认真追寻真理,那么我们必须尝试复原古典观点。理解古典替代方案对于理解我们自己的观点至关重要,即使只是为了知道我们拒绝的是什么。毕竟,现代政治科学在拒绝某些古典学说时可能是错误的。因此,《论法律》值得考察,不仅是因为要复原西塞罗的见解,而且也因为这是复兴古典政治哲学研究、重建亚里士多德所说的作为"统领性"(architectonic)技艺的政治科学这一更大努力的一部分。[64]探索西塞罗《论法律》中的创制的主旨或观念这一目标,假定了当代拒斥将古典思想作为现代生活的潜在指南,这即便是出于好意,也在某种程度上是一种悲剧性的偏航。如果要复兴古典政治思想的严肃研究,首先我们必须承认,我们可以向古典思想家学习。而且,我们必须试图像作者理解自身那样理解每个作者。[65]将此告诫谨记在心至关重要,如果我们希望在像西塞罗这样的作家那里完全敞开,面向真理的可能性。我们希望,对《论法律》的细致研究能指引我们更深刻地理解哲学与政治之间的关系。同时,理解西塞罗在《论法律》中的学说也会令我们更深入地理解西塞罗关于政治哲学传统的思

14

---

[63] 见,例如,Leo Strauss, "What is Political Philosophy?" in *An Introduction to Political Philosophy: Ten Essays by Leo Strauss*, ed. Hilail Gildin, Detroit: Wayne State University Press, 1989, 32-33。

[64] 亚里士多德:《尼各马可伦理学》1094a—b。

[65] Leo Strauss, "Introduction" to *The City and Man*, Chicago: The University of Chicago Press, 1978, 8-9。(中译本参施特劳斯:《城邦与人》,黄俊松译,华东师范大学出版社 2022 年版。——译者)同时见 Allan Bloom, preface to *The Republic of Plato*, 2nd ed., New York: Basic Books, 1991, xii:"唯一真实的历史客观性在于,如同古代作者理解自身一样理解他们。"

想,这种传统从鼻祖苏格拉底那里传承下来。[66]此外,显而易见的是,西塞罗对这种传统也提出了批评。在最基本的层面上,《论法律》凌驾于一切之上的关注点是政治与哲学的关系,以及苏格拉底与柏拉图对两者关系的态度。

---

66 《图斯库路姆论辩集》V.10:"苏格拉底第一个把哲学从天上唤下,并将其安置于城邦之中,甚至还把它导向家舍,又迫使它追问生活、各种习俗以及各种善和恶的事情。"(中译本参西塞罗:《图斯库路姆论辩集》,顾枝鹰译,华东师范大学出版社2022年版,下同。——译者)

第二章　自然与正义法的根基

西塞罗的《论法律》是一部三卷本的对话,它塑造了三位对话者或者说剧中人:马尔库斯(西塞罗的族名)、阿提库斯(西塞罗的挚友,一个伊壁鸠鲁主义者),以及昆图斯(马尔库斯的弟弟,一位高尚的罗马贵族,偶尔也写诗)。首先应该提请注意的是,关于《论法律》的文本有多少流传至今,以及在西塞罗去世前它是否已经完稿,学者们意见不一。蔡策尔认为,《论法律》很可能并非定稿,而且除了现有三卷外,还包含其他内容。蔡策尔指出,一则马克罗比乌斯(Macrobius)对《论法律》的古老引用表明《论法律》至少有五卷,至多有八卷。[1]凯斯同意《论法律》包含三卷以上文本,但他认为这部著作已完稿。[2]伯纳德特似乎暗示,西塞罗原本就打算只写三卷,也就是流传至今的三卷本。他认为,《论法律》卷一是柏拉图《法义》卷十的一个弱化版本,而这将使西塞罗的卷二变成柏拉图卷十一的一个弱化版本,也意味着西塞罗的卷三大致相当于柏拉图的卷十二,也即最后一卷。[3]

西塞罗原本打算只写三卷,也就是流传至今的三卷本(当然有部分缺失),这一观点得到了一些文本依据的支持:细想一下,在柏

1　*On the Commonwealth and On the Laws*, trans. James E. G. Zetzel, xxi, 175.

2　C. W. Keyes, "Did Cicero Complete the *De Legibus*?" *The American Journal of Philology* 58, no. 4 (1937): 403-17. 关于凯斯在"缺乏正式的非戏剧开场白"问题上的部分反驳,见 Edward A. Robinson, "Did Cicero Complete the *De Legibus*?" *Transactions and Proceedings of the American Philological Association* 74 (1943): 109-12。

3　Seth Benardete, "Cicero's *De Legibus* I: Plan and Intention," *The American Journal of Philology* 108, no. 2 (Summner, 1987): 295-309,见第297页。

拉图十二卷本的对话《法义》中,雅典异乡人与其对话者在卷四将尽时止步、坐下。[4]在三卷本对话《论法律》中,马尔库斯与其对话者在卷二开头,休憩于一个小岛上。[5]两部对话中的对话者都差不多刚好在对话的三分之一处止步,以便坐下休息并讨论法律。此外,考虑一下马尔库斯在官职法结尾处所说的话:Lex recitata est,字面意思是"法律已经得到宣读"。[6](注意,我们在宗教法结尾处并未发现此类表述。[7])这一宣告似乎表明,马尔库斯在法典颁布前所着手之准备,已到达一个顶峰:他的既定计划,是在"宣读"(recitem)法律之前,先"赞颂"法律。[8]现在,他已经宣读了他允诺要宣读的:一部包括宗教法和官职法在内的完整法典。他在做此声明时,显然认定他已颁布自己所有的法律:"这就是混合(temperationem)国家,在另一本书[《论共和国》]中,斯基皮奥对它赞赏有加,也最为认可。"[9]接下来,在卷三余下部分,马尔库斯致力于对他口中使斯基皮奥的共和国得以可能的法律做一个说明。换句话说,不需要其他法律了,也就没有必要另起一卷。[10]

无论我们是否拥有西塞罗计划要写的整部著作,毫无疑问的是,《论法律》试图为《论共和国》的主要对话者、传奇罗马政治家斯基皮奥勾勒出的最佳政制立法。马尔库斯在《论法律》开篇就说,对话旨在"维持和守护"在那六卷书中,被斯基皮奥证明(docuit)为最佳政制的共和制。[11]马尔库斯提到的六卷书,当然是指

4　柏拉图:《法义》(*The Laws of Plato*, trans. Thomas L. Pangle, Chicago: The University of Chicago Press, 1988) 722c7 及以下。下文我将如此引用:"柏拉图:《法义》722c7 及以下。"
5　《论法律》II. 1—6。
6　《论法律》III. 11。
7　《论法律》II. 23。
8　《论法律》II. 14。
9　《论法律》III. 12。
10　参 *On the Commonwealth and On the Laws*, trans. James E. G. Zetzel, xxii–xxiii。蔡策尔认为,需要另外的法律,也就意味着需要另起一卷。
11　《论法律》I. 20;参 I. 15; II. 14, 23; III. 4, 12。

《论共和国》六卷本。通过将这一目标设定为对话的明确目标,马尔库斯在《论法律》伊始就向我们保证,它将迥异于柏拉图在《法义》中从事的工作。柏拉图在他关于法律的著作中,并未明确提及他的《理想国》,虽然肯定有所暗示。柏拉图的这两部作品表面上看似乎基本互不相关:一部是《理想国》,它致力于发现或定义正义,并对言辞中的最佳政制做一个概述,这种政制不可能或几乎不可能实现;另一部是《法义》,关注的是为现实政制、为一个即将建立的殖民地立法,最终,被认为仅仅有望成为实践中次好甚至第三好。(虽然,鉴于柏拉图的《法义》实际上是一部对话,也因此严格来说是一种"言辞中的城邦",任何根据这些法律建立起来的现实政制,都仅仅有望成为第三好甚至第四好的。)雅典异乡人说,最好的城邦只有在一切为公的地方才有可能出现,这在《法义》中无法实现,但却恰恰是《理想国》里"言辞中的城邦"的基础。柏拉图在塑造《法义》时,将《理想国》中的乌托邦抛诸脑后。[12]

另一方面,西塞罗非常明确地将他关于共和国的作品与关于法律的作品(即《论共和国》和《论法律》)联系起来。[13]他为什么要这样做?为什么西塞罗写了两部对话,在名字和某些戏剧性特征上模仿柏拉图,却以柏拉图从未有过的方式将两本书明确地联系在一起?这会不会是一种错误?正如导论中提到的,西塞罗的译者推断,他一定是混淆或单纯地错解了柏拉图两部对话之间的关系。[14]剑桥版译者告诉他的读者,西塞罗"没能认识到"柏拉图的

---

12 柏拉图:《理想国》(*Republic*, trans. Thomas L. Pangle, New York: Basic Books, 1991) 368e—369a;柏拉图:《法义》739e,参柏拉图:《理想国》592a—b。(《理想国》中译本参柏拉图:《理想国》,王扬译,华夏出版社 2023 年版,下同。——译者)

13 在这样做时,西塞罗明确声称自己追随的是他敬爱的柏拉图的脚步。最有力的证据是《论法律》II. 14;参 I. 15。

14 一个更具同理心的观点,见 Jean-Louis Ferrary, "The Statesman and the Law in the Political Philosophy of Cicero," in *Justice and Generosity: Studies in Hellenistic Social and Political Philosophy, Proceedings of the Sixth Symposium Hellenisticum*, Cambridge: Cambridge University Press, 1995, 48-73,见第 48 页。

《法义》并不是为了给《理想国》里言辞中的城邦提供立法,他也因此将西塞罗对柏拉图两部对话之间关系的理解描述成一个"错误"。[15]洛布丛书版的译者写道:西塞罗"似乎忽略了一个事实,即柏拉图的《法义》绝非《理想国》的续作;但无论如何,西塞罗自己的计划,使得他的两部著作之间有必要存在这样一种关联"。[16]我们该如何看待这样一个西塞罗,他竟然能够"忽视"柏拉图文集最重要的两部对话之间的关系这样一个基础性或根本性的事实?当有人把柏拉图描述为"那位神样的人,受某种敬仰驱使,我对他的称赞或许远超必要"[17],我们是否应该当真,尽管他实际上似乎错解了柏拉图教导的基本方面?这样的话,西塞罗称赞柏拉图为"那个第一者(princeps),没有人比他在写作方面更有才华"[18],称赞他为最博学者和最严肃的哲人[19],又有什么意义呢?如此孤陋寡闻之人,我们是否可以相信,他能忠实而恰当地指引我们通过所有立邦者或立法者必须面对的陷阱?

然而,还有一丝希望:凯斯给我们指出了一个方向,一个可能的出路,也可以说是一条脱离辩证法丛林之路。如果像凯斯所说,西塞罗的确有自己的计划,那么,让这一计划充分而完整地成为西塞罗本人的计划,也许可以让答案浮出水面。宣称西塞罗可能有自己的计划,却不允许他为我们开展这一计划,无异于自陷迷途。换句话说,作为西塞罗的严肃研究者,我们应当尽可能假定西塞罗没有犯错:西塞罗可能实际上发展出了自己的法律观念或理论,它们也许与柏拉图的不同,尽管他可能声称追随着自己无比尊敬的

---

15 *On the Commonwealth and On the Laws*, trans. James E. G. Zetzel, 110n18, 134n20.

16 Introduction to *De Legibus* in *De Re Publica. De Legibus*, trans. Clinton Walker Keyes, Cambridge: Harvard University Press, 1994, 292.

17 《论法律》III. 1。

18 《论共和国》II. 21。

19 《论法律》II. 14。

柏拉图。在另一段文本中，我们见到了在另一语境下支持这一论断的确切证据：在《论共和国》中，柏拉图的计划与西塞罗的计划有多大不同得到了明确，当时西塞罗迫使莱利乌斯说出，柏拉图缔造的国家也许真的非常杰出（praeclaram），却违背了（abhorrentem）人的生活和习俗。[20]

现在，结合对《论法律》以下文本证据的简单考量：在六个不同的文段中，对话人物两次[21]提及柏拉图关于国家的著作和关于法律的著作之关系，五次[22]提及马尔库斯相同主题著作间的关系。乍一看，这些文段合在一起，似乎表明当西塞罗宣布自己渴望为他的共和国提供立法时，他自以为是在追随柏拉图的脚步。就像西塞罗的批评者指出的那样，这的确会是对柏拉图的一种误读。然而，在这些文段中，只有一处[23]可被解读为暗示柏拉图以与西塞罗一样的方式，明确地将自己的著作联系起来，这一解读要求采纳一个拉丁文版本，而至少有一位受人尊敬的译者质疑该版本。[24]鉴于文本模棱两可的状况，似乎有理由推测，这一文段原本可能支持一种与其余五个文段一致的解释。西塞罗理解和认可柏拉图的工作，但他决意提供自己独特的关于法律的教导。事实上，早在对话

20　《论共和国》II. 21；参《论演说家》I. 224。

21　《论法律》I. 15；II. 14。

22　《论法律》I. 15, 20；II. 23；III. 4, 12。

23　《论法律》II. 14。

24　蔡策尔于 *On the Commonwealth and On the Laws*, trans. James E. G. Zetzel, 134n20 指出，他接受 eius［它的］，而齐格勒主张"删去"。如果没有这个词，马尔库斯只是说，柏拉图写了一部论共和国的作品，又另外写了一部论法律的作品。这样的话，如果马尔库斯是在追随柏拉图，那仅仅是说他决定在宣读法律之前，先赞颂法律。参 *De Legibus*, ed. Konrat Ziegler, 57。鲍威尔（J. G. F. Powell, *De Re Publica, De Legibus, Cato Maior De Senectute, Laelius De Amicitia*, 200）在保留 eius 的同时承认这段文字的可疑性。鲍威尔对此的解释见其文章，J. G. F. Powell, "Were Cicero's *Laws* the Laws of Cicero's *Republic*?" 17–20。他在该文中提供了一种文本解读，使他能够保留 eius，同时"使西塞罗摆脱对他犯了如此明显错误的质疑"。我不确定鲍威尔的解读是否正确，但即便是正确的，其结论也将支持我的论证。

之初,当阿提库斯在这些文段中唯一一次重提柏拉图时,[25]他似乎在要求马尔库斯遵照原初的柏拉图模式:阿提库斯说,既然马尔库斯已撰写了关于最好的共和国样式(de optimo rei publicae statu)的著作,那他同样也应该撰写关于法律(de legibus)的著作,这样才合理(consequens)。毕竟,他钟爱的柏拉图就是这样做的。值得注意的是,马尔库斯没有答应,反而以一个问题回应了这一请求,他问阿提库斯是否真的想要像柏拉图和他的对话者所做的那样,一边散步,一边谈论"最好的法律"。最有可能的推断是马尔库斯同意模仿柏拉图对话的情节,而非其内容。之后,马尔库斯通过描述自己将要在论证中使用的新路径,并在之后至少重复了三次,完成了对阿提库斯的回应,而他在此过程中,完全没有提及柏拉图的著作。[26]换句话说,西塞罗在对话伊始,借友人阿提库斯这位伊壁鸠鲁派哲人之口,提议他应当追随柏拉图。对此,西塞罗以自己的名义明确做了四次回应,说自己所做之事与柏拉图大不相同。至少,我们已经发现令人信服的证据,足以让我们质疑对西塞罗的这一指控,即西塞罗在对柏拉图的理解上犯有不可原谅的根本性"错误"。

换一个角度说,我们应该愿意问一个至关重要的问题:会不会《论法律》的每个词和戏剧性特征都完全是精心设计的,在充分了解其创新性之后?会不会西塞罗打算借他的作品审慎地批评苏格拉底,那位古希腊大师、柏拉图著作的核心人物,同时也是西塞罗口中"第一个把哲学从天上拉回城邦"之人?[27]我们是否可以如此轻易地放弃这种可能性,即西塞罗纯粹就是想要做与柏拉图不同之事,想要提供一种不同的或至少是经过修正的政治哲学?

---

25 《论法律》I. 15。
26 《论法律》I. 20; II. 23; III. 4, 12。
27 《图斯库路姆论辩集》V. 10。

第二章 自然与正义法的根基

事实上,如果西塞罗的著作单纯是柏拉图的转译,那他写自己的对话意欲何为?有些人看到西塞罗说了一些与柏拉图不同的东西,就倾向于认为他不重要——仅仅因为他确实做了一些不同之事——他们似乎忽略了这一可能,即西塞罗有意打算提供另一种选择。毕竟,也许以拉丁语重铸古希腊思想并非西塞罗的主要成就。也许西塞罗并非神秘的历史进程的产物,受某种无法捉摸的原因和无法控制的力量驱使,被迫与柏拉图相左。当西塞罗告诉他的兄弟他希望"完全"(plane)[28] 做自己时,他是认真的。

如果我们严肃对待这一观点,即西塞罗在撰写关于法律的著作时,对柏拉图的学说进行了补充或更正,甚至有所改进,我们就可以在作品本身的标题中,找到对这种观点的支持。援引另一位西塞罗解释者(他没有先入为主地把西塞罗的政治思想当成某种始于错误的东西并弃之如敝履)的分析,我们应该从一开始就着手探究,从作品的第一个词开始:它的标题。作品标题可能暗示了西塞罗的意图,让我们能够理解,为什么对话中的后续叙述看似与柏拉图的著作或学说相左。那么,当西塞罗把自己的书命名为《论法律》时,他的用意何在?《论法律》可以有三种解释:"论(一般的或抽象的)法律";"论(罗马的)法律";或最有意思的一种可能,"论(柏拉图的)《法义》"。有理由认为,西塞罗想要我们在阅读这个标题时,想到全部三层含义。[29] 如果我们能证明西塞罗在评论柏拉图的《法义》时做了有意识的努力,以求对其进行更正和改进,或许我们就能调和这两件貌似冲突之事:一方面,西塞罗为何声称钦

---

28 《论法律》II. 17。参《论义务》I. 6;西塞罗说,虽然他将遵循廊下派关于 honestum[高尚]的讨论,但他不会做一个转译者(non ut interpretes);《论至善与至恶》I. 6—7。

29 Charles R. Kesler, "Cicero and the Natural Law," 73-74。

佩和追随柏拉图,特别是在对话的形式上[30];另一方面,他为何要明确说明,他所做的关于法律的工作,有些是柏拉图甚至提都没有提到过的。也就是说,西塞罗可能是相当自觉地一心想要提供柏拉图观点的一种替代方案。

任何对西塞罗文本的评论,都必须寻求阐明他关于法律或为最佳政制立法的教导,也就是关于创制的教导。为了更深入地揭示西塞罗教导中的新颖和独到之处,有必要将之与《法义》中柏拉图关于根本性立法的教导之关键部分进行比较。通过这样一种比较,我们就能更清楚地辨别,哪些是西塞罗认为柏拉图教导中不充分甚至可能不正确的方面。但西塞罗在他尝试修正的过程中也可能犯错,我们不能让对西塞罗的热忱掩盖这一事实。即便是最能干的学生,单凭努力也不足以让他纠正柏拉图这样博学、多闻、卓绝、魅力非凡的老师。概而言之,西塞罗深深浸润于在他那个时代仍然延续的政治哲学传统,从而在创作自己作品的过程中吸收和借鉴了政治哲学的开创者柏拉图,这一点并不值得西塞罗的研究者惊讶。西塞罗可能想要细心的读者通过对比他与柏拉图关于共和国与法律的著作,得出某种训诫,这也不足为奇。我们必须警惕的是西塞罗对苏格拉底教导的任何扭曲或歪曲,无论是有意还是无意,因为我们不希望以一种片面或有所偏倚的视角去描述苏格拉底的教导。但是,为了深入探究对话本身,让我们在此刻将保留意见和质疑放在一边,或许,我们会因此发现,在根本性法律或立法以及创制上,西塞罗笔下的对话能教给我们什么。

---

30 参《论法律》I. 15; III. 1。

第二章　自然与正义法的根基　　　　　　　　　　　　35

诗化的开端（1—3）

　　《论法律》始于对诗的援引，被援引的诗是马尔库斯亲手写的，这样一个开头是讽刺性的，考虑到他在后文中批判诗，把诗当作一种类似快乐的现象，说诗给人的心智设下"陷阱"以图使之"腐坏"。事实上，诗在开篇被认为主要着眼于快乐。但正如卷一结尾处揭示的，快乐是"善的模仿者（imitatrix）和一切罪恶之母"。[31]换言之，诗作为一种快乐，充其量不过是善的影像或倒影，或者分有了善，但绝非善本身。至于诗所产生的快乐，或许是善的拙劣模仿者或冒牌货，它是万恶之源，因为它导致人类远离真善，趋向诸恶。

　　由于对诗的拔高，这个开头将被证明在某些重要方面即使并非不正确或不相关，至少也有所不足。同时，它也包含了将主导即将展开的立法的真理内核。这部关于法律的作品一开始就关注诗人及其影响。一个强大而有影响力的诗人，如西塞罗，可以对他的社会产生或好或坏的持久影响。随着对话的展开，我们会发现，阿提库斯和昆图斯对他们眼前实际的圣林和阿尔皮努姆（Arpinum）橡树的看法，受到了马尔库斯诗歌的影响。诗塑造、形成并引导着感官证据。西塞罗提醒读者，对话接下来的内容将以某种根本性的方式涉及诗的艺术，即便随着戏剧性情节的展开，这一初期的教导会被修改并加以限定。真正的法律在某种意义上是最好的诗和最高层次的政治修辞。鉴于诗既可用于行善，亦

31　《论法律》I. 5, 47。亚里士多德在《尼各马可伦理学》1140b10—20中指出："快乐与痛苦并不毁灭和扭曲所有意见，例如三角形内角之和等于或不等于两个直角的意见，而只毁灭和扭曲有关实践的意见。"换句话说，一个被错误的快乐左右的人，很难或不可能从诸多坏的选择中辨别出好的那个。但好的快乐确实有助于人的幸福，亚里士多德在1177a25—30中确证了这一点："我们认为幸福中必定包含快乐，而合于智慧的活动就是所有合德性的实现活动中最令人愉悦的。"

可用于作恶,立法者必须采取一切预防措施,以确保城邦统治者只选用恰当的诗。这就要求在创制的时候,由明智的立法者,也就是为最佳政制的统治创立正确法律之人,规定好诗的恰当角色和功能。立法者和创制者的首要任务是改革诗歌与诗人:对于任何正确建立的政治秩序,诗人是否实际上并非敌人,这仍然有待观察。

如前所述,西塞罗通过强调法律与共和国的结合,似乎对柏拉图关于法律的对话提出了一种隐微的批判。《论法律》与柏拉图《法义》开头情节的差别,如何揭示了西塞罗关于法律的教导?这一开场会在多大程度上框定接下来的对话和探究?西塞罗作为柏拉图终生的学生和热切的崇拜者,自然想要读者仔细思考两本书的开篇场景。正如在柏拉图《法义》中,雅典异乡人声称:"在我看来,开端超过一半,对于高贵的开端,还没有人给予足够的赞美。"雅典异乡人在这里确证了苏格拉底在《理想国》中以问题形式向阿德曼托斯抛出的观点:"你难道不知道,开端是每一项工作中最重要的部分,对年幼柔弱之人来说,尤其如此?"[32]开端问题的重要性在西塞罗处自然一脉相承。

雅典异乡人这个角色,通常被认为是苏格拉底本人,他在《法义》中第一个说话。[33]当然,如果雅典异乡人对他的对话者(克里特人克莱尼阿斯和斯巴达人墨吉罗斯)来说是陌生人,那克里特人和

---

32 柏拉图:《法义》753e7—754a4;柏拉图:《理想国》377a11—b3;参亚里士多德:《尼各马可伦理学》1098b8—10。

33 亚里士多德:《政治学》(*The Politics*, trans. Carnes Lord, Chicago: The University of Chicago Press, 1984) 1264b26—1266a30,特别是1265a10—12;《论法律》I. 15; Leo Strauss, *The Argument and the Action of Plato's Laws*, Chicago: The University of Chicago Press, 1977, 1-2;柏拉图:《法义》378—379。但是,朱克特认为雅典异乡人不是脱离历史来到克里特的苏格拉底,而是一个前苏格拉底式人物,见 Catherine H. Zuckert, "Plato's *Laws*: Postlude or Prelude to Socratic Political Philosophy?" *The Journal of Politics* 66, no. 2 (May 2004): 374-95。(《政治学》中译本参亚里士多德:《政治学》,吴寿彭译,商务印书馆1983年版,下同。——译者)

斯巴达人对异乡人来说同样是陌生人,这才说得通。但雅典异乡人对他们并非一无所知:雅典异乡人未经告知,就知晓克莱尼阿斯的名字,这让读者不禁猜测,他或许对即将建立的城邦和这项引人注目的政治工程的负责人早有耳闻。[34]相比之下,《论法律》的第一个词不是出自西塞罗之口,而是出自西塞罗的挚友阿提库斯之口,他与马尔库斯和昆图斯两兄弟,形成了一个友人三人组,就法律展开对话。西塞罗笔下的人物彼此知根知底,也因此能够坦诚相待。相较之下,对于柏拉图笔下的三位对话者,对话中的坦诚只能一步步实现,而且斯巴达人和克里特人对此不无抗拒。西塞罗笔下的对话发生在罗马公民同胞之间,旨在为罗马英雄斯基皮奥的最佳共和国制定法律。柏拉图的对话以一个外邦人对斯巴达和克里特的古老法律提出批评开始,对斯巴达和克里特的对话者来说,这至少是一个敏感话题,也因此必须谨慎处理。柏拉图以一个问题开始他的对话,西塞罗则以一个带有些许确定性的陈述开始自己的对话。柏拉图笔下的对话者上行到宙斯的洞穴——一切法律的神圣源头(这暗示他们处于柏拉图《理想国》洞穴之下的洞穴)。西塞罗笔下的角色则信步穿过他乡间的庄园,最终将下达利里斯河(Liris),并沿着荫凉的河岸散步。这种去政治化的设定——与柏拉图的《斐德若》极其相似,在这部对话中,苏格拉底被领到雅典城邦之外,但只是出于对演说的热爱——与他们所讨论内容的政治性形成鲜明对比。[35]

随着《论法律》诗剧大幕的拉开,我们遇到了三位在马尔库斯的阿尔皮努姆庄园土地上漫步的对话者,尽管我们不知道这三位

---

34 见,例如,柏拉图:《法义》624a1—3, 626d4—6, 632d1, 633c10, 633d8 等处。正是雅典异乡人在 629c3 呼唤克莱尼阿斯的名字,透露了这位克里特人的身份。墨吉罗斯在 642c3 透露了自己的名字。

35 柏拉图:《斐德若》(*Phaedrus*, trans. James H. Nichols, Jr., Ithaca: Cornell University Press, 1998) 230b—e。

对话者是怎么聚在一起的。我们确实知道的是，其中两人是交情很好的兄弟，而第三个人（阿提库斯）与兄弟中的一人（马尔库斯）是挚友，与另一人（昆图斯）显然也关系不错。实际上，他们彼此知根知底，迷醉于这个私人庄园的田园环境，就毫不犹豫地以非正式的族名称呼来自阿尔皮努姆的两兄弟。除了少数特例，对话者只以正式的 praenomen[族名]来称呼阿提库斯，书中也仅仅提到他正式的族名。阿提库斯与两兄弟也许是很好的朋友，但他根本上仍是 Attic[阿提卡的]，也因此仍属外人。（顺带一提，我们可以猜测一下，昆图斯这个极具政治气息的贵族对阿提库斯这个非政治的伊壁鸠鲁主义者的真实看法是什么。不过即便昆图斯真的认为阿提库斯因为不够政治，所以或多或少有些不足，他也没有在对话里明说。）

　　无论如何，《论法律》的读者可以说是 in medias res[在中途]遇到这三位好友，在马尔库斯的祖居之地闲逛。这个三人组聚在一起的原因是个谜；考虑到他们聚集在马尔库斯通常用来休憩和疗养之地，远离罗马政治世界的纷扰，我们只能说，作为亲密的朋友，他们主动选择来到此地，而非被迫到场。书中并未说明，他们三人是否事先商定同时来阿尔皮努姆：以我们对西塞罗生平的了解，他们三人从来没有一起在阿尔皮努姆出现。此外，西塞罗从来没有在他的信中或在《论占卜》的哲学著作名录中提到《论法律》。戏剧性的对话日期，是否有意为之，也仍然是一个谜。[36]但不管是有意选择，还是机缘巧合让他们相聚，他们的会合隐含的观念是，友谊和劝说是最佳法律的基石，最佳法律的产生不是意外或强力的结果。其他与对话背景有关的戏剧性细节也会在之后的谈话中浮现：我们有足够的理由假定，对话发生在早晨，或至少天还很早，

36　*On the Commonwealth and On the Laws*, trans. James E. G. Zetzel, xxi-xxii；《论占卜》II. 1-4；Seth Benardete, "Cicero's *De Legibus* I: Its Plan and Intention," 296n3。

而对话预计要持续大半个晴朗、温暖的夏日（如果不是一整天的话）。对话者将一边寻找杨树的荫蔽，一边沿着荫郁、葱绿的河岸散步、交谈。[37]

《论法律》第一个被说出的词是 lucus[圣林]，而柏拉图《法义》第一个被说出的词是 theos[神]。两部对话都让人感受到神或神性的迅即在场。阿提库斯带着些许惊喜或惊讶，率先开口。他客居雅典，是马尔库斯的挚友，也是伊壁鸠鲁学说的追随者。阿提库斯显然沉湎于周遭自然美景带来的愉悦享受之中，信步于这片乐土，也即马尔库斯和昆图斯的出生地。阿提库斯想当然（quidem）地说自己认出了阿尔皮努姆的圣林和橡树（quercus）。他相信，自己早就在马尔库斯写的一首名为《马略》的诗中读到过它们。阿提库斯认为，出现在他眼前的树林和橡树，正是马尔库斯在诗中描绘的树林和橡树。我们可以推断出阿提库斯此前从未到访阿尔皮努姆，或者即便来过，也只是稍作停留。考虑到阿提库斯表现得像是第一次见到橡树和圣林，他明显从未像此刻这般行走于这片土地上。然而，阿提库斯认出了这些地标，因为马尔库斯在诗中将它们描绘得栩栩如生。

对诗的这种开放性讨论，让我们回想起柏拉图《法义》卷一中一段类似的对话；在那里，被审查的诗人是外邦人提尔泰俄斯（Tyrtaeus）。[38]在《论法律》中，诗人是西塞罗自己。关于诗人与诗在政制中的恰当角色的两种不同对待方式，稍后会有更多讨论。眼下，注意到西塞罗与柏拉图的直接区别就够了：西塞罗的对话始于对圣林的援引，而柏拉图的对话始于一位神。通过这一革新，西塞罗把自己与柏拉图加以区别，他用这种方式使自己显得更忠实于苏格拉底，因为苏格拉底"第一个把哲学从天上唤下，并将其安

---

37 《论法律》I. 14—15, 28; II. 7, 69; III. 30。参 Leo Strauss, *Natural Right and History*, 137n15。

38 柏拉图：《法义》629a4 及以下。

置于城邦之中,甚至还把它导向家舍,又迫使它追问生活、各种习俗以及各种善和恶的事情"。[39]西塞罗首先试图让柏拉图《法义》的研究者远离对天上事物或善之理念的沉思,转向对自然的沉思。圣林是一段旅程的起点,这段旅程将驱使读者从诗转向历史、法律,最终转向正义。尝试使哲学性读者的注意力从天上重新转向人间,是贯穿整个对话的主题,马尔库斯也将不时地回到这一主题。

但是,让我们回到站在古老橡树前的阿提库斯。他认为诗中的树若仍然存在,那一定是他面前的这棵。这棵树非常古老,这是他亲眼所见。对阿提库斯来说,只有把这棵树当成《马略》中的橡树才讲得通。昆图斯否认《马略》中的树实际存在过;事实上,因为它植根于人的想象和与生俱来的天分(ingenio),而非植根于自然,所以它可以一直存在。马尔库斯种下了诗之树,不同于农人种下的树,诗之树有望永存。昆图斯说,只要拉丁语文学存在,"马略"橡树就会一直存在。就像传说中雅典卫城上的橄榄树,或荷马笔下奥德修斯碰到的德洛斯岛的棕榈树,[40]昆图斯声称,即便"马略"橡树曾经真的存在过,那几乎可以肯定的是,如今它已经不存在于现实当中了。但对昆图斯来说,这样一棵树是否真的存在并不重要。无论那是棵什么树,都将是他在诗中赞颂和铭记的那一棵。诗已种下这样一棵树,它永远不会因岁月的摧残或衰老期的变幻无常而衰败。昆图斯切断了阿提库斯在现实中看到的树与诗中的"马略"橡树之间建立的联系,切断了自然与人造之物,或人凭借自己的天资或创造力生产的东西之间的联系。这一转换不仅给读者提供了两种视角去看待诗与自然相联系的力量和意图,也

---

39 《图斯库路姆论辩集》V.10—11; Leo Strauss, *Natural Right and History*, 120。
40 荷马:《奥德赛》(*Odyssey*, trans. Richmond Lattimore, New York: HarperPerennial, 1991) VI. 160—169:奥德修斯被瑙西卡娅的美震惊,把她比作德洛斯岛上茁壮生长的嫩绿棕榈,他说自己对后者感到"倾慕",是因为"大地上从未长出过这样的树"。

指出了一些关于法的根本性问题:昆图斯负责切断诗中的橡树与现实中的橡树的联系,他向我们表明,对基于真正的法律的政制来说,诗既可以为它效力,也可以与它为敌。诗本身并不觉得有必要以真正的法律希望的方式将自身与自然联系起来。[41]

昆图斯的公开声明包含着一种政治观点,特别是一种马尔库斯想要反驳的关于新政制之创立的观点。创制作为一个主题,当然已被引入:据马尔库斯所说,他发现了一棵永世长存的树,无论这样一棵树是否真的存在过。在这个意义上,"马略"橡树是一个模型,真正的立法者工作的第一个也是非常粗糙的模型。昆图斯希望我们相信,人的想象力或心智与自然无关。自然产生的东西容易腐坏,而诗创造的东西是永恒的,不依赖自然本性。这样看来,诗可以自由地征服自然。因此,这一开场指出了诗人对新政制的真正立法者或创制者的一个主要威胁:如果诗足够令人信服,那它几乎可以在所有事情上说服该政制下的公民。为了反对这种表面上的相对主义(且不说虚无主义),马尔库斯寻求将真理与自然重新联结起来。自然将成为法律的正当性标准。马尔库斯将在自然中发现一切正义的根源和自然法的根源,这种自然法不仅支配着人与人之间的联系,也支配着人与神的联系。[42]昆图斯激进的观点将切断真理与自然的联系(昆图斯本人不会仅仅因为持有一种核心部分有些激进的观点就变得激进);我们将切断与现实的圣林、现实的阿尔皮努姆橡树之间的联系。通过从圣林入手开始关于法律的讨论,西塞罗想要把他未来的立法锚定在一切正义的源

---

41 见 Seth Benardete,"Cicero's *De Legibus* I:Its Plan and Intention,"295-96,他认为,这种与自然的最初脱节(他大方地称之为昆图斯对阿提斯关于古棕榈树说法的"误解"),表明"法的问题注定与移position无常的指称对象息息相关"。政治中总有一些理性无从着手的元素。参柏拉图:《米诺斯》(*Minos*, trans. Thomas L. Pangle, in *The Roots of Political Philosophy*, Ithaca:Cornell University Press, 1987) 315a4:"法意图成为对实在的发现。"(《米诺斯》中译本参柏拉图:《米诺斯》,林志猛译/疏,华夏出版社 2010 年版;潘戈尔编:《政治哲学之根》,韩潮等译,商务印书馆 2019 年版。——译者)

42 见,例如,《论法律》I. 16, 18, 23, 42, 44; II. 10, 13。

头——自然当中。西塞罗希望提醒他的读者,政治不能超越自然,尽管昆图斯或许希望那样做。政治实际上有其限度,因为人类生存其中的自然界有其限度。人本身也受自身的自然本性所限。昆图斯的例子向我们展示了人是多么容易忘记,好的法律必须植根于自然,特别是人有其限度的自然本性。

这一开场同样显示了某种创制的力量,即便是一种较低的、较粗糙的、非政治的类型。它显示出那些循循善诱的先行者的力量,他们塑造了被普遍接受的思考事物的方式,无论是一棵树、一片圣林,还是一种政制。明智的创制者或立法者必须利用他作为先行者的事实,在为最佳政制立法的过程中,最大程度地发挥自己的能力,运用劝说或修辞的力量。[43] 这种早期的诗歌的创制,虽然有些粗陋,有些非政治,而且最后被拒绝接受,却可以充当一种简略的模型,用于这三个人将要追求的政治上的创制。对他们来说,居于首位的不应是诗人,而是自然和自然法。

在马尔库斯本人即将进入对话之际(到此为止,这位中心人物全程在场,却一言不发),昆图斯承认面前的树实际上就是诗中的那棵。但他表示,即便它是真实的树,总有一天它也会老死或遭到毁坏。然而,诗中的树将一直存活,不会凋亡,而且将永远被称为"马略"橡树。当马尔库斯加入辩证性争论时,他的任务是展示当诗被正确理解和恰当使用时,它何以可能是好的,并提醒我们从政治的视角看诗的界限。作为创制者或立法者,马尔库斯和苏格拉底都认为诗虽然很强大,但从属于政制中更大的目标,这一观点通过《理想国》卷二对阿德曼托斯的如下警告表达了出来:"阿德曼托斯,此时此刻,我和你并不是诗人,而是城邦的创建者;作为城邦的创建者,我们有责任知道一套模式,诗人们应该根据它们讲述故

---

43 见雅典异乡人在《法义》结尾对克莱尼阿斯的告诫,969a6—b1:作为即将诞生的政制的缔造者,他能够"通过正确地创制,获得最大的名声"。

事,搞创作时,不得违背它们,我们自己则没有必要创作故事。"[44] 创制者不会为一种政制写诗;他们既没有时间,也无意去做这种附属性工作。然而,在创作出来的那种诗中,创制者的确举足轻重,而且他们必须非常小心地制定恰当的规则和指导。在一个竭诚遵守自然本身之崇高标准的政制中,这项任务越发迫切。只关心自身说服能力的诗(这是昆图斯断言面前的树是不是马尔库斯诗中的树无关紧要的隐含之意),将被证明是真正的法的敌人,也是这样一种哲学的敌人,这种哲学引导着创制者基于真正的法律创制。诗的不足这一主题,通常(或广泛地)被认为是整个卷一的导论。同样地,人们对历史和法的研究——更不用说对自然法的研究——在理解上过于狭隘,这一点很快就会明朗。整个卷一,马尔库斯都拒绝在公民法(civil law)的细枝末节上纠缠,而试图采取一种更开阔的视角,就像他接下来对诗的处理那样。

诗与法庭(3—5)

继昆图斯成功地把一种怀疑的因素引入对话——对话者面前的树,是不是马尔库斯的名诗中的树?——阿提库斯转向诗的作者,要求知道他的诗是否有任何真实依据。对话的中心从诗的力量转变为诗的真实性,而马尔库斯发现自己站在了证人席上。阿提库斯会得到答案(马尔库斯用的第一个词 respondebo 是拉丁语,带有法律色彩;它与在法庭上回应指控的意思有关),但他必须先出庭做证,回答一些关于在他的罗马家乡与雅典故乡附近发生的诗歌传说的质询。罗慕路斯是不是真的在故去之后升天成神?北风神阿奎罗(Aquilo)是不是真的在伊利苏斯(Ilissus)河畔劫走了俄瑞堤伊亚(Orithyia)? 马尔库斯唤出了希腊罗马史中的神话图

---

44 柏拉图:《理想国》378e6—379a4。

景,旨在说明诗歌不应与真实混淆,诗歌具有非常强大的修辞能力。即使希腊罗马史上最基础性的人所共知的神话,也鲜少真实,甚至毫不真实。此外,通过顺带提及苏格拉底和斐德若在柏拉图对话《斐德若》中讨论的神话,西塞罗想让我们在心中牢记修辞的力量,并思考在一个基于真正的法律的政制中,修辞的恰当地位。即便是最练达的心灵,诗也有能力对它产生影响。换句话说,细心的读者应该思考,西塞罗为什么要在一本致力于探讨最好的法的书中阐述修辞。[45]

无论如何,通过以提出问题的方式回应问题,而不是径直回应阿提库斯,马尔库斯表现得好像自己正处于盘问之中。然而,他像一个好律师那样,把问题抛还给了指控者。马尔库斯说出的第一个词(respondebo[回答])让人联想到法庭上的画面:马尔库斯直接就揭示了主题(即法律),虽然心照不宣,这个主题很快就会变得清晰并占据对话者们余下的对话。[46]结果阿提库斯与马尔库斯一样保持沉默:阿提库斯没有说自己是否认为这些传说是真的,但他毫不犹豫地把"真或假"的问题定为关键问题。马尔库斯不愿被逼到这样一种简单的二分当中:他向赫拉克勒斯(Hercules)起誓(他通过起誓建立了一幅法庭图景),他不想被当成骗子,但他断言,人们不应该指望诗人像法庭上的证人一样道出真相。马尔库斯先前对法律的暗示,如今变成了讨论的公开主题。但诗的标准不同于法庭的标准,法庭只关心根据法律寻找真相,换句话说,寻找历史。法庭的活动因此是一种对历史真相的寻找。无论是

---

45 参柏拉图:《斐德若》229b—c,以及第 28 页注 21:苏格拉底和斐德若走到雅典城外,寻找一个舒适的地方坐下来谈论演说。最终,他们发现自己正在沿着伊利苏斯河行走,这促使斐德若提到关于这条河的希腊神话,他好奇这神话是否真实。苏格拉底表示他非常怀疑这个神话的真实性。亦见 Seth Benardete, "Cicero's *De Legibus* I: Its Plan and Intention," 309,西塞罗在《论法律》II.6 借阿提库斯之口明确提及苏格拉底的对话。

46 《论法律》I.3。

谁,想要像在庭审中揭示事实一样,在诗中寻找类似的真实,无疑会认为"努马(Numa)同埃革里娅(Egeria)交谈过,老鹰给塔克文(Tarquin)戴上过祭司帽",另一方面,诗人使用寓言教导永恒的真理,或至少是他认为好的东西。严格来说,真正的问题不在于我们谈论的诗是否真实,而在于它是否直接或间接地着眼于真理。[47]

在诗人马尔库斯拒绝别人把他当成法庭上的证人对待后,昆图斯自然地将对话从诗转向关于历史的公开讨论。他用一般性的历史叙事代替法庭上事实的收集,或者说用作为整体的历史代替片面的历史。昆图斯让对话实现了从特殊到一般的转化,以便进行更深入的探究。这一转化并非出于偶然:马尔库斯反对把诗看得太过狭隘的观点,为对话中的这一转向开辟了(虽说不上是拼出了)一条道路。通过援引希腊罗马历史上的神话故事来为自己辩护,马尔库斯暗示,关于阿提库斯提出的他的诗的真实性问题,答案不在于法庭上可以发现的事实。同样地,马尔库斯之后将拒绝讨论太过狭隘的公民法话题,而倾向于更广泛意义上的法的讨论。在马尔库斯的有意引导下,昆图斯想要知道,是否存在各色法则或法律(leges),支配着广义上的历史和诗。这自然导向了对历史与诗之关系的思考,也就间接地引出了整部对话的一个重要主题。对话继续延伸。

在试图对诗与历史做一个区分的背景下,昆图斯第一次引出整部对话的主要话题。对诗与历史及二者差异的讨论,让我们思考主导各个知识领域的法律或法则。但是,马尔库斯并没有说要非此即彼:一方面,有些诗以及那些在诗中"只求事实"(历史真相)的人,不理解诗的本质或力量,不知道诗是一种"极其趋乐"的艺术。一些事情实际上永远不会发生,但读起来令人愉快,诗主要

---

47 《论法律》I.4。关于努马和埃革里娅的神话,见李维:《罗马建城以来史》(*Ab urbe condita*, ed. H. E. Gould and J. L. Whitely, New York: St. Martini Press, 1993) I. 19, 21, 34。

就以这些事情为幌子给人以教训。诗令人愉快的一面也使它变得危险:就像它可以使年轻人朝向正义,也常常导致年轻人远离正义。另一方面,相比之下,在历史研究中,"一切旨在真实"。讨论的话题已经从马尔库斯的诗转变为历史。然而,如果单单指望用历史来治疗虚假的诗造成的疾病,我们一定会失望。经过进一步的审查,历史被证明与诗一样不可靠。马尔库斯提醒他的朋友们,历史之父希罗多德本人的作品,以及特奥蓬波斯(Theopompus)的作品,都充斥着神话故事和"无数寓言"。[48] 这里为那些有非凡的能力谱写准确历史的人敞开了一扇大门,这种历史可以真正触及真实,可以作为对虚假的诗(和历史)的必要矫正。

阿提库斯一开始就在一本关于法律的书中引入诗作为主题,这帮了马尔库斯和我们一个忙:阿提库斯给马尔库斯开了必要的头,让他有机会展示诗对法律和政制的重要性,也使他可以指出,未经引导的诗,不足以作为一种正义政制的基础,仅凭诗本身也同样难当大任。这反过来又为一场更具普遍性的讨论铺平了道路,即诗相对历史而言的本质及真实性。我们回想起,当阿提库斯试图把诗拖到法庭前时,历史作为诗的反面出现。历史是一门更普遍的学科,法庭中确证的事实仅仅构成它的一部分。然而,在发现真理方面,至少在最著名的历史学家手中,历史与诗一样不可靠。一个追求真理的历史学家,会是虚假的历史和虚假的诗的共同答案吗?如果像昆图斯所说,主导历史和诗的法律或法则是不同的,那么答案似乎并不在历史之中。为了发现什么样的法则可以同时主导历史或诗,我们必须以旁观者的姿态观察它们。我们必须学会采取一种不偏不倚的视角。昆图斯的说法可能无意中指向一些更根本的事业,它们隐藏在诗与历史背后,或构成了诗与历史必须倚靠的基石。正确法律的制定需要考虑法律

---

48 《论法律》I.5, 47。

本身以及真正的立法者或创制者的能力,这一点将越来越明显。但我们目前在讨论中还没有走到这一步;对那些寻找真正的法律的人来说,真正的历史学家仍然是一个选择。真正的立法者会谱写什么样的历史?

对话刚刚开始,马尔库斯就成功将诗塑造为某种根本上或本质上与真实无关的东西。虽然马尔库斯通过攻击早期罗马希腊传说的真实性,来支撑自己的观点,但这种攻击建立在事先抛弃自己的诗的基础上。马尔库斯巧妙地拿自己的作品做一番嘲笑和贬低,从而为批评早期罗马和希腊的诗歌铺平了道路,并最终得以完全抛弃将诗作为真理标准的选项。这个有些狡猾的修辞举动,模仿了雅典异乡人在柏拉图《法义》卷一对克里特法律和斯巴达法律提出的批评。在那里,雅典异乡人批评外邦出生的诗人提尔泰俄斯,因为后者赞美致力于战争、把战争看得高于一切的法律和政制。雅典异乡人希望纠正他的对话者克莱尼阿斯和墨吉罗斯的这一观念,即正义的政制专注于或应当专注于战争。雅典异乡人不能过早地在对话中直接批评斯巴达和克里特政制,相反,他在这样做时,必须借由批评出生于雅典,后来却成为斯巴达侨民的诗人。因此,正如潘戈尔在他疏解柏拉图《法义》的文中所写,对于雅典人而言,如果一个从前的同胞背弃了自己的城邦或出生地,那么仅此一条,基本上就可以让攻击这名前同胞成为雅典人的一项义务。克莱尼阿斯和墨吉罗斯出生和成长于其中的政制,把献身勇气和自我防卫放在第一位,他们不能因这个似乎出于爱国动机的批评而责怪雅典异乡人。类似地,马尔库斯以一种阿提库斯和昆图斯不会反对的间接方式,提出了对诗的普遍批评:在贬低诗歌的同时,他也在贬低自己。马尔库斯质疑构成罗马和希腊通俗历史之基础的寓言传说的真实性,以表明诗为了教导某些真理,不需要严格真实,他自己的诗也是如此,甚至尤其如此。马尔库斯提醒他的对话者,他们谈到的诗不会仅仅因为是马尔库斯所写的,就比希腊罗马寓言有更多的事实依据。马尔库斯必须尽力纠正对话者的这一观念：诗本身具有一种无尽的力量，它不可阻挡，无可战胜。在西塞罗时代的罗马，诗一如既往地强大，也一如既往地危险——恰如柏拉图时代。若诗与教条主义哲学结合，则危险尤甚。对一些人来说，诗有着非凡的活力和吸引力，因为它显然不可摧毁，还有着无限的创造力（昆图斯）；对另一些人来说，则是由于它内在的魅力（阿提库斯）。马尔库斯通过贬低自己的诗歌成就，缓和了这两种倾向，为接下来真正的诗铺平了道路。[49]

从诗转向历史（5—9）

阿提库斯现在抓住了他翘首以待的机会。鉴于马尔库斯不怎么看重（到此为止是这样）历史，遑论诗歌，在探寻真相的过程中，阿提库斯询问马尔库斯，是否考虑写一部急需的罗马史，以填补罗马文学明显的空白。狡猾的阿提库斯先对马尔库斯奉承一番，告诉他同为柏拉图仰慕者的朋友，任何其所创作的历史都将"与希腊人相媲美"。然后，阿提库斯诉诸马尔库斯的爱国情怀：马尔库斯有责任为自己的国家创作一部历史，以取代迄今为止那些枯燥乏味的历史。不客气地说，从早期的大祭司作品到现在，迄今所有的罗马史都乏善可陈。阿提库斯或许认为，马尔库斯的历史会像他的诗一样有趣和迷人。

与此同时，昆图斯同意这样一部历史是必要的；他和马尔库斯明显经常讨论这一主题。然而，尽管马尔库斯考虑过谱写这样一部历史，但他到目前为止，拒绝了任何可能让他不得不做的倾向，即便是家人、友人和同事的"要求"。尽管昆图斯希望这样一部历史可以从罗马早期开始，因为关于这些年代的记述无人得见，但马

49　柏拉图：《法义》629a4—630d1，另参 385。

尔库斯明确表示,自己对当代事务更感兴趣。(在这里,昆图斯似乎忘记或忽视了斯基皮奥在《论共和国》卷二中介绍的早期罗马史,尽管后文阿提库斯和昆图斯都承认自己很熟悉这部著作。[50])根据昆图斯,马尔库斯更愿意讨论自己所处的时代,这样他就可以把自己及与自己有关的事写进书中。阿提库斯闯入对话为自己的挚友马尔库斯辩白,他引证了他们一生中发生的许多有趣和难忘之事。马尔库斯可能在其中许多事件里都起到了突出作用,所以没有理由不写到它们。无论如何,比起他口中枯燥无味的对"雷穆斯(Remus)和罗慕路斯"传说的复述,这位伊壁鸠鲁主义者更愿意阅读这些故事。实际上,阿提库斯迅速而隐秘地搁置了任何会使对话转变为罗马建城以来史的机会或可能。(阿提库斯或许回想起了斯基皮奥之前的讨论,所以不需要或不想再听一遍。)在一场关于最好共和国的法律的对话中,昆图斯已被多数票否决。马尔库斯或许可以像国王一样裁定他想写什么样的历史,但主题早已确定,在一定程度上,依据的是大众的需要或同意:马尔库斯必须先把阿提库斯争取到自己这边,才能继续前进。这里隐含的观点是,某种形式的同意在最好的共和国中是必要的,当马尔库斯在卷三颁布官职法时,这一观点会变得更加明晰。接下来的任何内容,都将与当代事务和政治有某种联系或相关性。

马尔库斯再一次阻止了窄化对话主题的企图,就像他在与诗有关的问题上对阿提库斯所做的。在那里,马尔库斯拒绝被逼入绝境,而昆图斯另辟蹊径,从诗歌转向历史。同样地,现在马尔库斯当即不顾昆图斯狭隘的兴趣。马尔库斯一再反对简单地重述古罗马史,这已对昆图斯起到了效果:尽管昆图斯会默然接受多数人的决定,但他明确表示(也许只是吐一下苦水),自己仍然希望见到这样一部历史,暗示马尔库斯的虚荣心妨碍了这一项目。阿提

---

50 《论共和国》II. 4 及以下。

33 库斯带头同意马尔库斯，对话的另一次转向随之而来，这次，对话将从历史转向法律和政治，最终转向使西塞罗的共和国成为可能的法律。[51]

与此同时，对于写一部罗马史的请求，西塞罗的回应是，抗议说自己没有时间做这样一件事。要写一部符合所求的历史，需要他"免于操劳和事务"（cura vacare et negotio），这种自由是他可望而不可得的。[52]有一个问题显而易见，萦绕我们心头已久，现在阿提库斯问了出来：如果马尔库斯的时间真的这么紧，那他所有其他的著述，是何时找机会写就的呢？毕竟，在从事罗马大业的同时，马尔库斯已经比其他任何人写得多。他哪来的时间做所有这些事情？（比如，他哪来的时间写《论法律》?）马尔库斯以一种明显自谦的说法转移了这个问题，他说自己迄今为止的创作是他从这里那里抽出来的业余"零碎时间"（subsiciva）的产物，与这些"零碎时间"相匹配的是同样零碎的阅读和写作计划。马尔库斯表示，迄今为止他所写的东西都不够好，但我们很难当真。谱写一部历史需要更多的自由时间，此刻他正处于繁忙的政治生活中，这是他想都不敢想的。马尔库斯发觉，中途丢下一个计划，以后想要重拾这个计划就变得相当困难了。对自己准备着手的任何计划，他都更喜欢一气呵成。幸运的是，这三个剧中人很快就会清楚，一天时间足够他们讨论余下的话题：为《论共和国》中最好的共和国制定必要的法律。（创作这部持续一天的剧作，需要远远不止一天时间，但对这一事实请不要介怀；这不是对话第一次模糊说与写的区别了。[53]）命运女神似乎在向对话者微笑，因为他们刚好有足够的时间处理他们想要着手的计划。虽然描述最好的共和国花了三天时

---

51 《论法律》I. 5—8。
52 考虑《论演说家》I. 1—4，西塞罗告诉昆图斯自己多么迫切地渴望（exoptantibus）一种有尊严的闲暇（otio cum dignitate）生活，以便投身学术（studia）。
53 Seth Benardete, "Cicero's *De Legibus* I: Its Plan and Intention," 多处。

间,但为之颁布必要的立法只需一天时间。事实上,马尔库斯稍后将不止一次声称,简明是明智立法的标志。制定法律需要的时间比谱写历史或诗要少,但这场讨论制定的原则和法律,将指导历史和诗的写作。[54]

法庭、公民法以及对柏拉图《法义》的援引（10—15）

阿提库斯提议以任命大使的方式,确保马尔库斯需要的时间或"这种自由和悠闲的闲暇"。《论法律》中的情节似乎是这种闲暇的体现,但即便确乎如此,马尔库斯也没有明说。相反,马尔库斯转向了法。他希望老年可以带给他必要的闲暇来做以下三件事:第一,像年事已高的退休参议员通常所做的那样,为委托人提供法律咨询;第二,应兄弟和朋友所请,谱写一部历史;第三,着手"一系列更宏大、更丰富的作品"。这三件事的重要性依次递增。马尔库斯心里盘算的"更宏大、更丰富的作品"究竟指什么？有没有可能,对这样的著作投入必要的注意力,会使前两项任务显得微不足道并被埋没？我们知道,马尔库斯已考虑过诗歌和历史并予以排除。现在,他似乎连法律也丢下了。或者,莫不是一些更高层次的法律,值得马尔库斯花时间(实际上,这项任务所需要的时间,比他能抽出的所有时间还要多)去颁布或阐释,其意蕴之广,甚至将囊括提供法律建议和谱写历史？当然,从进入对话的那一刻起,马尔库斯就一直在暗示自己想要讨论的话题,并且总是异常微妙地推动对话朝着法律的方向发展。然而,马尔库斯的同伴,仍以一

34

---

[54] 简洁就立法而言是一种美德,见《论法律》II.18, 34, 69; III.40。关于涉及诗和音乐的法律,以及对其进行监督的重要性,见《论法律》II.38—39; III.32。参柏拉图:《理想国》377a11—c4; 401b1—402a7; 424b3—425a2; 以及《法义》700a7—701b3; 798d8—804c1;特别是801c11—d5。

种过于狭隘的观点看待他心中的法律。马尔库斯的法律将代表最高层次的哲学和政治的交叉点。

显而易见，他们不可能直接讨论关于最佳政制的法律，即便马尔库斯的两位对话者中，至少有一位(阿提库斯)自命为罗马主要哲学流派之一的严肃学生。[55]柏拉图《法义》中的对话者几乎立刻同意探讨法律，[56]与此不同，马尔库斯必须事先培育辩证的土壤。他必须把他的对话者引至自己想要讨论的主题附近，用某种方法让他们允许对这个话题进行充分和公开的思考。在这点上，马尔库斯的对话所需的前提条件，与雅典异乡人并无二致。雅典异乡人必须通过一种随心所欲的对酒和会饮的探讨来软化他的对话者，从而把他们引向教育这个主题，并最终进入关于最好的法律的讨论。雅典异乡人必须说服两位或多或少有些固执的老人，他们的法律是成问题的。他们必须对新法的可能性持开放态度，而这些新法可能会与他们自己的法律相左。[57]马尔库斯的任务与此类似：它始于对诗与历史两大主题的引入，然后这两个主题被搁置一旁。当马尔库斯接着用法律建议这种无伤大雅的方式，引入法的话题时，他成功地推动着话题朝他更想要谈论的方向发展。对于马尔库斯设想的探究(或许是一种法律、历史和诗的结合)，昆图斯和阿提库斯仍然低估了其深度和广度，他们鼓励马尔库斯着手提供法律建议。但马尔库斯再次表示拒绝：在人生的这个阶段，他不得不花如此长的时间准备他的演说，以至于不可能从事这样一项任务。正如马尔库斯所说，除非他已经提前"准备并想透"了任务，否则他绝不会在法庭上为诉讼辩护。如果他准备法庭案件就

55　《论法律》I. 21, 54；III. 1。
56　柏拉图：《法义》625a—b。
57　在635a9，克莱尼阿斯敦促雅典异乡人在批判"我们的法律"时不要退缩；在637d2—3，雅典异乡人提议对"整个醉酒的主题"做一次详细的探究。他在639d7—e4引入正确举行酒会的观点(637a7 首次提到酒会，遭到了墨吉罗斯的反对)，并声称他"可以说对所有这些事都有研究"。

花了这么多时间,那可想而知,他会为这样一部对话倾注多少心血。

无论如何,阿提库斯自认为现在已经把马尔库斯引到了自己希望的位置。如果既不能用诗牵制他,又不能说服他向其罗马同胞提供法律建议,那么,阿提库斯将利用好三人现在有的时间:马尔库斯会否同意仅仅在这一天为阿提库斯和昆图斯提供法律建议?他是否愿意在这么短的时间内解释公民法,或像阿提库斯所说(再次模糊了说与写的界限),比其他人更巧妙地写一部关于公民法(conscribis de iure civili)的著作?最终,马尔库斯同意了。虽然这会是一个"漫长的讨论",但他们的确有一些"自由时间"。他们三人同意一边沿着荫郁的利里斯河岸散步,一边让马尔库斯解释公民法。[58] 马尔库斯将提供这样一种法律建议,它不一定源于老人,而是源于他自己,因为他通晓最好的那种建议,以及如何给出这种建议。这种建议不一定取决于顾问的年龄,而取决于他知识的深度和广度。

可以肯定,这不会损害马尔库斯的事业,他早已为自己披上了一件更合乎习俗的权威外衣,这种权威源于对老年义务的传统理解:马尔库斯在谈到希望年纪(aetatis)可以为他带来闲暇时,主动提出了提供法律建议这个主题。他期待提供法律建议可以让他愉快地履行与老年(senectutis)相配的光荣任务。尽管马尔库斯自己并不完全是一位 senex[老者],还不具备这样一个身份所赋予的所有传统尊严和权威,但他鼓励他的对话者和我们当他如此,就在他同意着手漫长的公民法讨论前,而这场讨论事实上最后变成了马

---

[58] 对话的背景让我们想起柏拉图《法义》卷十中的一个场景,当时雅典异乡人主动提出带领两位对话者渡过一条湍急而危险的河流——陌生的神学论辩之河,以免他们遭受失败并因为频繁受挫而被人耻笑。《论法律》卷一中的对话者沿着河流散步,但他们直到卷二开头才尝试过河。关于西塞罗对河流意象的使用,下一章会有更详细的讨论。见柏拉图:《法义》892d4—893b5,以及《论法律》II.1, 6。

尔库斯自行颁布自然法。阿提库斯向我们证实，阿提库斯即便还不算太老，也确实慢下来了，表现得像个老人。他说得比以往更慢（lenitate），他的演说（oratio）现在与哲人没什么区别。这种对政治惯例的接受进一步证实，西塞罗的自然法并不指向柏拉图哲人王的统治：马尔库斯并不畏首畏尾于为自然法的施行披上传统政治的外衣，也就是考虑到这样一个事实，多数现实政制中的多数统治者都是老人，他们掌握着大部分或全部政治权威。要想理解这与柏拉图有多大不同，我们只需对比《论法律》的这一场景（或者，也可以拿另一个西塞罗的例子，《论共和国》中的治邦者）与《理想国》中苏格拉底下达的命令，即所有十岁以上的人都必须送离城邦，这样哲人王政制才有实现的可能。实际上，西塞罗否认了任何现实政制能以这种方式 de novo[从头]开始。[59]

现在，马尔库斯翘首以盼的机会终于来了：他不想在"琐事"（parvis）上浪费时间，通常解释法律的人就是花时间在这些事上面。马尔库斯更愿意在普遍的法或正当（universi iuris）的背景下谈论 civitas[共同体]的法律，它们更宏大，也更重要。对法律的实际解释，对通俗的理解是必要的，但在理智层面无足轻重。昆图斯和阿提库斯自然不想花一天时间追逐这些琐碎事务。马尔库斯再一次成功拓宽了研究领域。他提议将普遍的法律作为讨论恰当的主题，而不是关于"屋顶和公墙"的法律，这足以迫使阿提库斯对马尔库斯一直希冀的探究提出索求：就像马尔库斯写了关于最好共和国的类型或形式（optimo rei publicae statu）的著作，他也应该写关于法律（idem de legibus）的著作。这样的话，马尔库斯将与柏拉图做同样的事，正如阿提库斯所说，"你对此人很是钦佩，把他置于所有人之上，极为钟爱（maxime diligis）"[60]。阿提库斯最终使最

---

59 《论法律》I. 10—11；《论共和国》I. 14, 17—18；柏拉图：《理想国》540e—541a6。
60 《论法律》I. 15。

高的主题变得明确或浮出水面，而这一主题会占用他们当天剩下的时间。

马尔库斯以提问的方式，模棱两可地回应了阿提库斯的请求，这样做表明他独立于柏拉图。西塞罗或许在形式和设定上沿用了柏拉图，却严格保持了内容的独立性，这一点很快会变得明显。[61] 马尔库斯的回应仍旧模糊了说与写的界限，虽然阿提库斯必须为此承担部分责任——阿提库斯要求马尔库斯像柏拉图那样，为最好的法律著述（scribas）——否则我们在对话中见到的，就将是马尔库斯像雅典异乡人那样，谈论最好的法律，但阿提库斯没有这样要求。马尔库斯反过来表明，正是柏拉图本人，与克里特人克莱尼阿斯和拉刻岱蒙人墨吉罗斯一道，一边走，一边谈论共和体制（de institutis rerum publicarum）和最好的法律（de optimis legibus）。当然，在对话中言说的是雅典异乡人（通常被认为是苏格拉底）；[62] 柏拉图是《法义》的作者，却非直接参与者。西塞罗的对话用诗歌创作者取代了雅典异乡人，这提醒我们注意一个事实，即我们关于苏格拉底言辞的记录并非由苏格拉底本人决定，而是由哲学诗人柏拉图决定。哲学诗人也许试图追求真理——事实上，他可能真心地想要准确描述苏格拉底的教诲——然而，他破坏了我们接触原始或最初呈现的真理的机会。

西塞罗提醒我们，我们通向某人言辞的通道，由相关的著述决定，除了当时在场的少数人，所有人概莫能外。西塞罗还提醒我

---

61 关于这一点，见本章导论中对于相关证据的讨论。

62 朱克特（Catherine H. Zuckert，"Plato's *Laws*: Postlude or Prelude to Socratic Political Philosophy?" 374）总结了支持这一点的学术成果。她关于雅典异乡人其实是一个前苏格拉底式人物的论证，或许在第 379 页得到了最好的概括："苏格拉底哲学活动的批判特性——自我反思……在《法义》中几乎完全消失不见。"相反，在《论法律》中，至少有两次，对苏格拉底式哲学的追求已经摆在台面上了，却被明确地搁置一旁：第一次是在 I.17，马尔库斯回避了阿提库斯关于是否要在哲学最深处寻找法的根基的问题；第二次是在 I.57，马尔库斯称赞昆图斯说得"再明智不过"（prudentissime），因为他希望搁置关于"至善与至恶"（de summo malo bonoque）的争议。

们,柏拉图的言辞——修辞术,对苏格拉底所开创事业的不朽延续至关重要。通过提醒我们这些事,西塞罗帮了我们大忙:他提醒我们,研究者只有超越或推敲一部著作本身,直达其中表达的思想,才能对该著作表述的观念有完整或全面的认识。西塞罗鼓励我们像他一样独立思考。总之,马尔库斯提议自己和他的两位朋友应该花一个夏日,在高杨环绕、碧绿荫凉的河岸上漫步和休憩,以一种更深入、更根本的方法,而不是法庭上实际使用的方式(马尔库斯一劳永逸地表明了,他对仅仅提供法律建议不感兴趣),与古希腊先贤探究"相同的主题"。

自然与自然法序曲(16—18)

这场对话的主题现在已经完全显现了。对话者稳步从诗转向历史,转向法和法律,转向最好的法律。到此为止的讨论,为最重要的探究拉开了序幕。现在,马尔库斯一路无阻,他不失时机地确立了对话的主题,并认为这一主题能带来最大的收获。马尔库斯告诉他的对话者:

> 任何其他的讨论都不可能如此清楚地揭示:自然赋予人什么恩惠?人的心智蕴含怎样巨大的创造完美事物的能力?我们出生到世上是为了履行、尽到怎样的责任?人们之间存在怎样的联系?人们之间存在怎样的自然联合?[63]

一旦对话者厘清这五件事,就可以发现法律、正义或正当的起源或根源(fons legum et iuris)。法律的起源一如正义的起源,寻找法律的最终来源,因此就变成寻找正义本身。正义和真正的法律

---

[63] 《论法律》I. 16。

（将以自然法呈现），有着相同的起源，并通过自然和人的自然本性与人相连。之前昆图斯企图切断自然与诗的联结，马尔库斯为什么要表示反对，由此不言而喻。毕竟，自然实际蕴存着什么的确很重要：人的自然本性是出生、成长、消亡，与农夫所种的树无异。这些自然本性，比如人之自然本性的理念或树的理念，无法靠诗人创造；相反，它们先于诗存在。人的自然本性——灵魂——孕育了身体、政治和诗歌，也是在这个意义上，它优于诗人创造的东西，无论诗歌作品可以流传多久，任何智慧设计都优于它所创造之物。诗终究是一种模仿，不仅依赖人之自然本性中转瞬即逝的一面，也依赖我们眼前稍纵即逝之物背后的永恒自然。诗将受到真正的法律的评判，视其在多大程度上贴近自然。[64] 对人来说，自然似乎是一切善的根源。无论如何，这将是马尔库斯的主题。对最好的法律和最高的诗的探究，其实是对人之自然本性本身的探究，对身体和灵魂的探究。

如果昆图斯此前曾犯下以诗自傲之罪，那么马尔库斯在初次涉足最高层次的法时，犯下的就将是其兄弟所犯之罪的哲学版本。马尔库斯对自然法的首次说明，将被证明对政治来说有所不足，而这恰恰是因为，为了吸引对话者，他把目标定得太高。马尔库斯像廊下派一样，忘记了人类同时由灵魂和身体组成。换句话说，他忘记了哲学与政治或人类自然本性之间的必要联系。在重估和重申自己立场的过程中，马尔库斯将表明自己的观点与廊下派的观点相差多远。许多当代评论家认为廊下派的观点是西塞罗自然法教导的基础，但实际上它恰恰是西塞罗所反对的。

现在，为了更完整、更客观地了解西塞罗对廊下派的批判，我们必须转向《论至善与至恶》的卷三和卷四。克里斯提醒我们，正是在《论至善与至恶》的卷三，可以发现小加图（Cato Uticensis）的

---

[64] 考虑柏拉图在《理想国》377a1 及以下关于诗的讨论。

一段陈述,它"被普遍认为是流传至今的关于前帝国时期廊下派最完整的描述"。对我们此刻的目标来说,更有趣的是这个事实,在《论至善与至恶》卷四中:

> 西塞罗以自己的名义对小加图的哲学做了尖锐的批评,其主旨是一种廊下派观点,认为人类不是由身体和灵魂组成,或由身体和心智组成,而是脱离肉体的存在。因此,廊下派声称德性是唯一的善,它们将之归于理性,而不是身体,并因此忽视了外在的善或身体的善。由于他们对人类自然本性的扭曲的看法,幸福对他们来说只在于合乎理性的德性之善。[65]

人,即便是最智慧的人,也并非神:正义的政治处方必须适用于整个政制,而不能只适用于贤哲。[66]马尔库斯最终会想起,自然法要想与人类生活真正相关,就不能只把人类当成脱离肉体的灵魂对待,而必须将他们看成肉体与灵魂的结合,所有成功的立法者都必须这样做。这也不会是一种由理念统治或最终着眼于理念(特别是善的理念)的哲人王政制;相反,它将牢牢扎根于人的自然本性,致力于本性中最好的东西。西塞罗对柏拉图的隐晦批评是,他的理念学说是非政治的,而人们需要的是最高层次的政治。[67]

对话现在处于这样一个位置,从这里出发,不仅可以着手探索

---

65 Douglas Kries, "On the Intention of Cicero's *De Officiis*," 388.
66 《论学园派》I. 38—39; II. 135—136。参《论法律》III. 14。亦见鲍威尔关于廊下派在西塞罗时代的罗马的地位的一般性讨论,J. G. F. Powell, "Introduction: Cicero's Philosophical Works and Their Background," 23-26。鲍威尔评论道,西塞罗的一位老师,廊下派的波西多尼乌斯,他所信奉的廊下派"显然不是强调贤哲和贤人遥不可及的理想,而是强调在现实生活中最接近这一理想的可能"。但是,波西多尼乌斯与老一辈廊下派主义者的区别"是一种方法和侧重上的区别,而非基本教义上的区别"。
67 柏拉图:《理想国》473c11—e5; 517a9—c6; 518c3—d1; 532a1—b3; 534b8—d1;但需对比 519e1—520d5。柏拉图:《法义》892c2—9。

某时某地的公民法,也可以探索适用于最好共和国的法律。阿提库斯两次要求马尔库斯为法律著述,第一次是公民法,[68]第二次是更普遍的法律,[69]但马尔库斯清楚:他的目标不是撰写法律专著。或许阿提库斯有点困惑,但这种困惑情有可原。阿提库斯唯一知晓的罗马法就是成文法,没有哪个罗马人曾对马尔库斯现在所做的辩证性工作做过尝试。相反,这场"论辩"(disputatione)将"包含普遍的正义和法律的全部起因(tota causa)"。阿提库斯一开始主张的关于公民法的论述,将构成更宏大讨论的一小部分。实际上,公民法将被限定和限制在一个"小而窄的范围"(parvum…angustum locum)。马尔库斯直言不讳:我们的目标是"法律的自然本性",而这需要到人的自然本性中去寻找。随后,马尔库斯按重要性从高到低的顺序列出了本次讨论的目标:各个国家理应奉行其统治的立法;各民族实际的成文法;最后,罗马公民法本身也"不会被遗漏"。阿提库斯和昆图斯本以为会听到的罗马公民法,现在几乎变成了最后考虑的东西。对法律的考察,顾名思义,需要考察人的自然本性,这反过来又将揭示"法律与正义的起源"。

阿提库斯随之而来的问题是,对法律的考察是否意味着探究"哲学最深层的内核",马尔库斯对此拒绝回答。先前对柏拉图明确的援引表明,哲学似乎将成为整场对话的指导,但为最佳政制提供法律建议不仅仅是对哲学的追求。马尔库斯拒绝确证阿提库斯的怀疑(也可能是他殷切的希望),使这一点得到了证实。对"普遍的正义和法"的考察不同于哲学思考:否则的话,它就会指向类似柏拉图《理想国》中的政制,其中哲人当王进行统治。[70]但这样西塞罗就没有理由写这部书了。谁问他法律问题,他只要大声朗读

---

68 《论法律》I. 13。
69 《论法律》I. 15。
70 柏拉图:《理想国》473c11—e5。参《论法律》I. 57。

柏拉图就行。[71]相反,西塞罗认为这样的回答太过简单,并因此完全不适用于政治。这并不是说,此种政制中没有哲学的位置,就像柏拉图的《理想国》中肯定会有哲学的位置,像亚里士多德在柏拉图《法义》的结尾看到了哲学隐隐浮现。[72]重申一遍,西塞罗心中有着不同于柏拉图的目标——他说得很直白:"我完全希望做我自己。"[73]

马尔库斯还没来得及探讨正当和法的自然本性,昆图斯就闯入对话:他赞同马尔库斯的看法,说照着这几位对话者最初寻求之物展开调查,不会有错。他说,无论是谁,想要通过其他方式教导或传授公民法或公民正义(ius civile),都不是在教授正义,而是在教授诉讼和庭审的方法。昆图斯暗示,诉讼是另一种公民法,或是对话者寻求的整个公民法的一小部分。相反,马尔库斯温和地纠正他的兄弟:诉讼并非出于对 ius[法]的了解,而是出于对法的无知。换言之,诉讼严格来说并不构成法的一部分,而是由于人类遗忘了源于法的正确教导。如果人类法律在任何情况下都遵循自然法,所有人都理解人类法及其源头也就是自然法,那诉讼就没有存在的必要了。在这里,马尔库斯非常接近柏拉图的德性即知识,这种观点认为,如果一个人对任何既定情境有着完全的知识,他就绝不愿做不义之事。如果马尔库斯想要一种对政治有用,而不仅仅对哲人王有用的政治处方,他就不得不抵制这种教导,虽然这部作品的核心主题是哲学对马尔库斯及其所代表的政治人物的持续吸引力。[74]

---

71 参《论演说家》I. 23,西塞罗写信给他的兄弟昆图斯,说在雄辩术这个主题上,相比希腊人的教导,他更偏爱伟大的罗马演说家的"权威"(auctoritate),因为这些教导易于获取,而且不能赞一辞。
72 亚里士多德:《政治学》1265a1—3。
73 《论法律》II. 17。
74 对比《论法律》I. 30:"任何一个民族中都不可能有这样的人:他寻得了合适的教师,却不能养成德性。"

无论如何，人类确实遗忘了（或不了解）ius civile［公民法］，而诉讼也确有必要。在一个正义的国家，人类法必定会一直致力于向自然法看齐。诉讼在任何法典中都必须占有一席之地，尽管事实上它并非"另一种"公民法，甚至严格来说不能算是法。然而，正如马尔库斯所说，立法的这种较低层次的内容必须留待日后（posterius）进行。推迟处理诉讼问题，很可能关乎这样一个事实，即他们现在关心的是自然法，以及"正当"或正义的第一原则（iuris principia）。对基础性立法的迫切需求，压倒了对任何附属话题的关注，它们或许会在之后得到解决，但前提是当天还有足够的时间。

神人共同体的局限（18—35）

接着，在《论法律》卷一余下部分，马尔库斯试图阐明自然法，它是所有法律的通用标准，可以充当卷二和卷三关注的立法之根基。马尔库斯一开始就把目标定得很高：通过一番可以理解的和必要的努力，来吸引固执己见的、非政治的哲学（阿提库斯），同时讨好贵族阶层，那些亟须恰当哲学指导的罗马贤人。也就是说，马尔库斯试图使哲学更政治，令政治尽可能地遵循真正的哲学。这样一来，马尔库斯使得神人共同体，看起来更像是廊下派贤哲共同体或柏拉图《理想国》中的哲人王阶层，而不是为现实政治生活准备的处方。对于那些不具备智慧的人和非哲人，那些更有资格被称作贤人的人，这一开场论点会把他们置于何地？毕竟，这场对话的目标是建立一个包含各派观点和不明智元素的政制，而不仅仅是贤哲的共同体。[75]马尔库斯敏锐地意识到了现实政治的需要（要是这位罗马数一数二的治邦者没意识到，才真的让人惊讶）。因

75　《论法律》I. 37。

此,他完全有可能故意制造了这场一开始高度拔高的争论,用来吸引对话者,使他们更乐意聆听他接下来的发言。在柏拉图《法义》中,两个看似非哲学的老人,沉浸在古老的、神定的法律中,他们必须被引导着在他们关于最好法律的冥思中尽可能地考虑哲学。与此不同,《论法律》呈现了把自己想象成贵族哲人的对话者。因此,阿提库斯和昆图斯必须被引导着看到政治对哲学的重要性,以及哲学对政治的重要性,从而看到整个政制而非仅仅其中一部分的重要性。

有必要通过恰当的修辞来呈现真正的法律,因为如果依靠强迫而非说服来让人们承认它的好处,那么,那些有能力接受自然法的人不大可能会接受它的指导,更不用说受其约束。成文法一纸指令或禁令背后有着政府的支持和力量,但自然法不是成文法。事实上,不论不服从者是否能逃脱人类法律和人类法官的惩罚,对正义的人来说(对恶人无效),违背自然法最大的惩罚,无非就是明知故犯,违背人类自然本性的指示和禁令行动。[76]如果强迫昆图斯和阿提库斯采取特定行动,他们不可能信服其内在的价值或好处。考虑到这一点,马尔库斯将遵照雅典异乡人的建议:"我想说的是这个:一切言辞和凡属于声音的东西,开头都有如热身运动的序曲——试图巧妙地带出即将到来的东西。"[77]任何巧妙的演说,包括(或尤其是)立法,其效果都依赖引言或序曲。讲究修辞的演说旨在为其主要观点容易或相对容易被接受铺平道路。[78]因此,马尔库斯必须预先使他的听众赞同他的事业。有鉴于此,他在卷一的全部演说可被视为一种巧妙的尝试,意在推动之后两卷的内容,正如卷一开头的争论为之后的内容充当了引言或序曲。马尔库斯早已告诉我们他从来不做没有准备的演说,因此他会使用这样一

---

[76] 《论共和国》III.33。
[77] 柏拉图:《法义》718a8—723d5。
[78] 《论演说家》II.315—325。

种策略不足为奇。[79]既然如此,马尔库斯最初的自然法论证的基本要素是什么?

我们早已知晓,西塞罗与他伟大的前辈柏拉图一样,都把开启一项工作视为整件事的一半甚至一大半。这一事实证明,不成比例地关注马尔库斯开始自然法讨论时所用的方法是有道理的(关于对话的开头我们就是这样做的)。对于一个受自然法统治的政制,搞明白马尔库斯说"自然法"时意味着什么,这件事再怎么关心也不为过。在这一过程中,我们用的是马尔库斯给自己定下的标准,由此推之,他的两个争论者也适用于这一标准:一切定义都要力求清晰,而不要在晦涩繁琐的细节上越陷越深,最重要的定义尤应如此。[80]

在寻求解释法律或正义的自然本性时,马尔库斯说他必须回到法律或正义的起源或第一原则。换句话说,要解释一样东西的本性,一个人就必须先定义该事物的第一原则、起点或基本要素。在选择以这种方式着手其任务时,西塞罗遵循的是柏拉图和亚里士多德的教导:一样事物是什么,由它的开端决定,因为某物的开端朝向或内在地包含其终点或目的。[81]事物的终点就是其目的,也因此就是事物的自然本性。如果我们能理解基本原理,就能理解自然本性,也就最终能够理解 telos[目的]。马尔库斯解释法律的模式,为我们试着理解我们的指引提供了表率。那么,马尔库斯如何定义自然法?

马尔库斯首先提出一种法律的定义,但这种定义不是他以自己的名义给出的。相反,马尔库斯诉诸"最博学者"(doctissimis

---

79 《论法律》I. 12;参 II. 14;马尔库斯清楚地明白修辞术的必要和威力。
80 《论法律》II. 8—9;参 I. 14, 37;亦见《论共和国》I. 38。
81 考虑柏拉图在《理想国》510b2—511c2 中,关于生动形象的线喻的讨论。苏格拉底的结论是,理智活动要求关于开端的发现,论证始于开端,通往终点。亦见532a1—b3,苏格拉底认为成功的辩证法朝着理智王国的终点前进。亚里士多德:《政治学》1252a25—27。参《论共和国》I. 38。

viris)这一笼统名类(他以此开始了对哲学流派的整合),这些人的研究始于这一定义:"法律是植根于自然的最高理性,它命令必须做的事情,禁止相反的事情。当同样的理性在人们心中得到确保和建立时,就是法律。"[82] 马尔库斯说,如果这个定义是真的,那么这些最博学者通过对法律的展望开始他们对法律或正义的第一原则的研究,就是正确的。这个定义是以条件语句的形式、通过他人之口给出的:如果最博学者给出的这个定义是正确的,那么其他人像他们一样开始研究也是正确的。西塞罗保持了在他所有哲学著作中一以贯之的对各种真理主张的怀疑立场。[83] 这一探究才刚刚开始,立即对真理做一个直接或明确的宣称,会使这场讨论变得不像一个旨在真理的对话,而沦为教条性陈述,这种教条性陈述是西塞罗反对的那些学派的特征。

值得注意的是,马尔库斯称为"最高理性"的东西,不是廊下派贤哲特有的脱离肉体的理性,而是"植根于自然"(insita in natura)并在"人的心智中"(in hominis mente)找到其家园。这样的理性在根本上与自然相关,与人类自然本性相关,而不能简单地与哲学智慧混淆,或与是什么的知识混淆。它是属于人的,所以它需要道德德性,又因为它需要道德德性,所以它也需要明智这一卓越的道德或实践德性。因此,马尔库斯引入了明智这一要素,它是哲学智慧在政治或实践上的表现,本身就是柏拉图《理想国》中苏格拉底描述的四种基本德性之一。指导《论法律》中政制的建立和运行的自然法,根植于政治智慧而非哲学智慧。亚里士多德写道,明智向我们展示了实现道德目的的最佳手段:"只有经由实践智慧和

---

82 《论共和国》I. 18:这种对"最博学者"的笼统提及,明显避免了挑出任何特定的哲学流派,它预示了 I. 37—38,在那里西塞罗明确寻求各学派的统一。见 II. 8,马尔库斯宣称会遵循"至上贤哲的意见"(sapientissimorum sententiam),以及 III. 13,在那里马尔库斯遵循"希腊人中的最博学者"(doctissimis Graeciae)。

83 见第一章,注 3。

道德卓越或德性,人们才能履行自己恰当的职能:德性使我们着眼于正确的目标,而实践智慧使我们使用正确的手段。"由于明智是一种理智德性(因为它是一种应用于实践的智慧),所以它可以充当道德德性的向导和导师,或充当道德世界和理智世界的桥梁。德性使我们倾向于追求恰当的目标,实践智慧则教给我们实现目标的正确手段。具备最佳德性之人受最高的实践智慧引导,他最有能力统治别人。在《政治学》中,亚里士多德主张"明智本身就是与统治者相配的德性"。立法者作为最终统治者、一切统治者的统治者,必须明确具备最高或最好的明智,西塞罗期待他的自然法共和国由最好的自然法治邦者来统治。[84]

对马尔库斯来说,法律和明智显然是两个可以互相替换的词语;马尔库斯说,同样是这些"最博学者",他们认为法律——因为法律与自然的联系,又因为人的心智是理性的归宿——就是明智。在一个受自然法支配的政制中,明智本身就包含指示正确行为、禁止错误行为的力量。在这个最初声明或定义中,自然法是明智者的法则,更确切地说,等同于明智者。法律关乎人类的道德行为。然而,这一定义乍看之下有些令人费解,即便仅仅因为明智严格来说不受任何法则支配,除了在任何情况下都做正确的事。马尔库斯似乎认为道德能够自治,而无须以公民在法律的框架内做出政治决定的形式。即便明智实际上是最高的政治德性,但要是说法律就是明智,则不仅言过其实,而且有所不足。仅有明智的统治,而没有法律的约束,对实际和日常政治来说过于理想,也因此对政治而言有所不足;它无法胜任政治生活。这场对话首先寻求的是为政治生活提供指导。[85]在《论共和国》卷三,莱利乌斯也给出过一

---

84 柏拉图:《理想国》427e6—429a8。亚里士多德:《政治学》1277b26;《尼各马可伦理学》1103a4—10;1144a5—10;1144b15—25;特别是1145a:"明智是实践的,明智意味着同时具有其他德性。"

85 《论法律》I.37。

个定义,那个定义更早,也为更多人所知,将两种定义做一个比较,或许会有所帮助。但是,先让我们思考一下马尔库斯关于自然法的开场白的余下部分,它能让我们更好地对两种定义做一个直观的比较。

在告诉他的对话者法律就是明智,一种指示正确行为、禁止错误行为的明智后,马尔库斯继续阐述"最博学者"的观点,提供了关于"法律"这个词的两种不同的词源解释:一种是希腊人的法律概念,以最博学者的名义给出;另一种是罗马人的法律概念,以他自己的名义给出。希腊人说,法律源于给予每个人其所应得或公平(aequitatis)的概念,而罗马人声称法律源于选择或拣选(dilectus)。虽然存在两种定义,但希腊人和罗马人所说的都是法律的适当方面或属性。马尔库斯通过兼取两种定义,将自己的明智与最博学者的智慧结合在一起。政治智慧意识到政治正义是自然正义和习俗正义的结合。它理解和赞同亚里士多德对两种具体正义的区分,即分配正义和交换正义。[86]

分配正义说每个人应该得到自己应得之物,它是一种均衡的正义——给相同的人相同之物,给不同的人不同之物。比如,在战斗中胜利的人应该得到荣誉,对那些表现出更大勇气的,应该多给一些,对那些战斗表现不太突出的,则应该少给一些。交换正义主导交换,不仅仅是商业上的,也适用于公民之间的一般关系。它可以是自愿的,比如在市场交易中;也可以是非自愿的,比如在盗窃或谋杀等犯罪行为中。亚里士多德说,这种正义的重要特点是,任何交换都应同时给双方带来正义的结果。如

---

[86] 比较色诺芬:《居鲁士的教育》(*Cyropaedia*, Cambridge: Harvard University Press, 1994) I. 3. 17 中,关于一个穿着小外套的大男孩,强迫一个穿着大外套的小男孩与他交换的故事。居鲁士选择了自然正义而非传统正义,他的老师因此惩罚了他。西塞罗似乎利用了这两种正义,即自然法政制不是简单的自然正义政制,但也不是实在法的仆从。自然纠正法律,但总是在法律的框架之内。

果一方不公正地比另一方多得,那么这种不公必须得到纠正。然而,这种正义不仅仅是矫正性的,如果一个公民打了警卫一拳,那么正义不是警卫还公民的一拳,而是法庭上的起诉。它要求复归到交换发生前双方之间存在的正义。马尔库斯提醒读者这两种正义的存在,他的法律也同时囊括了两种正义,即便他没有直接提到亚里士多德。既然马尔库斯想要团结各学派,那他对自己关于法律和正义的两种理解的一大主要来源保持沉默,也就可以理解了。[87]

马尔库斯随即提出了另一个有条件的陈述,以强化他的怀疑立场,他不愿完全接受任何一种关于法律的定义,即便将两种定义结合在一起:如果这些事情说得妥当——马尔库斯说自己"总的来说"或"就绝大部分而言"(plerumque)赞同它们——那我们就可以在法律中找到正义或正当的起源(exordium)。[88]作为一个怀疑主义者,马尔库斯抑制了自己完全的、无条件的同意,但这里显然不需要甚至也不指望完全的肯定。或许某些政治的东西阻碍了完整和清晰的哲学定义。最可行的方案或许是最稳妥的选择。无论如何,马尔库斯现在给出了经他重新阐述的自然法定义:法律是自然的权力或力量;它"是明智者的心智和理性;是正义与不义的准则"。[89]之前,法律被等同于明智本身,马尔库斯似乎忘了明智只在容易犯错的人类身上存在。因此,马尔库斯澄清了自己的定义:植根于自然意味着植根于人的心智,植根于明智者的心智和理性。此处几乎立即出现了一种从纯粹德性法则的隐性回退,

---

87 亚里士多德:《尼各马可伦理学》卷五,特别是 1131a10—1132b13。参《论法律》I. 37—38。

88 关于在西塞罗整个生涯中怀疑主义的连续性,以及这一段落在这方面的重要性,有一个有趣的讨论,见 Woldemar Gorler, "Silencing the Troublemaker: De Legibus I. 39 and the Continuity of Cicero's Skepticism," in Cicero the Philosopher: Twelve Papers, 85-113,特别是第 103 页。

89 《论法律》I. 19:"Ea est enim naturae vis, ea mens ratioque prudentis, ea iuris atque iniuriae regula."

而纯粹德性法则本身就已从纯粹理性法则退了一步。指示正确行为、禁止错误行为的是明智者,而非体现自然法的明智本身。明智者是一种"自然的力量",也是彰显正义与不义的"法则"。[90] 这表明,任何背离"统治"之人(不完美的人类经常会这样做),都应受到法律的纠正。正义因而不仅是给予每个人应得之物(分配正义),同时也是维持或恢复民众彼此关系中的正义(交换正义)。分配正义理论上存在于政治之外或超越了政治;交换正义则似乎更可能以政治为前提,需要一种能够强制贯彻"法则"的法律秩序。

在对法律的定义和正义的起源的讨论达到相当高度后,马尔库斯被迫或强迫自己在一个看似漫不经心的评论中(他的两位对话者没有注意,或者也有可能是忽视了),提醒阿提库斯、昆图斯和我们,整个演说朝向通俗理性(in populari ratione)。马尔库斯说,因此有时必须按照通俗的观念说话,"像大多数人那样,称那些令行禁止的明文条令为法律"。[91] 换句话说,大众理解的法律不是明智者无须成文法统治的法律。现实政治需要考虑所有社会要素,它有赖于成文法。民众希望参与统治(事实上,在一国之内,他们必须如此)。成文法确保了大众的参与,或至少确保了法律对所有公民同样适用。这是有道理的,考虑到斯基皮奥在《论共和国》中对混合政制的辩护,这种政制的组织原则是所有公民都应该或多或少地参与统治,而不是指望每个时代或时时刻刻都由明智者统治。[92]

---

90 参《论法律》I. 44,自然被说成是区分正义与不义(ius et iniuria)的标准,也是区分一切高尚之事与可耻行径(honesta et turpia)的标准。
91 《论法律》I. 19。
92 《论共和国》I. 45、54、69;II. 57、65;参亚里士多德:《政治学》1277b7—13;以及《联邦党人文集》(Federalist 10, in Alexander Hamilton, James Madison, and John Jay, *The Federalist Papers*, ed. Clinton Rossiter, New York: Mentor Books, 1999)第 48 页:"开明政治家不会经常执掌大权。"(中译本参汉密尔顿、杰伊、麦迪逊:《联邦党人文集》,程逢如译,商务印书馆 1980 年版。——译者)

第二章　自然与正义法的根基

西塞罗的研究者在尝试理解《论法律》时，一直对一些内容感到困惑，马尔库斯这句几乎无人注意的评论，在许多方面为解决这些疑难打开了关窍。这些学者经常感叹，卷一及其对普遍正义和自然法的轻率论证，似乎与马尔库斯颁布其宗教法和官职法的卷二和卷三不符。他们认为卷一或多或少是对廊下派的自然法学说的重述，而后两卷是改革罗马法的尝试，但他们显然并不认为，整部著作可能包含着一个统一的论点。充其量，他们不懂得如何将全部三卷整合为一个连贯易懂的整体。[93]

马尔库斯的评论为这个公认的难题提供了一个初步答案。大多数民众认为法律就是成文法，这使他有必要以这种方法讲述法律，即便这并不是最高的或最好的那类法律。对现实政制有用的法律，必须考虑这一事实，即没有一个国家完全由哲人、廊下派的圣人或明智者组成。鉴于这样一种政治现实，马尔库斯的法律偶尔会采用实际的成文法或明文规定的形式，也就不足为奇了，特别是他已经明确告诉我们他会这样做以及这样做的原因。此外，法律的双重呈现——明智者制定的法则和传统成文法，预告了马尔库斯在《论法律》卷二开头对柏拉图式序曲的直接援引。在那里，马尔库斯说他会以柏拉图为榜样，为法律提供序曲，因为法律必须同时依赖劝说和强迫。预见到这一点，卷一就可以被视为一种必要的、极度明智的现实法律的序曲。《论法律》的三卷如同法律的序曲与法律本身一样紧密相联。然而，即便我们接受这一切，仍然存在另一个问题：马尔库斯的抱负足以支撑他提出一个统一、连贯的论证吗？

---

[93] 参 *On the Commonwealth and On the Laws*, trans. James E. G. Zetzel, xxiii: "《论法律》是一部令人费解且不完全让人满意的作品。自然法与卷二及之后提出的特定法律之间的确切关系一直很模糊……这让人有一种感觉，西塞罗在单独处理正义的哲学基础和立法的特殊性方面非常成功，但没能整合它们。" 参 *De Re Publica. De Legibus*, trans. Clinton Walker Keyes, 293.

马尔库斯的工作不仅针对廊下派的贤哲,也针对那些希望建立所有公民都有权参与统治的自然法共和国的人,这种理解引发了更加深远的问题:像当代学者那样,声称西塞罗的自然法不过是沿用廊下派,或代表廊下派的某个版本,这样做是否合适?如同第一章所述,这无疑像是一个共识。[94]其他学者似乎更同情哲人西塞罗,因为他们了解西塞罗颁布的立法并非只供廊下派贤哲使用。然而,这些学者终究不会让西塞罗挣脱廊下派的传统。例如,费雷正确地指出,西塞罗的立法并非专门针对贤哲,而是想对现实政制有所助益。然而,在为这一事实困扰,并承认西塞罗的贤哲实际上不同于廊下派的贤哲后,费雷最终将西塞罗的创新归结为这样一个事实:廊下派哲学,以及贤哲在廊下派哲学中的位置,在早期廊下派思想家帕奈提乌斯之后已发生了显著变化。这样一来,西塞罗仍旧是廊下派的传播者,而他的自然法学说也被降格为原始廊下派教义的弱化版本。费雷完全忽略了这样一种可能:西塞罗在从事自己的工作时,独立于廊下派思想的任何变化。[95]但马尔库斯

---

94 除了前面的例子,考虑 Woldemar Gorler, "Silencing the Troublemaker: *De Legibus* I. 39 and the Continuity of Cicero' Skepticism," 86:"在《论法律》卷一中,西塞罗提出了一个构思精巧却并不十分清晰的自然法理论。我们永远不会知道这种柏拉图和廊下派元素综合体的'来源'。"以及 Elizabeth Rawson, "The Interpretation of Cicero's *De Legibus*," 134:"卷一、卷二中关于自然法的廊下派式讨论,其来源问题至今未能得到解决。"

95 Jean-Louis Ferrary, "The Statesman and the Law in the Political Philosophy of Cicero," 66-70. 另参 J. G. F. Powell, "Introduction: Cicero's Philosophical Works and Their Background," 24; Phillip Mitsis, "Natural Law and Natural Right in Post-Aristotelian Philosophy: The Stoics and Their Critic," *Aufstieg und Niedergang der romischen Welt* 2, no. 36, (1994): 4812-850,特别是第 4841—4843 页,第 4841 页注 81 和第 4843 页注 84,作者认为西塞罗不想对早期廊下派的立场做任何革新。瓦尔特也如此认为,参 Vander Waerdt, "Philosophical Influence on Roman Jurisprudence? The Case of Stoicism and Natural Law," 4851-900,特别是第 4870—4878 页。米特西斯还认为,西塞罗的普遍自然法与早期廊下派完全一致:"几乎没有理由认为西塞罗在理解方式上与早期廊下派有什么不同,也没有理由声称晚期廊下派对早期廊下派的自然法模式做了任何突破性创新。"斯科菲尔德(Malcolm Schofield, *The Stoic Idea of the City*, Chicago: The University of Chicago Press, 1999, 64-72、85、93-103、139 等处)认为自然法观念源于廊下派,而西塞罗是廊下派教义的继承者和阐释者。

明确告诉我们,这一演说"完全"面向普通观众,我们该如何理解这一事实?不论如何,廊下派哲学在这个意义上都并非流俗的或政治的。它关于贤哲的教导只适用于极少数人,也正因如此,它严格来说不是政治的或非政治的。[96]

《论共和国》中的自然法

回到西塞罗对自然法最新的定义(明智者的心智或理性),我们马上会面临更多问题:关于自然法的这一定义是否适用于政治?若是这样,我们如何辨别明智者?我们可以理所当然地赋予明智者统治我们当中的不明智者的权力吗?马尔库斯本人在首次论证神与人的共同体时,是否遵循这一法则?还是说他仅仅试图使政治生活适应哲学生活?将马尔库斯的定义与《论共和国》中莱利乌斯首先提出的更著名表述做一个比较,对回答这几个问题会有所帮助。马尔库斯的对话者肯定已经将之前的著作考虑在内,阿提库斯证实了这一点。[97]对两种定义做一个比较,既可以帮助我们更好地理解西塞罗的自然法观念,也有助于更好地理解这两部著作之间的关系。

在《论共和国》中,剧中人莱利乌斯为我们提供了他的定义,当时的情况是他与菲卢斯(Philus)发生了一场争论,菲卢斯被要求为不义辩护,而莱利乌斯为正义辩护。在书中一个非常分散的部分,我们找到了莱利乌斯的以下表述:真正的法律是与自然本性一致的正确理性,它在所有人中间传播,亘古不变,通过命令召唤

96　Charles R. Kesler, "Cicero and the Natural Law," 64-70;参 Leo Strauss, *Natural Right and History*, 154-56。
97　《论法律》I. 15。

责任,通过禁令制止犯罪。[98]在《论共和国》中,真正的法律被认为是正确理性(recta ratio),而在后续的《论法律》中,真正的法律却变成了最高理性(ratio summa)。在《论共和国》中,真正的法律或自然法——正确理性,被认为与自然本性一致(congruens),但在《论法律》中,法律作为最高理性植根于自然本性。自然法倘若亘古不变,何以拥有两种不同的定义? 换句话说,为什么《论法律》中的马尔库斯,不像《论共和国》中的莱利乌斯一样,直接给出法律的一致定义? 戏剧性细节的差异渐渐为我们指明了某些答案:《论共和国》是杰出的罗马政治贤人之间关于最好的共和国的一场为期三天的讨论;《论法律》是三位好友之间关于最好共和国的最佳法律的一场为期一天的讨论,而且其中两人是兄弟。莱利乌斯的著名表述出现在《论共和国》的中间或近半处,对话者当时就正义发生了争论,这让人想起柏拉图的《理想国》,它在哲人王统治时到达了顶点。在《论法律》中,马尔库斯的陈述差不多出现在为期一天的对话的开端,这部作品关乎为最佳政制立法,而这种最佳政制"完全"基于法律的"通俗"概念。马尔库斯的定义旨在为立法提供指导,而莱利乌斯的定义则达不到这种效果。《论法律》这部作品关注的是在开始任何深入的探讨前,先确定事物的定义,这也是西塞罗常常关注的。[99]《论法律》的特点在于,它谈论的不单单是最好的共和国,也是现实中的立法,由一小群自然法立法者在行动中讨论和颁布。之前的著作已建立了最佳政制,而为之立法可以说是政治的关键一步。真正的法律的定义,在《论共和国》中

---

98 《论共和国》III.33。注意,在《论共和国》I.27,斯基皮奥说:"自然法禁止任何财物属于任何不知道如何利用它、使用它的人。"这条将知识与德性等同的法则似乎只适用于哲人。然而,斯基皮奥发表这一声明是在对话早期的一段话中,当时他明显贬低政治,并受到哲学冲动的诱惑。斯基皮奥的好朋友、治邦者莱利乌斯为此批评了他,斯基皮奥也因此意识到自己的错误。在受到批评后,斯基皮奥在 I.35—36 宣布,在剩下的对话中,他将会全身心投入"最伟大的技艺"(maxima arte),即为共和国服务。对柏拉图来说,知识最有资格统治,见,例如,《理想国》473c—e。

99 《论法律》I.37; II.8;《论占卜》I.7;《论至善与至恶》II.3;《论义务》I.7。

随着时间的推移才出现,而在《论法律》中充当着一场关于为共和国立法的谈话的指导思想。

这些对话的戏剧性目标上的这些差异,究竟是如何自我显现的?在关于共和国的作品中被说成"正确"的理性,如今在一本关于最好共和国的法律的作品中变成了"最高",同样地,本来与自然别无二致的理性,如今"植根"于自然。平心而论,西塞罗同时写下两种定义,是想让我们在思考法律是什么以及法律如何与共和国关联时,同时将两种定义考虑在内。然而,这仍然给我们留下了一个合理的问题:说"最高理性",而不说"正确理性",意味着什么?答案似乎是:正确理性或实践智慧指导的是贤人,他们也许无须法律的正式裁制。最高理性指导的是把贤人和非贤人都包括在内的共和国。这样一个共和国需要所有法律有一个权威来源,它好过或高于所有其他来源,所有公民都可以向之看齐。公民向共和国最高之物看齐并心怀敬畏,而向最高之物看齐也是贤人会做的事情,因为最高理性同时也是正确理性。对最高和最好的法律的敬畏可以为共和国的各部分所共有。[100]正如马尔库斯将法律是什么置于政制的顶点或顶端,他同样寻求在法律的源头——自然中给法律提供一个坚实的根基。贤人天生寻求遵照正确生活的法则,无论它们是否属于成文法,因此只需向他们说明法律与自然"一致"或并道而行即可。对一个将贤人和非贤人都包括在内的政制,马尔库斯力求避免其法律有任何背离自然的倾向。立法者不应忘记,无论他和他颁布的法律有望达到何等高度,他们的最终目标是服务整个政制,而非单个部分。在追求 summa ratio[最高理性]的过程中,他们必须时刻保持 insita natura[内在本性],这扎根于所有公民共有的自然本性之中。马尔库斯使这种自然法更彻底

---

100 参《联邦党人文集》(*Federalist* 49, in Alexander Hamilton, James Madison, and John Jay, *The Federalist Papers*)关于在任何人类制度中敬畏之必要性的讨论。

地属于人，也因此更加政治，与一部关于最好的法律的著作完美相配。

回顾一下到此为止的讨论，马尔库斯提出想法，认为这些同伴应该考虑普遍的法律或正义（ius）的主题，而这一主题也必然会涉及与自然主题特别是人类的自然本性相关的联系和阐述。马尔库斯说，这样一场讨论会把他们导向法律、正义或正当的源头。普遍正义和法律的主题是整场对话的关注点。随后，马尔库斯指出最博学者通过观照法律（lege）来开始他们对正义或正当的探寻，并以此开始了对正当或正义的第一原则的思考。马尔库斯提到法律一方面包括希腊式的公正，另一方面也包括罗马式的选择。正如它们都是法律的某个方面，法律也被认为既是明智者的统治，又是指示或禁止特定行为方式的成文法则。马尔库斯稍作停顿，提醒他的对话者，现实共和国中的法律关系到全体人民，无论是多数人还是少数人，然后，他快拿快放，似乎再也没有关注过法的这一更通俗形式：马尔库斯此刻声称，为了寻找正义或正当的起源，他将关注最高的法，这种法诞生于任何成文法（lex）之前，也先于任何政制（civitas）的形成。换句话说，马尔库斯将通过观照最高或最好的那种法律，开始对正义或正当的研究，这种法律在任何人类立法者将其付诸文字之前就已存在。最好的法律是无可变更的，并且永世长存，不因人类法律遵循与否而转移。马尔库斯将通过观照正义或正当的源头来寻找其起源。

弥合与柏拉图的裂痕

在即将着手对正义的起源做第一个解释时，马尔库斯明确地与柏拉图分道扬镳：虽然阿提库斯曾建议马尔库斯做柏拉图在《法义》中所做之事，也就是说，写一本关于法律的著作（或至少阿提库斯声称柏拉图是这样做的；事实上，阿提库斯将著述者柏拉图与讲述者苏格拉底混同了），但马尔库斯心中有着不同的目标。柏拉图的《法义》并不是《理想国》的续作。相反，马尔库斯说得很清楚，其对话的目标是"维持和守护"被斯基皮奥在《论共和国》中证明是最好的那种共和国。柏拉图为一种他承认并非最好甚至算不上次好的政制写了一本关于法律的书；[101]西塞罗为法律著书，则是为了他笔下最好的共和国，一切"法律"都必须与之相配。西塞罗声称自己写的是一部续作，正是因为他想与柏拉图保持距离。有些西塞罗的批评者说他不了解柏拉图的计划，这可以作为对他们的回答。西塞罗这样做并非出于误解，而是有意要写一部不同于政治哲学创始人所著之书。

请记住，马尔库斯刚刚告诉我们，柏拉图在他关于法律的书中，只简单着墨于共和国的政制和最好的法律。马尔库斯旋即问阿提库斯和昆图斯，是否想在对话中做同样的事，他们对此表示同意（虽然，如前所述，马尔库斯本人从未同意这样做）。在这一点上，希腊前辈和罗马后人的计划看上去几乎完全相同。然而，马尔库斯立即通过在对话中引入对人类自然本性的考虑，着手让对话者从柏拉图的《法义》中摆脱出来。马尔库斯最终使他的兄弟和友人偏离了柏拉图永恒不变的理念世界，转而思考最高和最好的法律，这种法律在任何国家诞生之前就已存在，它就是自然法。正如我们所见，柏拉图的计划根本上是受理念支配，而非受自然法支配。理念作为政治的标准，体现在哲人王的统治之中。马尔库斯接受的是自然法的指引，而非善的理念的指引，因此，他给自己和他的对话者所定的目标与柏拉图不同，亦属情理之中。他们不再试图单为一个最终由哲人指导的国家制定最好的法律，而是寻求为坚守自然法的明智贤人或治邦者统治的最好共和国立法。换句话说，柏拉图的《法义》是其《理想国》的一个弱化或更具实

101　柏拉图：《理想国》739c1—e9。

践性的版本,而《论法律》中的共和国却并非《论共和国》中的共和国的一个弱化版本。西塞罗早已为我们提供关于最好的共和国的指导,现在他想要为之立法,以图"维持和守护"它。

除了使所有法律与斯基皮奥的最好共和国相配,马尔库斯还宣布了本次探究的次要目标:道德必须牢牢植根于公民的心智之中,而立法者决不能单单依靠成文法的制裁。这一区别让我们回想起之前对明智者的统治与成文法的统治的划分,也让我们想起所有法律都需要序曲。考虑到这两个目标,马尔库斯宣称他将在自然中寻找正义或正当的根基(stirpem iuris),作为整场争论的引领或指南。自然与自然法代替理念,尤其是善的理念,成了共和政制向之看齐的政治标准。在自然的引导下,对话者绝不可能像在纯粹的哲学谈话中那样迷失方向。[102]

在开始讨论"正义根源"前,马尔库斯要求他的挚友阿提库斯在不朽神明的存在和力量上做一个重大让步。这一让步既效仿了现实政治,也预示着伊壁鸠鲁学派即将被驱逐出这个共和国的政治生活。阿提库斯作为一个伊壁鸠鲁主义者,如果要忠于伊壁鸠鲁主义的哲学原则,无论如何都不能或不该同意诸神统领人类或关心自然,因为伊壁鸠鲁学派主张,神不关心人类事务。然而,马尔库斯不会做进一步论证,除非他已经说服阿提库斯神对人类事务的管理,或者直到阿提库斯承认这一点,无论他是否真的信服。显然,正义的政治要求所有哲学体系的信徒都必须认同某些特定的信念,至少在公开场合如此,如果他们想要被接纳为公民同胞。

马尔库斯问阿提库斯是否愿意承认,自然由不朽神明的力量、自然、理性、权力、心智或指令所统治,在这一过程中,马尔库斯第

---

[102] 《论法律》I.20;参 I.15。同时对比柏拉图:《法义》893a,雅典异乡人担心他即将试水的湍急的哲学论证之河,可能会把他的两个同伴"搞得"晕头转向,他告诉两位同伴,他们可能让一些"陌生的提问""席卷而去"。

二次用"蓬波尼乌斯"(Pomponius)来称呼,而不是通常使用的"阿提库斯"(在对话初期,他曾两次使用最亲近的"提图斯"[Titus]来称呼阿提库斯)。通过在询问时使用更亲切的称呼,马尔库斯缩短了自己与朋友之间的距离。他用私交消除了障碍(至少暂时如此),而这种障碍或许永远无法通过哲学(或政治)争论消除。阿提库斯同意接受马尔库斯的这一"预设",因为湍流和鸟鸣如此喧嚣,以至于不会有其他任何伊壁鸠鲁主义者听到他这样做。如果他们偷听,那一场激烈的争论将不可避免地随之而来。对于一场严格的哲学辩论来说,这种认同在诸多方面都不能让人满意。事实上,阿提库斯给出了个人的同意,但因为没有其他伊壁鸠鲁主义者听到他做出让步,这对伊壁鸠鲁主义丝毫无损,他也没有携带其他伊壁鸠鲁学派成员。但在此重申:这不是一项关于最大的善的哲学探究,而是为各哲学流派争鸣的共和国制定法律的一次尝试。如果这一政制想要有一丝成功的希望,这样的让步必不可少。正如马尔库斯很快会指出,各哲学流派在某些共同的道德根基上的同意,是政治幸福的一个基础原则。[103] 此外,马尔库斯和阿提库斯在相信不朽神明的天意之必要性这一问题上的对峙,预示着《论法律》卷二宗教法的序幕,那里也提出了类似的观点。[104]

马尔库斯并不是第一个寻求与对话者就神与人类事务的关系达成一致的立法者:伊壁鸠鲁主义者的让步,让人回想起柏拉图

---

103 参《论法律》I. 37—59, 52, 57;卢克莱修:《物性论》(*De Rerum Natura*, trans. W. H. D. Rouse, rev. Martin Ferguson Smith, Cambridge: Harvard University Press, 1997) II. 646—651。在《论诸神的本性》中,西塞罗对神意做了更充分的探究,维利乌斯(Velleius)在卷一中提出神无所作为、无所关心的伊壁鸠鲁主义神学观,并随即受到身为祭司(pontiff)和学园派成员的科塔(Cotta)的反驳。其后是卷二中巴尔布斯(Balbus)对廊下派立场的辩护,他认为神确实关心人类,有其天意。科塔在卷三反驳了巴尔布斯,对话的最后,西塞罗宣称自己更喜欢巴尔布斯的说法,因其看上去"与真理相似"。见《论诸神的本性》I. 51, 57, 115, 118, 121; II. 7—9, 133, 162—163, 166—167; III. 10, 14—15, 93, 95。

104 《论法律》II. 15。

《法义》卷四雅典异乡人关于神对人类事务之统治的演说，他说该演说应该面向即将定居于这座柏拉图式城邦的新殖民者。雅典异乡人的讲话确立了神的统治高于任何现实的立法，它也揭示出柏拉图与西塞罗的另一区别。对导致雅典异乡人这番演说的主要事件做一个非常简要的回顾，将有助于说明这一柏拉图式场景如何启发我们对《论法律》的研究：在《法义》刚开始不久，克莱尼阿斯向雅典异乡人透露，克里特正要建立一个殖民地，而克诺索斯人（Knossians）负责主管该建邦项目。反过来，城邦又把任务委派给克莱尼阿斯和另外九个人。在揭露此事之前，雅典异乡人已为会饮做了辩护，将之作为正确教育的一种手段，这一辩护最终引导剧中人物探究政治这种"旨在照料灵魂的技艺"。对正确的体育和音乐训练的讨论占据着前两卷的主要篇幅，并在关于酒的争论中结束且到达了"顶峰"：用酒会来教育公民是一种可行的方式，只要用得适度、明智。

　　《法义》的卷三更直接地转向政治，从雅典异乡人的大洪水神话开始，接着他按时间顺序分析了洪水之后出现的不同类型的政制。雅典异乡人考察了最初的王朝、城邦，以及某种程度上包括了所有政制的元政制，最后谈到了拉刻岱蒙的建立。正是在这个时候，雅典异乡人告诉他的对话者，治邦者和立法者在为他的政制制定法律时，必须一直着眼于明智和智慧。"最大的无知"往往会毁了城邦，这一事实使真正的立法者明确了目标："立法者至少应该尝试尽可能多地向城邦灌输明智，并尽可能地消除智识上的不足。"所有城邦都应该追求和谐。同样，灵魂和谐之人具备最伟大的明智，最伟大的和谐是灵魂和城邦最伟大的智慧。按照这个思路，雅典异乡人称赞斯巴达政府是政制楷模，因为它属于混合政制形式。考虑到雅典异乡人之前曾批判过斯巴达，因为斯巴达人对外致力于战争，对内容忍和鼓励同性恋，他现在的说法显得有些奇怪。雅典异乡人最后讨论了君主制与民主制，所有其他政制都以这两种政制为原型,或是它们的混合。雅典作为民主制的代表,据异乡人所说,由于"剧场政制"的出现而最终失败。换句话说,一旦音乐不再受法律规范,全体人民或大部分人民就开始决定什么样的音乐应该被认为是好音乐。这种音乐上的自由最终会导致人民无所畏惧,一种无法无天的政治自由。雅典异乡人有意停顿了一下,使克莱尼阿斯有机会表明他为何对法律和各种不同政制感到好奇。克莱尼阿斯最想要避免的,就是这种无法无天发生在自己即将建立的政制之中。[105]

当雅典异乡人引入政制类型问题时,他表示,"几乎其他一切政制都混合了这两种[政制]",即君主制与民主制。但是,他继续描绘了一幅波斯帝国的图景。波斯帝国最后以薛西斯治下最坏的专制暴政收场,主要是由于居鲁士不懂得正确的教育,也因此没有教授他的孩子真正的德性。雅典异乡人告诫克里特人和斯巴达人,富人和僭主的孩子几乎不可能真正变得有德性。事实上,他们的孩子几乎总会过着一种非常邪恶的生活。雅典的民主政制反而似乎更有机会实现真正的德性,只要人民对自由的欲望未遭败坏。更重要的是,这种民主政制拥有有德性的贵族政治的全部特征,至少当人民自愿受法律驱使时是如此。但是,当被败坏的、渴望无限度自由的欲望胜出时,雅典人就下降到了"剧场政制"的统治或诗人的统治。诗人反过来力求满足人民的激情:音乐和诗唯一的标准,就是被大多数人认为是好的或值得的。音乐的贵族制开始瓦解,最终导致所有音乐标准都遭到完全的破坏。换句话说,尽管君主制可以说是最佳政制的一部分(比如,"法律为王"的观念中存在君主制元素),但据说,真正的德性只出现在完全民主的政制中,这种政制由最有德性的人统治。[106]

105　柏拉图:《法义》650b6—10, 673d10—674c5, 687e6—689e3, 693d1—701c7。
106　柏拉图:《法义》693d1—701c7。

现在，正如柏拉图在对殖民者做第一次讲话前，先对君主制（波斯）、民主制（雅典）和有德性的贵族制进行了一番讨论。在《论共和国》卷一，西塞罗通过斯基皮奥这一角色，以同样的方式处理民主制、贵族制和王制（这让人想起在《论法律》中，对话者的目标是"维持和守护"斯基皮奥在《论共和国》中规划的共和国[107]）。在斯基皮奥声称比起三种单一的统治形式更喜欢混合政制形式后，他回应了莱利乌斯的请求，即通过审查三种政制（民主制、贵族制，最后是君主制）的各种优点，说明他认为哪种单一形式最好。斯基皮奥称赞民主制是这样一种政制，其中有着真正的自由，所有公民在法律的统治下一律平等。然而，由于民主或抽签统治最终会导致不够格和不义的统治，只有贵族制或至德之人统治才能确保正义真正具有支配性力量。少数有德之人的统治的效用和正义已经被经验所证明：一个人的忠告很难或不可能为整个城邦制定足够广泛的政策，而大多数人往往是鲁莽和不正义的。由节制之人和少数有德之人统治，是单个人的孱弱与多数人的鲁莽的中道。斯基皮奥断定，少数有德之人的节制，是好统治的出路，也是最可靠的带来给同样的人同等回报的真正平等的方法。

当莱利乌斯敦促斯基皮奥说出他最喜欢的单一形式时，斯基皮奥说相对其他两种，他更赞成君主制。但之后，似乎是为了把事情搅浑，他表示，三种政制都有自己特定的德性，君主关心自己的臣民，最杰出的人腹有良谋，人民享受自由，这使选择其一变得相当困难。然而，莱利乌斯再一次敦促斯基皮奥选择其中一种单一形式，于是斯基皮奥发表了冗长的对君主制的辩护，对三种单一形式的不稳定性和败坏倾向做了一番思考，再次宣称最好的统治形式是混合政制，并以此作为《论共和国》卷一的结尾。事实证明，最好的政制恰恰是罗马政制本身。柏拉图在《法义》中用波斯和

---

[107] 特别见《论共和国》I.39—71。

雅典的历史案例,来阐明他对两个"母政制"(现实政制某种程度上是这两种政制"编织"而成的)的理论探讨;而西塞罗关于政制的理论探究,最终得出罗马本身就是最佳政制的论断。可以说,这种结论上的差异反映了两位作者目标的差别。柏拉图的解释仍然与他的意图保持一致,他想要呈现言辞中最好的城邦,而非现实中最好的城邦;西塞罗的观点偏离了柏拉图的政制,转而寻求阐明一种基于自然并受自然法统治的政制。西塞罗将我们带回到现实的和日常的政治。《论法律》的立法必须时刻谨记这一目标。

阿提库斯的让步,应该与《论共和国》卷一末尾的这种发展联系起来看。或者说,这一发展预示着阿提库斯让步的必要性。通过把自己的注意力直接转向罗马,西塞罗承认,他的工作与柏拉图不同。作为政治哲学的创始人,柏拉图没有涉足哲学派系的斗争。然而,西塞罗被迫与自己时代的各种哲学流派竞争,他们都自称柏拉图是其灵感和源头。在这些学派中,廊下派、伊壁鸠鲁学派和(新/老)学园派是三个主要学派,或至少是西塞罗最关心、在其著作中提到最多的学派。柏拉图作为政治哲学的源头和起源(source and origin),是西塞罗时代各学派有望找到的唯一共同根基,或者说是西塞罗可以让他们认同的唯一根基。因此,西塞罗模仿柏拉图的工作,不断称颂柏拉图,以求把这些学派的成员争取过来。与此同时,西塞罗改变了关于法律的教导,以契合自己的目的:他渴望各学派的团结,只要这样一种团结有助于一种更健康的政治(最终有助于一种更健康、更少教条主义的哲学)。

当马尔库斯要求阿提库斯承认不朽神明的天意高于自然时,他就是带着这一目标或目的。阿提库斯对这一点做出让步,却仍然对该观点持有明显异议,也就不那么令人惊讶了。马尔库斯软化了阿提库斯的心灵,使他确信自己的计划是复兴柏拉图事业的一次尝试:阿提库斯对柏拉图的尊敬不亚于马尔库斯,因此十分好奇——好奇中透露出一丝焦虑——他的让步何以与柏拉图的计划相符。阿提库斯像马尔库斯一样,试图找到关于柏拉图的真相,虽然他不确定马尔库斯提议的路径是否正确:阿提库斯对真理的追求,与他对自己学派的教条式依恋之间,存在一种张力。总而言之,西塞罗意识到,有必要在碎片化和教条式的哲学观点氛围中为最好的共和国颁布他的法律,这是一种柏拉图没有遇到过的情况。自然法是被坏的(即非政治的和教条式的)哲学围攻的贤人的出路,它充当着一个共同根基,贤人们在此基础上或许能在政治上达成一致。

与此同时,把政制类型的插曲抛在一边,再次回到柏拉图的《法义》,克里特殖民者的到达和随后的关于神的演说即将到来:在克莱尼阿斯透露内情*之后,对话者同意从头开始,在言辞中建立一个城邦,这样克莱尼阿斯就可以带着这些教训着手建立现实的城邦。雅典异乡人通过思考土地性质对任何政制而言的重要性和对法令的影响,引出了《法义》的卷四。应该如何制定法律?不能像多数人希望的那样:"我们不像多数人那样认为,对于人类来说,保存并仅仅活着是最可敬的事;对人类而言,最可敬的是,尽可能变得优异,他们活多久优异就保持多久。"雅典异乡人反对把战争当作好政制的目标。相反,人的优异才是真正的目标。

考虑到殖民是一项非常艰巨的任务,要么涉及把分散的人民聚合在一起,要么需要尽力让彼此友好熟悉之人遵守新的法律,再对照雅典异乡人的目标,就不奇怪他为何会提出以下声明了:"是的,实际上,对于男子气德性的所有检验,立法并创建城邦乃是最完美的。"建立新的城邦需要最好的和最高的那种勇气,这极为罕见。雅典异乡人意识到他们面前的任务艰巨且几乎不可能完成,

---

* 指克莱尼阿斯受托为一个新殖民地制定法律,见柏拉图:《法义》702c。

他贬低创制者,且在实际上贬低几乎一切人类事务:当然,偶然或命运的变幻无常的手支配着全部或几乎全部人类事务。但是,雅典异乡人认识到这并不完全正确,并立即自我纠正,在命运中混以神和技艺,从而稀释了命运的力量。神、机运、技艺统治一切,这意味着一个通晓立法术并有神与机运相助的真正的立法者,将很有可能获得真正的成功。为了最大化这个真正立法者成功的可能性,雅典异乡人将他与年轻的僭主配对。通过这种方式,可以最快、最容易地把一个城邦改造成好的城邦。

  好的城邦不偏不倚,它们不由城邦的一部分进行统治,而是由有理智者统治。但尚不清楚,城邦之中谁有理智,有理智的是一个人、少数人,还是许多人?雅典异乡人想要知道,谁是那个像"僭主"一样统治有理智者的"神"。克莱尼阿斯和墨吉罗斯貌似不太明白这个问题的意义,于是雅典异乡人以古老神话的形式,为政治幸福开出了处方。最好的城邦类似于克洛诺斯(Kronos)的黄金时代。事实上,据雅典异乡人所说,"由某个凡人而非某位神统治的城邦,无法摆脱各种邪恶和艰辛"。通过理智领会的法律,将成为正在创建的城邦的神。要是城邦的统治者受私人欲望和野心的驱使,而不是受通过理智领会的公正法律的驱使,那这样一个城邦将只剩冲突和辛劳。雅典异乡人说,法律必须像僭主一样统治整个城邦,而不仅仅是城邦的一部分。好的法律对所有人一视同仁;相反,有所偏帮的法律则是不义的。统治者和所有公民最终都必须是公正法律的奴仆。这是一个相当高的法律标准,而且很难想象由理智决定的法治本身如何不会转化为直接的理智统治。毕竟,人的统治只会导致辛劳和冲突。我们不禁会好奇,考虑到要由善或理智而非人类统治,这个城邦究竟有望变得多么符合人的本性或真正的政治性。[108]

---

 108 柏拉图:《法义》707d3—7;708d7—8;713e4—714a11;715b3—d9。

这种对法的强调提醒我们，为什么首先要审视柏拉图的著作：马尔库斯坚持整个政制领域接受神支配人类事务这一信念，这与柏拉图《法义》卷四接下来的内容相仿。真正的殖民者已经到达。雅典异乡人告诉克莱尼阿斯和墨吉罗斯，接下来的讨论应在殖民者面前进行，而他会直接向这些新来的移民致辞："先生们……按照古代的传说，有一位神，掌握着一切生灵的开端、终点和中段，他通过循环完成依据自然的直接进程。紧随其后的总是正义女神，她是那些背弃神法的人的报复者。"以及后文中："对我们而言，在最高程度上，神会是万物的尺度，远远超过任何一个'人'，如他们所言。"[109]柏拉图引入了一位积极主动的神，他统领众生，是万物的标准、正义的化身，这标志着广泛适用于殖民者并强调神裁的立法的开端。当雅典异乡人向殖民者引入法律这一主题时，他被迫先谈论神圣之物。另一方面，虽然马尔库斯在他的法律中建立或坚持着一种类似的神圣制裁，但他从自然法（最高理性，植根于自然）入手，并且只有在颁布了自然法之后，才要求阿提库斯做出让步。柏拉图的法试图模仿甚至在大地上重建克洛诺斯的统治，或者说以法的形式进行的理智统治，这与自然法统治或主导的共和国不是一回事。前者最终指向哲人王的统治，而后者，是非哲人、马尔库斯政制中的明智贤人可以达到的标准。马尔库斯的自然法首先在"明智者的心智和理性"、在人类身上找到其家园。与此同时，柏拉图展望了一个神统治的黄金时代，这种统治似乎的确有一种遗忘人类事务的倾向，而支持法律是理智之化身的观点。柏拉图的标准是神的统治而非人的统治，这使他倾向于忽视或遗忘人类事物，即便他用"神"这个术语指的是"理智""明智""理念"之类的东西。这一标准的危险在于它忘了人类是身心一体的。柏拉图著作中神的统治使我们想起马尔库斯对自然法的第一个定义，

109　柏拉图：《法义》715e8—716a4；716c5—7。

在那里他把自然法定义为明智本身,它指示正确行为并禁止错误行为。当然,马尔库斯一想到明智只在人类身上存在,而不是以某种脱离肉体的状态存在,就立刻重新表述了这一定义。

马尔库斯在宣称不朽神明的监管前,先定义了自然法,这一事实的重要性在哪里?通过这样做,他为对话者提供了一个共同的道德基础,这一基础植根于人的自然本性而非智慧之神或克洛诺斯。柏拉图的政制表现出一种趋向理智或智慧统治的倾向,即哲人的统治。在哲学刚刚问世且存亡未卜之际鼓励这种趋势,其重要性不容低估。然而,考虑到罗马各大哲学流派的支配地位,以及它们深刻而根本的分歧,理智或智慧的标准对马尔库斯来说不是一个可行的政治解决方案。所有罗马学派都自以为寻见了智慧,无论是廊下派、(老)学园派还是漫步学派。他们为什么要与那些不能像他们一样清晰地看到真理的人分享统治?马尔库斯的任务是找到一种方法,以弥合来自不同哲学流派的明智罗马贤人之间的裂痕。此外,如果像亚里士多德主张或暗示的那样,柏拉图《法义》中的政制最终会回归《理想国》中的政制,而亚里士多德批评《理想国》中的政制不适用于现实政治生活,[110]那么可以合理推测,西塞罗认为柏拉图的解决方案永远都无法得到实践,而不只是在其所处的罗马时代无法实践。

马尔库斯会选择拒绝柏拉图最好的法律,以便支持他的自然法标准,这并不令人意外。很难(如果不是不可能的话)理解西塞罗何以在自然法的指导和引领下建立了《论共和国》中最好的政制,但在之后为该政制立法时却偏离了这一标准。事实上,当斯基皮奥因为人类知识的局限性,在《论共和国》开场的戏剧性场景中,阻止图贝罗(Tubero)参与关于所谓目睹第二个太阳的争论时,可以合理地假设西塞罗偏离了柏拉图在《理想国》中描述为第二

---

110 亚里士多德:《政治学》1265a1—4。

个太阳的善的理念。[111]正如西塞罗在早期著作中拒绝将善的理念作为标准,在后续作品中,他巧妙地悬搁了柏拉图使法律趋近理智之神或克洛诺斯的意图。马尔库斯拒绝了阿提库斯最初要他谈论(或著述)的公民法或公民正义这一更为狭隘的话题,相反,他转向自然法,把自然法当成研究广义的正义或法(ius)的一个好的开始,因为它是最高的或最好的法律,也是一切法律的标准。有了这种关于正义或法的更为开阔或延展的视角,并通过一种共同的人类本性结合在一起后,对话者也就敢于开始谈论诸如善和人源于神之类的理念。

阿提库斯和他的伊壁鸠鲁友人圈,在探寻正义或正当的起源时,肯定能毫无障碍地接受以自然为指导(事实上,阿提库斯对此充满热情),但神关心人这种观念是他们无法忍受的。阿提库斯的让步标志着政治正义而非哲学正义的肇始,这种正义是现实政治共同体的正义,但它受到各种争鸣的哲学流派的围攻,它们似乎对统治或指导潜在统治者不感兴趣。马尔库斯的任务显然并不轻松:初步同意在探求过程中遵循自然法的指导后,任何现实政制都必须承认神的旨意,这个要求使得自然法共和国成功的希望渺茫。事实上,它成功的唯一希望,就是没有其他阿提库斯的学派(该学派在当时的罗马非常有影响力)的成员会听到或听闻阿提库斯的让步。[112]但如果有其他成员听到了,会发生什么?三位自然法立法者之间一直保持的统一,几乎会立即受到挑战。

对话的戏剧性情节揭示了马尔库斯和雅典异乡人之间的另一区别。马尔库斯准备比雅典异乡人更快进入关于真正的法律和立

---

111 《论共和国》I. 15;柏拉图:《理想国》517a9—c6, 518c3—d1; Charles R. Kesler, "Cicero and the Natural Law," 138-39, 151-55。

112 《论法律》I. 21。

法的讨论。相比雅典异乡人主导的对话,这里展开的对话肯定更加紧凑。其原因至少在马尔库斯看来显而易见:简洁是真正的立法的一个表现,对忙于参政的贤人统治的政制来说,这也是一种德性。另一方面,如果雅典异乡人的政制确实回溯到柏拉图的《理想国》,那它貌似以哲人的统治结束,这些哲人手中几乎有着无尽的时间,却对现实政治影响甚微。我们不禁回想起《论共和国》卷一序曲中西塞罗的训诫:

> 其实,一个人拥有德性如同掌握某种技艺,不加以运用是不够的,并且技艺即使不加以运用,也仍可被当作知识,但德性完全在于它的运用;此外,这种德性的最好运用在于管理政制(civitas),并且是在实际上,而非在言辞中实现那些人[哲人]在他们的角落里大声议论的东西。

西塞罗在致力于指导明智贤人并向其提供关于最好共和国的教导的著作中,颂扬并捍卫了政治生活而非哲学生活,而《论法律》是其续作。如果一部关于最好共和国主题的指南,应该短于一本关于政治哲人或政治哲学门人的正义的书(柏拉图《理想国》),那么一本为最好共和国立法的书则应更为简洁。马尔库斯早已把自己呈现为这些忙碌贤人中的一个,只有一丁点零碎时间可以投入此类话题。事实上,当阿提库斯"召唤"(vocas)他进入这场"长对话"(longum sermonem)时,马尔库斯一开始显得有些犹豫——甚至给了昆图斯一个彻底改变对话方向的机会——但他最终同意了,一个重要的原因是,愉悦或快乐(delectatio)将成为当天活动的一个要素。即便是马尔库斯这个罗马人,这个最佳法律的沉思者,也无法抵抗"那个阿提卡人"的诱惑。最好的治邦者关心他的共和国和所有正义的政制,对他来说,为最好的共和国颁布法律显然令人愉悦。越来越清楚的是,马尔库斯本人就是行动的自然法立法者。[113]

在《论法律》的开篇场景中,马尔库斯在短短时间内,被阿提库斯连续三次要求处理公民法的话题。他通过尽快使对话转向政治秩序或社会的法(ius civitatis),然后转向普遍法(universi iuris),断然回绝了这一请求,并最终成功使对话转向自己希望的方向。公民法现在被下降到一个小而窄的地方,《论共和国》卷一中的哲人也许就是被放逐到了这个狭窄的角落。[114](在回答最重要问题的关键时刻,西塞罗抵制任何窄化研究基础的企图,无论是政治上的还是哲学上的。)马尔库斯已准备好开始讨论一切正义法律的普遍基础,以便寻找"正义的自然根基",这将成为《论法律》卷一余下内容的重心。余下内容可分为三大部分:(1)马尔库斯关于正义起源的论述,他认为正义首先发源于神与人的共同体,其次发源于人类社会共同体;(2)捍卫正义基于自然而非习俗,且因自身之故而可欲;(3)对哲学的赞颂。在第一和第二部分之间,当马尔库斯声称一个联结所有哲学流派的共同原则必须存在,且确实存在时,对话重新开始。这一原则规定,所有正确和高尚的东西[115]皆因自身之故而可欲。第二和第三部分之间也有过一次短暂的离题,对话者考虑他们是否应该在对话中向前推进,思考最高的善。昆图斯对此表示拒绝,于是他们放弃了这一意图。无论是新的开始还是离题,对旨在为政治人和政制提供好的建议,却又往往受哲学诱惑而抛弃政治的对话来说,都是一种威胁,而作为一个严肃对待哲学的政治人,西塞罗自己对此深有体会。

---

113 《论共和国》I.2;《论法律》I.9,13—14。
114 《论共和国》I.2;《论法律》I.13—14,17。
115 《论法律》I.37。

神人共同体（22—28）

伴随着阿提库斯的让步，马尔库斯提供了他关于正义起源的第一个说法，他首先在神与人的共同体或平等中发现了这一起源。奇怪的是，通过首先在神人共同体中寻找正义，马尔库斯似乎瞬间忘了自己曾毫不犹豫地拒绝了柏拉图式的政治生活标准。一种源于或依赖神与人的平等的正义基于这种观点：人可以像神一样，在最理想的状态下，人就像神。想让这种正义成为一种政治标准，似乎不太现实。哪个人可以像神一样生活？马尔库斯在这里似乎犯了背离自然法标准之罪，而他刚刚才以这种自然法取代柏拉图的善之理念。但在马尔库斯为自己辩护前，我们不要过快对他的努力盖棺论定。

在对不朽神明统治自然做出让步后，接下来又该如何？当马尔库斯回到开端，回到正义的源头，回到那个法律还未成文、公民社会还未建立的时代时，他有何发现？马尔库斯回到开端，回到人类第一次降生或第一代人类，回到"我们称之为人"的那种动物。他发现一种充满理性与善念的存在，一种世世代代被"至高之神"（supremo deo）赋予卓越状态的存在。"至高之神"明显先于人存在，或先于人自我生成。马尔库斯不是单纯地回到开端，而只是回到人的开端。人有着一种与至高之神不同的开端。即便至高之神本身有其开端，马尔库斯也没有对那种开端做过描述。无论如何，人类具有理性和思想，在所有生物中独树一帜。无论是天上还是地上，没有什么比理性更好、更神圣，当理性得到充分发展或完善，它就蜕变为智慧本身。（这种理性如何完善以及能否完善，都尚未得到说明。我们只是注意到，人与神据说不共享智慧，而只共享理性。大概，完满的智慧为至高之神所独有。）人类是唯一与神共享理性的生物，这种理性构成了神人共同体的第一纽带。

由于人与神共享理性,马尔库斯宣称,他们一定也共享正确理性,即法律。因此,人与诸神——单数的"神"(deo)变成了复数的"诸神"(dis)[116]——共享法律,而共享法律之人肯定同时共享正义。这样一种共享理性而且是正确理性、法律和正义的存在,必定是同一个政制或共同体的成员。如果他们服从同样的力量和权威,就尤为如此,而人与神正是这样:他们服从同一种天上的秩序,同一种神圣心智,以及同一个卓越的神。因此,整个宇宙必须被视为神与人共同的政治社会。可以说,它们构成一个"普世"(universal world)。

显然,通过法律统治人以及所有次一级神的至高之神,无非是正确理性。马尔库斯并没有描述这一至高之神,或把任何特征归于它,以将其与次一级的神区分开来。我们知道的是,至高之神赋予人理性,没有什么比理性更加神圣。这种理性构成了诸神与人向之看齐的标准,并使他们联结在一起。至高之神一开始就赋予人理性。人与诸神努力效仿这一至高之神,它被认为体现了一种至善理性,甚至智慧本身。就此而论,人与次一级的神处于同一位面,共享理性,而且向至高之神的标准看齐,这一标准在人与诸神之外,也在人与诸神之上。人与诸神可以说属于同一谱系和族群。至高之神主宰一切次一级的神和人,就像是《旧约》(特别是《创世记》)中的创世神。但西塞罗的至高之神似乎受到理性和自然的约束:至高之神受自身内在标准约束,同时以这一标准掌管人与次一级的神。相比之下,《创世记》中的创世神神秘而全能,人根本无法企及。[117]

理性可能构成了人与神之间的第一纽带,但人类究竟从何而来?他们如何产生?其本质为何?马尔库斯以一种明显反讽的方

---

116 《论法律》I.23。
117 《论法律》I.22—23;《旧约·创世记》1:1。

式回答了这些问题,为他的对话者提供了一个创造神话:伴随着天体不断的变化和运动,至高之神播下人类的种子,不仅创造了凡人和易腐的身体,还把灵魂作为礼物送给人类。在这一解释中,人可以说降生于神。人与神分享一个共同的祖先。人类是唯一一种承认神存在的生物,没有哪个人类种族野蛮到弄不明白他们必须承认一位神。对这位神的认可变成了一种对人类起源于天上的庄重追忆。关于神的知识更多是一种回忆,而不是一种发现。此外,马尔库斯告诉我们,因为这个共同的祖先,人与神拥有同样的德性(virtus eadem in homine ac deo)。[118]

这是对话中第一次提及德性这个词,但有些不太和谐,既因为这个词突然出现,也因为陈述本身的激进性质:神与人如此相似,以至于分享同样的德性;人源于神。德性无非是得到完善的、发展到最高阶段的自然本性。因为马尔库斯刚刚告诉我们,没有什么东西比理性更加神圣,人与神分享的共同本性的最大特点就是共同理性。我们可以推测,人与神通过完善和发展理性,达到自身存在的最高阶段,这种得到完善的理性无非就是智慧。令人惊讶的是,紧接着人的创造,马尔库斯将人的完善等同于神的完善。自然是这一等同能够成立的基础:因为人与神属于同一谱系,他们共享同样的自然本性,也就意味着他们共享同样的德性。重申一遍,这种共同的德性是经过完善的自然本性,处于最佳状态时就是经过完善的理性或智慧。根据这种观点,自然和理性的确以限制有死之人的方式限制有死的神,因为自然高于二者并产生了二者。

虽然马尔库斯没有明示自然与至高之神的确切关系(也许是有意如此),但自然对人来说的确是一切好事物的源头,包括农业、动物和不计其数的技艺。理性通过模仿或学习自然发现技艺,然后将技艺应用于人类生活。因此,自然要求并允许人通过各种技艺实现

---

[118] 《论法律》I.25。

正确的目的或最高的目的,无论是农业上的还是政治上的。自然允许人们这样运用理性和技艺。选择如何行动,取决于人类自己。此外,自然还给了人一个敏锐的头脑、五种身体感官,以及与其作为唯一类似神明的存在相称的身形。值得注意的是,这包括一张仰望天空——朝着自己昔日的家园——的脸庞,能让人看到他的内心。

通过像马尔库斯刚才所做的那样返回开端,他一直冒着他的分析可能失去重心的风险:讨论可能会转向许多其他话题。我们在这里看到:马尔库斯对人类起源的分析,促使他思考身体的特性或身体各部分的天资或能力,比如声音能使雄辩术的力量得到发挥,马尔库斯将这种力量描述为"人类社会的最大推动力(conciliatrix)"[119]。修辞至关重要;雄辩术当然值得专门处理,但不是在一本关于法律的书中。至少基于这个原因,马尔库斯告诉我们,在他关于最好共和国的书中,他已经就这个话题说得够多了,或者至少斯基皮奥已经说得够多了。值得注意的是,马尔库斯在这里悬置了两个主题,成功地把它们排除在此次讨论之外:首先,是阿提库斯让步之后引出的不朽之神统治自然的观念(得到全部三个对话者的同意);其次,是人们用以加强公民社会纽带的言辞或修辞的力量。为什么马尔库斯要把对话者的注意力引到这个话题上,结果却放弃了这一话题,宣布它与此次对话无关?马尔库斯解释道,在讨论法律的地方,不适合讨论雄辩术,此外,他们仅仅是没有足够的时间深入这一探索。这样做可能会将对话者从 oratio[演说]导向对 ratio[理性]本身的思考,也就是说,导向对最好的人的深刻而漫长的思考,对那些想要勾勒最好共和国的人,这一主题是恰当的,但对为该城邦体立法的人来说则并非如此。通过触及雄辩术的主题并随后放手,马尔库斯本人运用了一种修辞术中不可或缺的方法,希腊人称之为假省笔法(paraleipsis),西塞罗则更喜

---

119 《论法律》I.27。

称之为"虚晃一枪"(praeteritio),即"绕过"特定话题的技巧。提出一个话题,却声称没有时间讨论,这是一种讨巧的方式。马尔库斯宣称,他必须略去任何关于雄辩术的讨论,即使他运用了其中一个技巧。换言之,马尔库斯巧妙地暗示,修辞对这场讨论非常重要甚至不可或缺,即便没有得到明确的讨论,但它在这本致力于阐述最佳法律的书中无处不在。整部著作就是行动的自然法治邦者在修辞术上的实践。

考虑到这一点,马尔库斯告诉对话者,即便神给人配备了许多强大和实用的工具,但人类本性必须发展和完善它们。他以此收尾,结束了对神人共同体话题的处理。发端于神所赋予之物,自然利用从"第一初始概念"(ex prima et inchoata intelligentia)知晓的事物知识,自行发展出了自己的道路。至高之神可能为我们提供了这些原初概念(目前尚不清楚是否需要一位神,鉴于我们已经知道自然独立发展出了自己的道路),但正是自然接收了这些植入的概念,使它们得到发展并变得有用。自然引导着理性完善之路,这一品性为人与神所共有,没有什么比之更加神圣。

阿提库斯的插话以及从神到人(28—34)

自从阿提库斯做出让步后,他一直在好奇地聆听马尔库斯的宏论,现在他忍不住向不朽神明(Di immortales)起誓,表示自己暂时已经不关心人类生活了。令阿提库斯感到惊讶和敬畏的是,他的让步使马尔库斯回到如此久远的过去以寻找正当或正义的第一原则。这肯定不是阿提库斯一直期待的关于公民法的探讨,虽然他对此更感兴趣。事实上,他不再对这样一种相对而言有些琐碎的谈话感兴趣,而更希望花一整天时间谈论公民法真正的序曲或预备。为最佳共和国的法律寻找一个恰当的基础,需要回到人类自身的开端。马尔库斯寻找正义根源的第一次尝试,其结果是神与人的共同体,他们共享理性,并因此根据相同的法律与正义的准则生活。根据这一观点,人与神的德性是一回事。正义是人的自然,因为正义也是创造人类的至高之神的自然。阿提库斯的插话,表明他这位非政治的哲学的代表人物,对法律的最终根基深感兴趣,马尔库斯或许觉得在追寻正义的路上,他已经在纯粹哲学的方向上走得太远了。他成功地将阿提库斯彻底吸引到对话中,但代价是牺牲了对人类法律来说真正现实的东西。毕竟,人与神并不生活在一起,至少不一起生活在地上,或就我们所知而论是这样。因此,神与人的共同体对人类政府而言并非一个可行的基础。

在阿提库斯起誓后,马尔库斯骤然放弃了对神或诸神的考量,转而将人类共同的自然本性作为正义的根基。毕竟,谁可以活得像至高之神那样合乎至善?如果人的标准是像诸神一样行事,那么在一个前一神论的世界,谁的神才是真神?马尔库斯的自然法要想作为一个政治标准真正适用,就必须将重心从与诸神共有的自然,转向人类共有的自然。马尔库斯逐渐开始从人与神的共同体转向人类共同体。他因此告诉我们,人类为正义而生(iustitiam),法律或正义(ius)由自然而非意见确立,在智慧的博学者争论的一切事情中,没有什么比这更杰出或显著(praestabilius)了。人类社会共同体证明了这一点。显然,即便是最博学者通过向法律看齐来开始他们对正义或正当的研究,他们也并非全都断定正义寓于自然当中。这是一个意见不一的主题。(就此而论,之前关于神人共同体讨论的奠基性观念,同样并非毫无争议:阿提库斯被迫接受天意之神关心人类的观点,但他绝不可能真正认同这一观点。[120])

无论如何,马尔库斯现在开始谈论他对人类社会共同体的理

---

120 参《论法律》I.18。

解。没有人与他人如此不同,以至于被排除在人类种族之外。坏习惯和错误观点让人有所区分。如果坏习惯源于坏的意见,那么无知就是造成人与人之间的差别的最终原因。因此,以下对人的定义适用于所有人:理性定义了人,也是人之所以异于禽兽的特征。理性使我们具备了同样的学习的能力。虽然我们在知识的层次上可能各不相同,但所有人都具备理性,也因此具备追求真正德性的能力。虽然似乎有些令人惊讶,但马尔库斯声称,任何人都可以趋于德性,只要他找到合适的教师或指导者(ducem)。但无论他们的指导者多么有资格、多么认真,会不会有人最终变得糟糕,也许是由于自然或机运的不可抗力和影响?然而,无论如何,就像我们在德性上是相似的,或准确地说,正因为我们在德性上相似,所以我们在恶习上也相似。最重要的是,由于快乐与自然之善的相似性,它甚至有能力把好人引入歧途。由于心智的错谬,人们经常把快乐的东西与好的东西混淆,快乐往往被错误地视为某种有益的东西。然而,马尔库斯并不是一味地想要谴责快乐:他告诉我们,快乐会是这场关于法律的对话的一个要素。当人们正确地理解快乐,并使之服务于一种更高的善时,快乐可以是一样好东西,一种德性而非邪恶。[121]然而,同样地,对快乐的错误理解可能会导致许多人害怕死亡和痛苦,并且贪生恶死。[122]

更重要的是,那些天然折磨着所有人的恶习,把人导向对高尚及其与荣誉关系的错误结论:人们往往不明白,荣誉并非真正幸福的标准;只有高尚才配得上真正的荣誉。就此而论,可耻地获取荣誉,根本算不上荣誉,也混淆了快乐与善。[123]所有人都经历着相同

---

121 《论法律》I. 14. 参柏拉图:《理想国》582a—583a,苏格拉底主张唯有爱智慧者(而非爱盈利者)方能体验真实而完整的快乐,他的这一论点,是为了回应僭主过着最快乐生活的说法;亚里士多德:《尼各马可伦理学》1140b10—20, 1177a25—30。

122 参《图斯库路姆论辩集》:卷一和卷二分别提出并否定了痛苦和死亡是一种大恶的观点。

123 参《论义务》I. 61—65, 90; II. 43; III. 99—101。

的烦恼、快乐、欲望和恐惧,无论他生活在罗马,还是崇拜猫猫狗狗的城邦——天下人的自然本性都一样。马尔库斯从所有这些得出的结论是,人类在事物之好坏上非常相似:所有国家都珍视慷慨和善行,憎恶骄傲和忘恩负义之人。最终,所有人都被一种主导所有人的正确生活方式联结在一起。

马尔库斯停下来问他的对话者,是否同意所有的人都一样,并且可以通过普遍的定义方式来考察或理解。正义是否的确是自然的、普遍的,而不是约定的、因政制不同而不同?阿提库斯代表两位对话者做出回答:他们都同意马尔库斯的描述,并对此感到满意。带着这种认同,马尔库斯现在使对话回到了开头,但这次,神明显缺席,正义的基础不再是神而是自然:正义对人来说是自然的,我们的构造使我们能够将正义的知识传递给彼此。自然在每个人身上植入特定的火花(igniculi),如果经过培养,便可以指引人实现自己的自然。然而,坏习惯总是使人误入歧途,并扑灭了自然的火花。尽管如此,这些火花一开始就存在于所有人身上,正是由于对我们真正自然本性的无知,才使一些人走上不义之路。如果所有人都领悟了自身的真正自然本性,没有人会是不义的。这何以可能?马尔库斯开门见山:所有人都被赋予了理性,从而也有了正确的理性,从而又有了法律。他说,法律无非就是命令和禁止中蕴含的正确理性。如果这些东西为人所共有,那么正义同样为人所共有。换句话说,如果人们知晓自己的真正自然本性,如果他们理解,没有什么属人的东西是与他们格格不入的,那他们就不会变得不义。从这个意义上讲,正义是真正最好、最有用的东西。苏格拉底诅咒那个把正义与效用分开的始作俑者,这是正确的。[124] 对人来说,有什么比实现他的自然本性,即真正变得正义更有益?一开始,我们获悉理性带来正义,是因为神与人的平等。现在,马尔

124　参《论义务》II.9;III.11。

库斯回到了同样的教导,但依据仅仅是人类共同的自然本性。马尔库斯最初概述了一个取决于人神关系的正义标准,但他现在的标准是基于人类自然本性中最高和最好的东西。[125]

马尔库斯按照这一论证做出合理的逻辑推论,最终引出了一个只有具备完美德性之人才可以参与其中的完美友谊共同体。一个遵守自然律令的人将拥有真正的德性;这些有德之人之间的任何差异,都会被这种真正的德性所消弭。这些人的一切都将是共有的,因为两个完美理性人之间的哪怕一丝差异,都会消融他们的友谊。一个所有人都具备同等智慧和德性的共同体,不会存在任何差异。换句话说,一旦这样的友人圈中有一个成员想要比其他人得到更多,那么这样的友谊就消失了。除了智慧本身,还有什么可以充当这些至德之人的共同纽带?

尽管在这一解释中,神已经消失不见,但结果似乎同样令人满意。马尔库斯已经成功引起了阿提库斯的兴趣,在这场关于正义基础的公开论述中,阿提库斯发表了两次讲话,而昆图斯则保持沉默,但与此同时,马尔库斯未能给政治平等找到根基,也未能给自然法应用于现实政治找到根基。虽然苏格拉底和马尔库斯都诅咒了把正义与效用分开的始作俑者,但马尔库斯现在似乎正在尝试做这样一种分离。他制定了一个仅适用于具备完美智慧和德性之人的标准。换句话说,他的标准对政治共同体大体是没用的,或者

---

[125] 比较《论法律》I.23 与 I.33。马尔库斯的表述对一个创制者来说显得有些奇怪:看看日常政治,我们就会发现,许多人有着理性甚至好的意愿,却没能正确运用理性,也就是说,他们行为草率。明智的缺失似乎使接下来贤哲的非政治共同体变得可能甚至必要。马尔库斯的表述让人回想起康德的绝对命令,见《道德形而上学的基本原理》(*Fundamental Principles of the Metaphysic of Morals*, trans. T. K. Abbott, NY: Prometheus Books, 1988)第 44 页:"最后,有一种命令式,它无须以通过某个行为要达成的任何别的意图为基础,就直接要求这个行为。这种命令式就是定言的。它不涉及行为的质料及其应有的结果,而是涉及行为由以产生的形式和原则,行为的根本善在于意念,而不管其结果如何。这种命令式可以叫做道德的命令式。"(中译文参康德:《道德形而上学的奠基》,李秋零译,载《康德著作全集》[第 4 卷],中国人民大学出版社 2010 年版,第 423—424 页。——译者)

用处有限。尽管做出了相反的声明,但正是马尔库斯本人实现了这一分离,因为他假定所有人都具备理性,因而最终会自然而然地遵守正义的标准。(这也许可以解释为什么在以贤哲共同体结束的这部分对话中,当马尔库斯再次对法律是什么下定义时,他以几乎不被人注意的方式,回归到 recta ratio[正确理性]而非 summa ratio[最高理性]的使用:对贤哲来说,法律就是明智,而没有什么法律层级的限定。对贤哲来说,没有什么更高或更低的理性,而只有正确理性。)如果在这个马尔库斯为之立法的共同体中,每个人都能在德性或智慧上达到完美,那正义和效用确实会趋同。然而,马尔库斯所关注的共同体,即由自然法主导的共同体,肯定不会是一个由最高德性或智慧联结起来的政治共同体。这并不是说,德性和智慧会缺席。这一解释有着近乎乌托邦的特点,最起码,这些对话者自己也无法为完全一致找到基石。当他们着手为最佳政制立法时,他们之间的分歧是否会抵消他们对正义的追求?似乎不会。尽管存在分歧,甚至正因为存在分歧,他们才成功地维持了彼此的友谊。我们开始怀疑这种差异对政治生活来说是必要的,而马尔库斯的自然法立法也将不得不以某种方式考虑到这些差异。[126]

插曲:各学派之团结的必要性(34—39)

马尔库斯停下来向专心聆听的阿提库斯和昆图斯解释,到此为止所说的一切,都是为了给接下来的内容充当序曲(praemuniuntur),以便更容易地理解,正义确实是自然的。马尔库斯为捍卫正

---

[126] 参 Seth Benardete, "Cicero's *De Legibus* I: Its Plan and Intention," 296:"尽管他们之间存在差异,但正是因为这些差异,比起贤哲之间的友谊,三位对话者之间的关联,看起来对政治共同体是更稳固、更现实的根基,即使贤哲之间的友谊是如此完美,以至于与自爱难以区分。"

义的自然性打下了基础。通过使用 praemuniuntur 这个词,他暗示言辞中有必要存在一定的防护墙,这将有助于即将到来的争论免受攻击。[127]我们早已从马尔库斯之前所述知晓,这将是一场漫长的对话:剩下要讨论的内容,无疑会耗费当天余下的时光。[128]虽然昆图斯和阿提库斯抗议说,他们已经确信正义的确自然存在,不需要进一步的论证,但马尔库斯坚持,为了完成这次讨论,单独的调查和论证是必要的。

为什么马尔库斯要在这一点上坚持?简单地说,阿提库斯对马尔库斯序曲式论证的总结表明,他相信正义自然存在,但这种正义并无或很少有政治上的应用。这是贤哲的正义,他们是在理性上达到完美,并因此在德性上达到完美之人。不幸的是,这一独断会产生糟糕的政治后果:它吸引那些自以为聪明之人,并鼓励他们以为自己高于政治或超越了政治。但是,以智慧为门槛设立政治共同体的标准,无助于打破这一独断论,而只会强化它。阿提库斯已向马尔库斯证明了这一点,因为他在最终总结中声称,所有人都受仁爱(benevolentia)和正义的约束。阿提库斯要么没有看到马尔库斯的问题所在,要么他本人也认可这种自然正义,后一种推测可能更接近事实。那么,对阿提库斯来说,"所有人"暗中指向"所有贤哲"。考虑到昆图斯之前评论说在自然正义这一主题上,显然几乎不需要进一步讨论——再加上怀疑昆图斯的自我定位是与阿提库斯同属一个智慧共同体——马尔库斯强迫自己继续论证。他从对话者那里听到的异议,让他无法相信自己已经完成了目前的对话计划。非要说的话,事情甚至变得更加迫切。马尔库斯必须寻找一种对现实政治共同体有益的自然正义,而这个共同体必然囊括所有不同学派。马尔库斯的目标是使各学派辩真理而非分高

---

127 参《论法律》I. 62;Andrew R. Dyck, *A Commentary on Cicero, De Legibus*, 162。
128 《论法律》I. 13。

下,并严肃地思考政治正义。

为了吸引不同学派,马尔库斯必须以他们的方式着手他的论证,而不是以政治哲学创始人会用的方式。也就是说,为了拯救哲学,马尔库斯必须接受当时的哲学。坐盼某种其他的或更好的哲学,这无济于事。苏格拉底或柏拉图会在一个"广泛的领域"内争论,但如今的哲人,那些建立"智慧工场"的人,其争论囿于一隅。各个学派各自为营、各执一端、各执己见。马尔库斯必须站在罗马贵族和未来哲人的立场上做出论证,昆图斯和阿提库斯就是这样的人,马尔库斯试图克服的正是他们的教条主义错误,这种教条主义导致了对政治根深蒂固的蔑视,并使他们相信自己作为贤哲真的自成一类。因此,马尔库斯必须以他们的风格驳斥他们,使政治哲学回到其创始人的时代,以求带来健康的政治和健康的哲学。为此,马尔库斯必须重新开始;他必须让正义植根于真正普遍的自然,而不是仅作为贤哲的标准。他必须将各学派聚拢在一个共和国全部成员共同坚守的基石上,但他尚未做到。

这场对话(sermo)有着明确的方向。它着眼于政治的统一,而非哲学的统一。这是一场关于大众的目的或目标的谈话。马尔库斯必须确保他和他的对话者用以建立该政制的原则能对整个政制有吸引力,以实现其团结和健康。面对阿提库斯和昆图斯对贤哲的政制的热情,马尔库斯保持着警惕,他明确表示:"我们的整个演说旨在使共和国稳固,使城邦稳定,使人民健康(sanandos populos)。"[129]对共和国、城邦和人民的关注,必然意味着对话者必须为健康政治找到一个真正的共同基石,它兼容各个学派,但却是寻常贤人可以达到的。马尔库斯不想操之过急,他不

---

[129] 在《论法律》I. 19,马尔库斯第一次告知我们其计划的通俗本质,他说"整个演说"关注的是通俗理性,这也是他必须不时通俗地(populariter)讲话的原因。

希望基于未经仔细思考和审查的原则建立一个共和国。他寻求仔细的审查,并非为了普遍的共识——这是一项不可能完成的壮举。相反,马尔库斯希望得到这样一些人的认同,他们相信"所有正当和高尚的东西因其自身之故而可欲","只有本身值得称道的东西才应被视为善",或者至少"只有真正因自身之故而值得称道的东西才应被视为至善"。[130]

马尔库斯认为自己已经找到了一个可以联结罗马各学派的基石:每个学派都能够或应该同意,正当和高尚之物因其自身之故而可欲。他寻求这些学派的同意,不管他们是认为只有本身值得称道的善才可被视为善,而其他一切仅仅是有利或不利(廊下派),还是认为只有至善才本身值得称道,而其他较小的善仍是善(老学园派和漫步学派)。无论一个人在善的层次之争上站在哪一方,他都能够且必须同意以下第一原则:正当和高尚之物应当本身就值得追求。马尔库斯想到的大多数学派——他特别提到了老学园派、漫步学派和廊下派[131]——都能够在此基础上团结一致并认可他的主张。更重要的,也是并未明说的,是普通贤人也能够对这种统一原则产生认同感。这一原则不仅可以团结众学派,还可以使

---

130 《论法律》I. 37。
131 参《论义务》I. 6,西塞罗将"廊下派、学园派和漫步学派"归为一类,因为三者都声称 honestatem[高尚]必须因其自身之故而被寻求。亦见《论学园派》I. 17,西塞罗说柏拉图创立了哲学的"一种形式",却被冠以"两种名称";这些学派在学说要点上一致,只在名称(nominibus)上有所区别。蔡策尔在 *On the Commonwealth and On the Laws*, trans. James E. G. Zetzel, 119n46, 124n68 中,宣称西塞罗的表述"严格基于阿斯卡隆的安提俄库斯的观念"。然而,他引以为据的段落与他的论点相左。在《论法律》I. 54 中,马尔库斯称安提俄库斯为一个"明智而敏锐(acutus)的人",并称他为"朋友",但他提醒道:"然而,我是否在一切事情上同意他,很快就将见分晓。"关于蔡策尔观点的清晰概述,见 Richard A. Horsley, "The Law of Nature in Philo and Cicero," *Harvard Theological Review* 71(1978):35–59。巴恩斯(Jonathan Barnes, "Antiochus of Ascalon," in *Philosophia Togata I: Essays on Philosophy and Roman Society*, 51–96,特别是第 64—68 页,第 81 页注 107 以及第 88 页)发现"关于安提俄库斯之影响的直接证据,只存在于《论至善与至恶》卷五和《论学园派》两部作品中"。然而,《论法律》I. 37–38 是"安提俄库斯式调和"的一个例证,而《论法律》I. 55 是"调和廊下派和学园派的一次安提俄库斯式尝试"。

人民健康,使共和国稳固,使城邦稳定。也就是说,众学派可以在这项共同原则上达成一致,而且在一个自然法共和国中,这项原则可以教授给广大公民。

然而,并非所有哲学流派都适合这样一种政制,马尔库斯甚至主动排除了其中两个:他命令那些以苦乐为人生标准的人待在花园里,远离政治,反正他们也不在乎——他指的是伊壁鸠鲁学派(虽然并未指名道姓)。即使这些人的教导是真的,也无法成为一个健康政治判定是非的标准,因为它蔑视政治本身。那么,只着眼于苦乐标准的人就不适合在自然法政制中生活了,或者他们本就不情愿遵照自然法的令行禁止生活。马尔库斯考虑过(虽然只是短暂考虑)伊壁鸠鲁派教义或许是正确的这一可能性,这与他对哲学的怀疑态度是一致的。不过,他立即把这个话题放到一边,并告诉他的对话者,没有必要在此时此刻争论这个话题。在此过程中,他在不断增加的此类话题名单上添加了第三个政治禁忌问题——伊壁鸠鲁主义,它与天意之神和修辞的力量、性质一道,成了对话者的禁区,即便不是永久禁止,也至少在本场对话中禁止。一场关于伊壁鸠鲁主义真实性的辩论,可能是必要、有益的,但不适合出现在一本论法律的书中。[132]在阅读这段文字时,我们会忍不住注意到马尔库斯将伊壁鸠鲁学派进行政治放逐的怪异之处:他放逐了那些亲口承认对政治毫不关心之人,但与此同时,至少在理论上,他也驱逐了自己的挚友阿提库斯。此外,由于担心不断的怀疑性质询最终只会毁掉已有的精心安排,马尔库斯命令新学园派成员保持沉默,虽然他自认为是其中一员。显然,一个健康的政治可以接受的质询是有限制的,至少在公共场合是如此。

---

132 《论法律》I. 21, 27。我们可以在《论至善与至恶》等著作中发现西塞罗关于伊壁鸠鲁主义的教导。

第二章　自然与正义法的根基

在驱逐新学园派的过程中,马尔库斯奇上加奇:就像他把自己的朋友阿提库斯与伊壁鸠鲁学派一道送走,他现在连自己也送走了。三位对话者中的两位,一位被送走,一位被命令保持沉默,在这种情况下,对话该怎么继续?这个问题把我们带回到之前提出的联结的基石:马尔库斯和阿提库斯留在这个城邦,只是因为他们终究是柏拉图的追随者,也信奉马尔库斯声称柏拉图能够同意且愿意同意的原则。即便是漫步学派和廊下派,也都被说成与柏拉图本人建立的学园一致,与学园仅在表述上有差,而无实质区别。通过追溯众学派的源头——柏拉图,马尔库斯对它们进行了改良,使它们更符合政治口味,同时鼓励它们在一个共同的政治原则上保持一致。事实上,马尔库斯和阿提库斯并未离开或保持沉默,他们自己就是改良的哲学或者合政治口味的哲学的例子。我们可以肯定,即使伊壁鸠鲁学派待在他们的花园里(至少暂时性地),即使阿尔凯西劳斯(Arcesilaus)和卡涅阿德斯(Carneades)执掌的学园派暂时保持沉默,但两个学派都在潜伏和聆听,等待时机质疑这一政制的第一原则。马尔库斯提醒我们:伊壁鸠鲁学派被要求放弃影响共和国政治,但仅仅是暂时的(paulisper),至于新学园派,马尔库斯"不敢"将他们完全排除在外。[133]事实上,这将是无望的:这些学派的某些东西反映了人性本身。总有人会质疑他们生活于其中的政制。从这一点我们可以看出,这种政制不会主动扫清一切不好的意见,而会允许所有意见的存在,只要它们不影响政治的日常运作,或造成太多人民放弃对政制的忠诚。很明显,一个新政制建立,并不要求每一个哲学问题都预先得到解决。更重要的是,马尔库斯追溯这些学派的开端,而事实证明这一开端是马尔库斯

---

[133] 《论法律》I.39。

自己建立的。[134]

正义源出自然而非约定俗成，因其自身之故而可欲（40—52）

在文本似乎出现一段短暂的空白后，对话继续，我们发现马尔库斯正在捍卫这一观点：正义源出自然而非约定俗成。鉴于马尔库斯一直在竭尽所能降低对话者的期望，期待对一种更契合现实政治的自然正义的辩护，并不会显得不合理。马尔库斯对贤哲共同体的论证，原意是作为一种吸引对话者进入对话的策略，但他现在很可能后悔这样做了。贤哲的友谊尽管可能，但眼光太高，因此不足以作为自然法政制的一般性组织原则。正义肯定不能仅仅建立在贤哲的友谊之上，它必须对政治有用，对城邦有用，对人民有用，并因此植根于所有人共有的自然。在一个真正正义的政治秩序中，正义与效用有着（或应该有着）千丝万缕的联系。[135]

马尔库斯继续他的论证，并拒绝将自然以外的东西作为正义的基础。他主张，正义不是传统观念的产物，比如对惩罚的恐惧、效用或多数人的意见（马尔库斯称之为大众法律或制度）。对惩

---

134 戈勒（Woldemar Gorler, "Silencing the Troublemaker: *De Legibus* I. 39 and the Continuity of Cicero's Skepticism," 86-88, 97, 103, 110-11）令人信服地指出，这一具有明显教条主义的段落是西塞罗的怀疑主义到达顶峰的一个例子，在一天将尽之际，马尔库斯不"敢"让持怀疑论的学园派靠边站。然而，我并不认可戈勒的结论，即西塞罗遭受着一种政治教条主义和哲学怀疑主义的根本性"对立"：尽管西塞罗很想相信"灵魂的不朽、神的存在，[以及]德性的自足"，但这些观念根本上与一种怀疑主义的方法不相容。然而，在西塞罗的著作中似乎没有迹象表明，诸如德性和怀疑主义最终无法相容。相反，正因人类有着可以认知的自然本性，他们才有了可以认知的德性，而这种德性是合乎理性的，也就是说，它可以被天然具备理性的人所知晓。反过来，这种合乎理性的自然本性渴求智慧，而哲学就是追求智慧。西塞罗的教条主义和怀疑主义与其说是对立的，不如说是一枚硬币的两面。

135 《论法律》I. 33。

罚或罚款（poenas）的恐惧——对话中第一次谈到惩罚这一话题[136]——无法充当正义的基础。因为那样一来，是非对错的标准将仅仅取决于一个人有多么机警，能避免被抓。不是这样，正义和良善之人只害怕自己良心（conscientiae）的谴责和痛苦。马尔库斯又一次提到了一个新的概念——良心。虽然现实政制依赖人类的法律和惩罚，但违背自然法的惩罚不是也不能是通常意义上的惩罚。它只对知晓自己所行不义的人来说才是一种惩罚。此外，说正义源于纯粹的功利，意味着人们仅仅是出于对后续麻烦的担忧，才避免抢劫和杀人。如果可以逃脱罪行不受其害，那犯罪者将为所欲为。在所有关于正义的定义中，最愚蠢的（stultissimum）就是声称，一切法律和制度，只要为大众认同或是多数人意见的产物，那么就是正义的。毕竟，要是多数人投票支持生活在僭主的法律之下，那又该怎么办？不，正义唯一的真正基础是自然，自然告诉我们正义是一（unum ius），而这种齐一的正义，一方面将人类社会联结在一起，另一方面也构成了齐一的正义法律（una lex）。换句话说，正义即法，法即正义。正如马尔库斯接下来所说，"法律是令行禁止中的正确理性"（lex est recta ratio imperandi atque prohibendi），换句话说，是政治行为而不单单是沉思中的正确理性。[137]

任何不知晓这种"齐一"法律的人都是不义的，无论它是否于某处（uspiam）被明文规定。这是个让人惊讶的说法，考虑到马尔库斯之前的声明[138]：人天生是理性动物，这一事实本身就足以把人导向正义。但是，一番细究之后，我们便不那么惊讶了。毕竟，这里的正义变成了一种更具政治意味的正义：法律从神到人的转向仍在继续。马尔库斯似乎从这一观点退缩了，即一个人如果拥有

---

136 《论法律》I. 40。
137 《论法律》I. 42。关于对自然法的早先定义，见 I. 18, 19, 23, 33。
138 《论法律》I. 33。

理性，便同时拥有了正确理性。他先前的观点涉及最好的那类人，他们得到了完美的发展，即使不可能有人能发展到他们的程度。最好的情况也不过是所有人都潜在地拥有这种理性，但这与之前描绘的乐观图景大相径庭，在那里，所有人都是理性的，并因此是正义的。即使假定在正确的指导下，所有人都能够凭借自然本性知晓正义，也并非所有人都能在此时此刻知晓。一些民众实际上是野蛮的。事实上，我们可以想象，文明政制中的某些公民可能会更倾向于野蛮的一面，即便他们所处的社会整体上更加文明，而非更不文明。此外，人类已经存在了很长一段时间，这似乎表明世上不存在一切政制都正义的乌托邦。甚至有可能一个人过去是文明的，但一旦他遗忘了真正正义的基础，而仅仅根据自己非理性的欲望和坏的信念行事，就会变得野蛮。一个民族或一个单独的个人，都可能选择根据传统的正义规则生活，并拒绝自然正义，无论是有意还是无意。但是，这种选择会带来深远的后果：如果正义仅仅建立在效用的基础上，那这种效用也会倾覆正义。

如果正义仅仅是约定俗成而非自然而然，那么人类所有的德性都将付之一炬。我们对人类同胞的天然之爱，既是正义的基础（fundamentum iuris），也是其他德性的源泉。根据马尔库斯，这些德性包括慷慨、爱国和虔敬。正义可能是首要的政治德性，但如果正义的约定论胜出，那么所有德性都将荡然无存。此外，如果正义并非自然本性，我们不仅会丢失德性与联结人类的纽带，也会切断神与人的纽带，导致人们不那么敬神甚至最后放弃敬神。约定俗成的正义会随流行意见而改变或因地而异，因此，它会破坏自然正义的两大根基——神与人的共同体，以及人类共同的自然本性，它们不久前把马尔库斯和对话者导向了完美的贤哲共同体。但流行意见无力推翻自然正义：自然决定了良法与恶法、正义与不义、高尚与可耻（turpia）的区别，并最终决定了德性与罪恶的区别。在这一表述中，正义与不义变成了高尚与可耻；高尚行为是德性的一部分,可耻行径是罪恶的一部分。马尔库斯将个人德性归于高尚之列,将罪恶归于可耻之列。什么是高尚与可耻,或什么是正义与不义,就像什么是德性和罪恶一样,再也不能依靠意见而决定其存在形态。

为对话者考虑,马尔库斯引入了高尚与可耻这对新的概念,或者更确切地说,马尔库斯扩大了他早先提出的共同原则的内涵,即所有正当和高尚之事因其自身而可欲。[139]高尚与可耻的概念类似于奖赏和惩罚,它们仅仅是正义和不义的政治版本。这类法律针对的是将领导这一德性共和国的贤人,他们会切身感受到与政治生活相伴的赞誉和批评。为了让这样一个贤人感受到与真正的德性的联结,或为了强化这样一种联结,马尔库斯转而讨论起荣誉的标准。他将寻求把这一政制的成功,与共和国中每个领导者的个人荣誉联系起来。马尔库斯正在建立一个不需要完满智慧就能实现的政治标准。高尚和可耻将取代贤哲的德性,后者是我们大多数人无论如何都无法企及的。贤人将不得不努力实现此种标准,或依据其生活,不是为了回报,而是因为这样做是高尚的。

我们也不要忘了问一个现实问题:在现实生活中,有多少人追求德性只是为了自己,而从不考虑这些德性的实现会带来什么?这样一种生活是否真的合乎人性?例如,如果一个人的战友身旁没有一枚即将爆炸的真手榴弹,那勇气如何变为现实?即便考虑到最纯粹的勇敢行为,也仍然存在这样的事实,即它是为了某种其他目的而实施的,无论是救人、促进更大的事业,甚或是为自身带来荣耀。贤哲或许可以不带其他目的地追求勇气,但大部分人很难甚至不可能达到这一标准。然而,如果德性能带来其他被特定情形的可能评判者所公认的益处,那么,这对灵魂来说怎么可能是有害的?在这里,马尔库斯似乎想要完全切断德性与其他增益的

---

139 《论法律》I. 37。

联系,这是一步险棋,因为这可能使德性脱离人类源头,并因此脱离政治。

马尔库斯的高尚者应该不计后果地根据高尚的要求行事,这样一种观点带来的割裂,让我们回想起柏拉图《理想国》卷七中,格劳孔(Glaukon)要求苏格拉底展示一个完全正义之人,即使被迫遭受最苦痛的折磨,并被身边的人视为不义,他依旧一如既往地坚持正义。格劳孔提供了一幅正义之人与不义之人对比的图景,这个不义之人只关心正义的名声,而实际上却只为自己不公正的利益行事。根据格劳孔,正义之人会活得痛苦,死得憋屈,而貌似正义的不义之人会活得长久、辉煌,享受生活中一切美好的事物。随后,格劳孔向苏格拉底等人提出挑战,让他们选择正义和正义的生活,即使它不带来任何回报,反而事实上会导致糟糕和痛苦的死亡。格劳孔质问,如果不能获得通常意义上与正义生活相关的回报,有谁能一如既往地保持正义?但是,就像苏格拉底指出的,这两类人都有点过度打磨,"像一尊雕像"。事实上,一个人如果看起来像一尊雕像,或表现得像一尊雕像,那他根本不是活生生的人。换句话说,格劳孔描绘的两幅人类肖像,完全或几乎不合乎人性,正如马尔库斯提出的观点中有一些不合乎人性的元素,即好人应该选择正当和正义之事,仅仅因为它是高尚的命令。事实上,至少在很多时候,"貌似"(seeming)和"是"(being)之间存在一种关联;貌似正义之人,如果表现得一如既往地正义,那他往往就是正义之人。不义之人或许可以在短时间内表现得正义,但终究会被发现,至少在一个正义的政制中是这样。然而,我们这里关注的恰恰是正义的政制。在一个正义的德性政制中,德性的确伴随着各种奖励,即便它们更多是私人的而非公共的奖励。比如,过一种节制的生活,本身就是一种奖励,而且非常合乎正义。[140]

---

[140] 柏拉图:《理想国》360e1—362c8;《论共和国》III. 27。

第二章 自然与正义法的根基

为了巩固刚刚在德性的自然和高尚这一坚实基础上建立的结构,马尔库斯将人的德性与马或树的德性做了一个柏拉图式比较。一个人的卓越可以在自然中被发现,正如我们可以在自然中发现一棵树或一匹马的特定德性。这些东西不在意见之中,而在一个永恒的自然秩序当中。并不是由意见决定说,一匹好马跑得快或工作勤劳,或者一棵树的卓越是长得高大强壮,在夏日用叶子提供绿荫,在秋天落叶归根。也不能仅凭意见断言,人类的德性是充分发展的理性,它指示正确行为并禁止相反行为。相反,人类的德性和罪恶都是自然的,高尚和可耻亦是如此。如果作为整体的德性由自然定义,那么德性的各部分也是如此。同样,我们只有在自然中才能发现正义和不义,所以我们必须依靠自然来发现高尚和可耻。高尚必须内在地包含一些美好,否则一切幸福都将建立在意见的基础上。然而,如果幸福仅仅基于意见,那它将变得毫无价值,因为这样一来,幸福就会缺乏一个不变的定义。根据马尔库斯,好与坏、德性与恶习、性格好坏、高尚与可耻全都互相关联,在不变的自然中寻见其共同源头或根基。

然而,宣称这些事情是真理易,证明这些事情是真理难。一棵天然长得好的树的外观,或一匹训练有素的马,在这些我们依靠感官知觉的事上,我们都能多多少少达成一致。想在什么东西天然高尚这个问题上达成一致则要困难得多。"各种属人的信仰和它们之间的分歧"使人感到困惑,由于感觉中没有这样的变化,我们便认为感觉之精确自然使然,并认为那些众说纷纭、相同之人也不一定有相同意见的东西是不真实的。[141]

西塞罗反对这种立场:他拒绝承认,因为人们关于什么是正义有许多不同的看法,于是便不存在正义之事或关于正义的正确定义。(事实上,一个真意见的存在似乎是诸多正义观存在的前

---

141 《论法律》I.47。

提。)马尔库斯把我们关于正义与不义、高尚与可耻的不同意见归咎于七个可能的元凶:父母、保育员、教师、诗人、舞台、世俗人心和快乐。这些东西都会对我们造成不同程度的负面影响,导致我们对自然的正义与不义产生错误和片面的看法。相比之下,我们的感官使我们能够感知自然中不同的事物,却不必经受这些冲击。相反,它们被允许充分发展,不受坏的意见影响。换句话说,尽管两个人可以就站在他们面前的是一个人而非一匹马这件事达成一致,但这个人正义与否却可能成为一个激烈争执的主题。

马尔库斯现在希望结束他对正义的自然性的论证。这一论证迥异于先前为了提出联结各学派的共同原则而做的论证。随着马尔库斯引入正当和高尚作为一致性的标准,他的论证渐渐背离了完美的贤哲共同体。与此相反,他正在走向贤人政制,这些贤人难能可贵地关注着德性,即便他们自己无法实现德性之完满,或永远无望成为完美友谊共同体(即智慧共同体)的一部分。马尔库斯说,正义与高尚之事本身就值得追求,而不是为了进一步的回报(这些回报可能包括金钱等较低的善,甚或智慧等较高的善)。他现在不是在与贤哲对话,而是在与所有"好人"或 viri boni 对话:正义本身就值得追求和培养,而不是为了任何回报,事实上,所有德性皆是如此。这样的命令对哲人来说可能多余,但马尔库斯致辞的对象是好人,他们确实会为母邦寻求回报,因为他们关心母邦、热爱同胞,这种热爱(diligendos)是"正义的基础"。[142]这位好人必须被教导着将追求正义和其他德性视作高尚之事,这些事如此高尚,以至于其本身的实现超越了任何属人的回报。正是在爱国主义和虔敬的背景下,马尔库斯第一次宣称,我们对他人的爱是正义的基础,事实上是所有德性的基础,也是敬神的基础。现在,很明

---

142 《论法律》I.43。

显,马尔库斯将诉诸好人的相同倾向,即热爱或珍视其所珍视之物,并渴望捍卫它们:"事实上,所有的好人都因为公平和正义本身而热爱它们,一个好人不会误入歧途,珍惜那些本身不值得珍惜的东西。因此,正义应该因其本身而被寻求和热爱(colendum)。"[143]

马尔库斯力图在共和国贵族的心灵和思想中,培育一种对正义事物(实际上是所有德性)的真正依恋,因为这些事物本身就是好的和高贵的。他将私人之物与好的事物结合在一起,这种结合对贤哲共同体来说并不必要,但对一个把非贤哲也包括在内的共同体来说,则变成了迫切之事。更重要的是,这是一种义务(officium)的命令,一个人越是根据自身利益(commodum)行动,就越不被认为是一个好人。任何为正义或其他德性寻求回报之人,都认为除了狡猾或智巧(malitiam),别无其他德性。[144]如果他们追求它们的唯一目的是获得回报,那么仁爱、感恩甚至是友谊本身,只要没有利益可得,他们就会弃之如敝履。马尔库斯质问,有什么比这更加可怕(immanius)?关于友谊的经验告诉我们,我们寻求友谊并非为了回报,而是因为它内在就是好的。如果友谊是如此,那么其他所有德性亦是如此,尤其是正义。

为了防止关于正义的正面论证不够有力,马尔库斯提醒他的对话者,一个好人如果放纵自己的恶习,只在可能获得某些回报时才表现德性,那他将会遭受何种惩罚。贤人最应该担心的是与恶习相伴的耻辱,无论这种恶行是否为人所知。比公开羞辱更糟的是,那些希望遵循德性却根据恶习行事的好人,他们内心的良知告诉他们,他们违反了源于人类自然本性的责任和正义的命令。罪恶本身就是可耻的,因为这个缘故,那些遵循自然和德性之指令的人唯恐避之不及,他们害怕受到"良心的煎熬和欺骗的折磨",这

---

143 《论法律》I.48。
144 《论法律》I.48—49。

是一个好人要遭受的最大惩罚。[145]通常意义上理解的对惩罚的担忧,可能无法充当正义的基础,但是,对好人来说,最高和最好的那种惩罚,无疑是他们趋向德性的一个诱因。好人最害怕的就是自己不义或变得不义。根据马尔库斯,这包括为了其他东西追求德性:德性在重要性上变得次要,或变成实现某种目的(如快乐或金钱)的手段。但马尔库斯认为没有什么比德性更好。德性本身就是目的。

马尔库斯成功地恢复了德性,为的是使人民健康,使共和国稳固。德性的理想如今已成为一个贤哲和非贤哲都能追求的标准;即使一个人在哲学智慧上有所不足(或无能),他仍然可能具备真正的德性。荣耀属于那些追求德性之人,他们专注于履行自己人类自然本性所赋予的职责,努力过最好的人类生活。马尔库斯在总结这部分论证时指出,即使某人为了其他某种好处寻求德性,比如金钱、政治地位、美或健康,但它们转瞬即逝。我们不知道它们何时不再为我们所有。但这是一种对一切有形物质易逝本性的哲学反思。马尔库斯再次被诱惑着将对话沿着这条道路继续推进(labebar),朝着哲学、纯粹德性、贤哲共同体的方向发展,但他并没有这样做,而是强迫自己停下(retinuissem)。这样一条道路肯定会生发出各种有趣的、相互关联的观点和意见,但会偏离关于法律的讨论。

关于至善的离题话(52—57)

昆图斯迫切地想知道马尔库斯为什么停了下来,他在沉思什么话题。为什么不沿着这条道路继续推进?昆图斯非常乐意陪伴(prolaberer)他的兄弟在这条路上走下去,如果这意味着他可以聆

---

[145] 《论法律》I.40。

听高尚的哲学演说[146]，他将乐此不疲。马尔库斯透露了自己心中所想，以及他正在考虑的哲学转向：如果沿着这条路继续下去，他们真的会顺着这个论证朝向"至善"（finem bonorum）本身，朝向最高和最大的善，而他并不确定自己是否想要这样做。马尔库斯对正义或法律之起源的讨论，一开始把目标定得太高，最终以明智者共同体结束。然后，他转向一个新的标准：正当和高尚。马尔库斯为"好人"提供了一个标准，他们关心诸如荣誉、耻辱等事，珍惜或热爱善的、正当的、私人的事物。他从"最博学者"[147]的标准撤离，以便实现对正义的自然状态的第二次处理，以求"使共和国稳固，使城邦稳定，使人民健康"。

然而，沿着这条路继续走下去，审查德性和罪恶本身，寻求一种不依赖短暂的物质善的生活，"唾弃和批判"快乐本身，将导致他回绕至纯粹的理性，回绕至一种非人的政制。但这是不可能的：苦乐（身体）构成所有政治共同体的一个特定和必要的部分。[148] 昆图斯鼓励马尔库斯引入至善的主题，"所有事物都应受到至善的评判，我们做的一切事也是为了实现至善"。然而，虽然所有"好人"都能同意"正当和高尚"本身就值得追寻，但至善的主题是个"有争议的事情"，"最博学者"在这件事上彼此龃龉。

马尔库斯再次回到了他开始的地方。他对转向一个纯粹的哲学讨论跃跃欲试，并随口提到，即使讨论无法达成任何决定，最终也必须做出一个关于至善的判断（iudicandam）。或许，三位对话者应该现在就着手解决这个问题。阿提库斯立即讽刺性地回忆起罗马总督革利乌斯（Gellius）的故事——革利乌斯命令雅典哲人达

---

146 请注意，并非所有的版本都是一致的：鲍威尔的文本，第184页，用的是oratione，而齐格勒的文本，第44页，以及凯斯的文本，第356页，用的是orationem。凯斯指出，虽然文本明显有讹，但"它的意思是清楚的"。

147 《论法律》I.18。

148 考虑柏拉图：《法义》636d6—e4："对于探究法律的人而言，他们绝大部分的思考都关涉城邦和个人性情中的快乐和痛苦。"

成某些协议，而不是在没有意义的争论上浪费生命——这表明阿提库斯对这个想法感到非常困惑。这一友善的玩笑没能阻挡马尔库斯：马尔库斯鼓励阿提库斯尽管拿自己取乐，但他在这件事上相当严肃。他殷切地希望被任命为仲裁者，因为这样一来，他就可以解决这个被他巧妙地归结为学园派和廊下派创始人芝诺的哲学纠纷的问题。在这一过程中，马尔库斯非常巧妙地把漫步学派和老学园派（他指的是柏拉图及其继任者）归为一类，然后并不那么巧妙地把老学园派和廊下派的分歧归结为一种言辞上的分歧而非实质性分歧。很明显，马尔库斯在各学派之间寻找共同的一致性原则的尝试，有着政治与哲学的双重意图。

马尔库斯会如何解决他所说的这种言辞上的差异？他解释道：学园派（包括漫步学派）认为，一切顺应自然的（secundum naturam）、对我们生活有益的东西都是善的（bonum）。换句话说，不同的善在重要性上有大小之分。另一方面，廊下派认为唯有高尚的才是善，而其他一切都是"有利"（commodas）和"不利"（incommodas）。马尔库斯说，事实上，学园派和廊下派所谓的至善（summum bonum）和较低的善，廊下派称其为唯一之善（solum bonum）和有利之事，唯一的差别在于，各学派选择用不同的词语描述同一事物。

马尔库斯想要阻止学园派（在这里包括柏拉图谱系的所有成员，比如亚里士多德和色诺克拉底）占据的根基被廊下派的芝诺推翻，[149]他将通过回到苏格拉底设下的界标，裁定这种分歧。在此过程中，马尔库斯融合了苏格拉底的自然权威和古罗马法的传统权威。正如十二铜表法禁止任何人仅凭使用或占据就拥有边界线（finis）五步范围内土地的使用权，任何学派都无法接近终极真理或终极智慧。换句话说，没有一个哲学学派可以为了占有或推翻古老的柏拉图学园而越过其界限。此外，通过观照十二铜表法（最古老的惯

---

149 《论法律》I.55。

例法)的权威——它要求此类决定由三人委员会仲裁,而不是更晚近的马弥利乌斯法(Mamilian Law)式独裁——马尔库斯可以用一种民主统治替代他早先主张的王制统治。[150]

因此,这一决定不是由一个人强加的,而是得到了三位对话者的同意:苏格拉底设下的界限(terminos)必须得到切实的遵守。哲学,真正的哲学,绝不可能使自己成为智慧,否则哲学本身就会死亡。马尔库斯试图通过把各学派带回到苏格拉底的时代,回到哲学大分歧产生前的时代,来缓和它们之间的分歧。当马尔库斯颁布所有学派都能同意的原则时,他就已经开始这样做了。但是,为了让这两个学派或其他任何政治哲学学派能寻得真正的哲学的(而非政治的)一致,他们最终必须回到苏格拉底。一切建立政治哲学学派的努力,都是试图言说苏格拉底真正的意思;苏格拉底是所有这些学派之父(或创造者)。马尔库斯努力解决哲学争论,就是为了服务于一个政治目的:通过回归苏格拉底,促成对一切哲学上的教条主义的质疑。一旦马尔库斯将哲学从教条主义的沉闷中解脱出来,他或许就能说服它们帮助亟须正确哲学指导的政治文化。

我们无法看到哲学争论在这场演说中得到解决,因此必须满足于一个共同的政治原则,它至少能鼓励各学派相互对话,并与作为一个整体的政治共同体对话。昆图斯打断了马尔库斯的乌托邦计划,主张无论这一争论的最终结果如何,他们都不大可能在这场对话中解决这个问题,因此需要留待日后讨论。尽管昆图斯最初热衷于离题,但他现在急于回到最初关于法律的对话中去;当马尔库斯第一次提到如果他没有阻止自己走得更远,自己将会讨论"多么伟大的一系列事情和意见"时,[151]昆图斯一定没有意识到马尔库

---

150 对比《论法律》I.53,55。
151 《论法律》I.52。

斯当时在想些什么。另一方面,阿提库斯——他刚刚坦诚,安提俄库斯几乎把他带离伊壁鸠鲁的花园(hortulis),并把他引到近在咫尺的(perpauculis passibus)柏拉图学园[152]——抗议说,自己到目前为止,一直心甘情愿地跟随着对话中的偏离。阿提库斯更愿意讨论至善,因为他相信任何严肃的争论都是在这个问题上的争论,或者他希望如此。昆图斯向阿提库斯保证,他们改天或许可以重拾这一话题的研究,但现在他们应该将其抛在脑后;关于"最高层次的好事和坏事的争论"(de summo malo bonoque dissensio)与他们关于法律的争论毫不相关。为了全面论述好事物和坏事物,我们不得不转向西塞罗的《论至善与至恶》。与此同时,马尔库斯悬崖勒马,克制住了讨论至善的诱惑。他称赞自己的兄弟极度明智(prudentissimme):这不是一场关于终极正义的哲学讨论,不是柏拉图的《理想国》,甚至也不是柏拉图的《法义》。西塞罗在《论共和国》中已经勾勒了最好国家的基本轮廓,这场对话讨论的就是最好共和国的法律,这项任务要难得多,要求就可以导向政治行动的原则达成一致。

对智慧和哲学的赞辞(57—63)

昆图斯提醒他的讨论伙伴,这场谈话始于对最佳政制的法律的探索。他现在希望马尔库斯概述生活中的法律,并为个体和人民勾勒出真正的生活律令。马尔库斯承认这样一项任务的重要性和适当性,但他感叹,他自认为没有能力(facultatis)颁布这样一套综合体系。然而,谈论法律就是谈论应该祛恶扬善,法律应该包含如何生活的知识。但想要知道如何生活,则需要"智慧",马尔库斯由此对他称之为"诸善之母"(mater omnium bonarum rerum)的

---

152 《论法律》I.54。

德性进行了最后的讨论。对智慧的热爱导向哲学,在不朽神祇赐给我们的东西之中,没有什么比它更丰富、更璀璨、更卓越。事实上,哲学教了我们很多,包括所有事中最困难者:我们必须认识自己。在寻求认识自己的过程中,好人将发现自己与神有着同样的理性,发现自然本性赐予他追求和掌握智慧的能力,发现自己应当寻求以与神相称的方式行事。关于事物的不完整的理解(adumbratas intellegentias)一开始就存在于他的灵魂和心智(animo ac mente)之中,而智慧将照亮它们,一旦它们变得清晰,他就会发现自己可以厚德载福。

一旦好人的灵魂摆脱了对身体的屈从和对享乐的追求,并且他本人意识到有一种共同的自然本性把他与其他人联结在一起,那么他将获得卓越的实践或政治德性——明智。他将用身体与灵魂之眼清楚或敏锐地观察,并因此有能力择善去恶。换句话说,认识自己会使一个人成为治邦者。这一点可证明如下:当追求智慧(但并不一定企及它)的好人研究了天上事物和人间事物的本质,以及所有事物如何出生、生长、灭亡,其中有哪些是神圣的、哪些是不朽的,并且领悟到有一个神在统摄一切时,他就会意识到,他不是某个政制的公民,而是整个世界的公民。获得对自身和自然的真实、全面认知的好人会鄙视多数人(volgo)眼中的盛大(amplissima)之事。好人会借助诸如辩证法、逻辑和知识这些护卫者来保护并加强这种知识。

马尔库斯似乎又一次准备断言,真正的正义最终在于智慧和哲学,而所有非贤哲都被排除在外。但马尔库斯赞赏的智慧不单单为启迪好人而存,相反,好人是为公民社会(ad civilem societatem)而生。好人获得这种广博的知识是为了帮助他的同胞。因此,他不仅需要利用哲学特有的隐微论证风格,也必须利用对共和国、人民和法律有用的演说风格。他必须精通旨在劝说人们行动的政治修辞。这个好人会劝导身边的人趋向善行善举,同时谴责罪恶、惩罚奸邪。勇敢和智慧者会受到尊敬,而恶人将永远活在耻辱当中。那些希望认识自己的人会看到,智慧是所有这些事的父母和老师(parens educatrixque)。马尔库斯再次谈到了智慧的标准,但这一次是一种针对好人的智慧,他关心荣誉,追求着他无法企及的真正的德性。因此,它是针对我们大多数人甚至所有人的标准。

在卷一结尾,马尔库斯告诉我们,他试图通过讨论和赞美智慧来达成两件事情。首先,他希望通过拔高智慧的源头的方式来拔高讨论。对话者希望把法律看作骨子里是崇高和高贵的,但如果其来源不是同样崇高和高贵,这根本不可能。法律源于智慧或对智慧的探寻。正如苏格拉底在《米诺斯》中所说:"法意图成为对实在的发现。"[153]但这意味着法律不是这样一种发现,而仅仅是希望如此。对最佳法律的追求,不是对存在本身的哲学追求。马尔库斯试图证明,即使他们没有在这场对话里追求终极智慧,但它仍然值得有哲学倾向的贤人和所有好人追求。它对哲学有益,因为它使哲学脱离教条主义,迫使其参与政治共同体;它也对政治有益,因为它将追求智慧的好处带入政治领域。如果真正的法律最终基于正确理性,那么,就应该由政治哲学引导人的理性并确保其实质性正确。在政治中,这种理性表现为明智,一种卓越的实践德性。明智必须通过外在之物弄清自己的定位,它之所以能够这样做,是因为它是一种理智德性。明智使理性和良好的行动得以可能。

其次,马尔库斯欣然或心甘情愿地赞美智慧,他也希望这种赞美恰如其分,因为对这个他如此投入并使他成为他之所是的主题,他不能保持沉默(silentio)。马尔库斯明确表示自己是智慧的爱好者,他一生都在不断追求智慧。马尔库斯向对话者表

---

153 柏拉图:《米诺斯》315a4。

明，热爱智慧和哲学之人可以且应该花点时间，去关心最佳政制或最佳共和国的法律。我们又一次看到了行动中的自然法治邦者：马尔库斯已经说服阿提库斯和昆图斯，这种追求在智识上是有趣的，而且在政治上是有益的。对话者已准备好为自然法政制颁布立法。

结　语

到此为止，关于《论法律》的论辩和情节，我们可以得出什么暂时性的结论（考虑到还有三分之二的内容尚待考虑）？或许，最引人注目的是西塞罗在哲学和政治上回归苏格拉底的尝试，以及他诱使两个对话者同他一道前进的态度和方式。在哲学上，为了拯救变得教条和垂死的政治哲学，西塞罗希望真正回归政治哲学之父，这种回归构成了他试图修正柏拉图教导的基础。他希望鼓励政治哲学再次热爱质疑、热爱政治。在政治上，为了在所有正直和高尚之人都能同意的原则基础上建立一种德性政制，西塞罗希望回归苏格拉底，希望为了健康的共和政治而承担这项任务。这种合乎德性的共和政制，需要一个活跃、好问、求真的政治哲学，来不断提醒它真正的德性（更不用说自然法）包含什么。哲学目标与政治目标之间因此存在一种密切关系，这在《论法律》的论辩中得到了体现。

可资证明的是西塞罗对柏拉图及其师苏格拉底的大量引用，这些引用常常表现为一种修改或纠正柏拉图教导的方式。它们也引发了如下问题：西塞罗如何看待《论法律》和《论共和国》的关系？相对于《法义》与《理想国》之间似乎缺少一种直接关联而言，西塞罗如何以及为何想要让他的读者把《论法律》理解为《论共和国》的续作？正如我们所见，西塞罗和柏拉图的差异一开始就清晰显现于每部作品的戏剧性背景和细节之中。例如，两部对话的第一个词不同:《论法律》始于 lucus[圣林]一词,[154]与自然的联系显而易见;《法义》始于 theos[神]一词,[155]直接指向天上事物,指向一个外在于人并高于人的标准。两部对话的主人公有不同的特征和关系:在《法义》中,一位雅典异乡人向两位年老的立法者提出建议,他与较老的那位似乎年纪差不多;[156]在《论法律》中,马尔库斯向他的挚友和明显与他很亲密的兄弟提出建议,三个人显然知根知底、相识已久;[157]此外,没有迹象表明哪个罗马对话者更年长——虽然马尔库斯有慢下来的迹象,但他还不是一个"年老的人"[158]——而是都恰好处于政治生活和哲学生活的鼎盛期。两部对话都有自己的独特背景:在《法义》中,三位老人从"闷热"的柏树林上行到宙斯的洞穴;[159]而在《论法律》中,三位友人身处西塞罗在阿尔皮努姆的庄园,沿着凉爽和荫郁的河岸散步,旁边高杨环绕。[160]

当然,这样的例子可以举出更多,但这些细节似乎表明,西塞罗认为一个异乡人身份的哲学顾问不大可能(甚至不可能)像《法义》中那样,对新政制的建立产生如此直接的影响。什么样的严肃政治人,会在关乎新政制建立这样的重大事宜上,听取一个完全陌生之人的建议?西塞罗似乎不认为这种事是可能的,而代之以一种更现实的设定,一个友人在现实政治之余,为另一个友人提供政治建议。另一方面,西塞罗的对话并不像柏拉图那样是在建议身边的人建立一种现实政制。[161]事实上,漫步在阿尔皮努姆庄园的土

---

154 《论法律》I.1。
155 柏拉图:《法义》624a1—4。
156 柏拉图:《法义》625b2—7。
157 《论法律》I.13:阿提库斯早就认识马尔库斯(我们只能推测他的兄弟昆图斯也是如此),因为他们年轻时一起跟着斯凯沃拉(Scaevola)学习法律。
158 《论法律》I.11;比较 I.10,西塞罗披上了年老的外衣。
159 柏拉图:《法义》625b2—c3。
160 《论法律》I.14—15。
161 柏拉图:《法义》702b6—d7; 969c5—8。

地上，三个人想以一个罗马人能做到的最大程度，尽可能地远离现实政治。当我们与对话者邂逅时，他们显然正在全身心观赏自然之美，在卷二开头，此地自然魅力不减；对话轻松的语调显然与政治世界的严肃工作不同。[162]奇怪的是，西塞罗的对话竟然比柏拉图的对话在戏剧背景上拥有更多想象性政制的风味，至少开始时是这样。我们或许可以将这种背景视为修辞的一部分，用来诱惑想要从罗马政治中脱身而出享受假期的政治人；当然，马尔库斯将要塑造的立法与雅典异乡人相当不同。

西塞罗和柏拉图的对话呈现方式还有其他一些重要不同。我们多次提到，西塞罗和柏拉图处于不同的历史环境。作为政治哲学的创始人，柏拉图不需要面对政治哲学的分裂，以及随之而来的流派衍生和教条主义问题。柏拉图的任务是发现而非恢复对政治哲学的严肃研究。然而，曾经鲜活、新颖、有活力的事物，到了西塞罗的时代，变得陈腐、守旧、僵化：柏拉图的不朽功绩就是第一个提出"是什么"的问题，而这一点如今却趋于黯淡。因此，西塞罗认为自己的任务就是重振日渐枯竭的政治哲学，使对"是什么"问题的追求再次变得有趣、新鲜和富于挑战。当然，西塞罗承认，在某种程度上，柏拉图本人应该为政治哲学所处的令人担忧的境地负责。柏拉图的教导——唯一正义的政制是哲人王统治的政制——未能给实际掌权者一个现实的实现标准。更糟的是，它鼓励那些以伟人的哲学后裔自居者端坐于学派之内，自以为以某种方式超越了政治争端。[163]

西塞罗应对这一情形的方式不是抛弃柏拉图：相反，西塞罗对这位杰出希腊人的敬仰和尊重历历在目。两人都以怀疑的眼光看待诗歌，都看到了诸神（或神）需要在政制中享有重要的制裁地

---

162 《论法律》I.1；II.2，4，6；柏拉图：《法义》702b6—d7。
163 柏拉图《理想国》519c8—520d5：哲人必须被迫关心城邦。

位,都看到了序曲的必要性,看到修辞在任何政治事业中都至关重要:一个明显的例证,就是他们都以间接的方式批判虚假或糟糕的诗,雅典异乡人抨击外邦出生的诗人提尔泰俄斯,[164]马尔库斯则批评自己的诗。[165]然而他们之间同样有所区别:马尔库斯的论证从神与人的共同体逐渐转向一个新的政制,这种政制基于共同的人类自然本性,基于所有学派的共同原则,可以为所有正直之人与高尚之人所认同。在这一点上,西塞罗含蓄地拒绝了他在柏拉图那里发现的关于哲人王的教导,也拒绝了廊下派关于贤哲的教导,[166]目的是提供一种适用于贤人的教导,这些贤人可以履行"中道"义务,却无法达到崇高的柏拉图或廊下派的标准。

西塞罗和柏拉图的这些差异,或许最好通过两个关键性段落来理解,一处来自《论法律》,另一处来自《法义》。这两个段落不仅明确了对话者各自的辩论目标,也表明两部对话在目标上相差多远。在《论法律》中,马尔库斯看上去同意了行柏拉图之举并为法律著书后,告诉他的对话者:

> 那么,既然我们应该维持和守护斯基皮奥在六卷书中教给我们的最好的共和国,既然一切法律都必须适用于这种政制,既然德性必须被培育,而这一切又不可能靠成文法来确立,我将在自然中寻找正义的根源,在自然的引导下展开我们的整个讨论。[167]

马尔库斯非常清楚:他即将颁布的法律不是为一个虚构的言辞中的城邦准备的,而是为一种现实罗马政制提供理想化版本。

---

164 柏拉图:《法义》629a1 及以下。
165 《论法律》I. 3—5。
166 参《论义务》III. 13—15。
167 《论法律》I. 20。

西塞罗不想让自己的《论法律》沦为《论共和国》中政制的某种苍白无力的版本；相反，这种立法对"维持和守护"这个共和国本身是必要的。西塞罗在着手颁布自然法立法时会遵循自然的引导，这使他得以创作这样一种法律，它无法被明文规定，但必须教给习惯于恰当德性和正确生活方式的公民。自然将指导适用于罗马贤人的立法的形成，这些贤人关心高尚和正当之举。马尔库斯和他的两位朋友是行动的自然法立法者的范例，他们通过遵循"最高理性"的指令履行其职责，这种"植根于自然的最高理性，它命令必须做的事情，禁止相反的事情"。[168]

这一途径与《法义》中勾勒的雅典异乡人的任务有何区别？当克莱尼阿斯透露他负责建立一个新城邦时，他非常明确地道出了接下来对话的目标。他的解释也表明，他的政制将与马尔库斯的有多大不同："现在咱们且给自己——我以及你俩——帮个忙：从已谈过的东西中做一个拣选，让我们在言辞中构建一个城邦，就好像是我们最早创建的。对于我们正在探究的话题，这将是一种检审的方式，与此同时，在将要出现的城邦中，我或许会运用这一构建。"[169]

不同于克莱尼阿斯对其对话者的要求，马尔库斯的政制肯定不是"从无到有"建立起来的，马尔库斯及其同伴碰到的是一个既已存在的政制，被斯基皮奥亲证为最好的。他们的职责是为之立法。从某种意义上说，这种政制由自然缔造，他们的法律必须契合这种政制。[170]相反，《法义》的对话者完全在言辞中构建了一个城邦。这个城邦不是他们发现的，而是在对话中创造的，就像在一整块画布上作画。没有人告诫雅典异乡人须使其法律与任何现存城

---

168 《论法律》I. 18。
169 柏拉图：《法义》702d1—7。
170 参《论共和国》I. 70：斯基皮奥以类似的方式，让自己的整个演说"适应"罗马共和国的范例。

邦相符，他不用将自然早已生成之物作为既定事实。

西塞罗可能已经意识到并试图减轻柏拉图这种做法的内在危险性。西塞罗强迫自己和友人，他们的法律必须适用于一个理想化的罗马，这样，他们对政治的期望就会有所缓和。这对政治哲学有益，因为它使政治哲学变得与人类生活相关；这也对政治有益，因为它抵制了让人类生活符合一种乌托邦式哲学方案的专制诱惑。这两种情况都鼓励治邦者和哲人拥有某种节制，并在结果上有益。最后，建邦者克莱尼阿斯甚至不确定自己是否会使用他们意图构建的言辞中的城邦。他只是说，如果他们真的构建了这样一个城邦，他或许会倾向于向之看齐以寻求指导。马尔库斯的方案没有这样的模棱两可：自然本身孕育出最佳政制，而现在对话者必须同样在自然的引导下为该政制立法。[171]他们知道，自己颁布的所有法律都"必须"适用于斯基皮奥的政制，这可能会带来一种清醒，而一个以言辞中的城邦为最终目标的立法者可能缺乏这种清醒，因为一个人可以从言辞中随意拣选。西塞罗抵挡住了柏拉图式乌托邦的吸引，他试图实现一种节制，在他看来，柏拉图的教导中缺乏这种节制，并且由于各学派在教条主义的"角落"中故步自封，这种情况有所加剧。[172]

从所有这一切，我们可以清楚地看出，西塞罗关于共和国的著作和关于法律的著作是对柏拉图教导的真切模仿和修正，不单单在内容上是如此，在著作彼此的关系上也是如此。柏拉图的《法义》似乎希望成为哲人王统治的政制的一个更具实践性的版本，而西塞罗的《论法律》则并非如此。重申一遍，西塞罗打算以他的《论法律》为《论共和国》中概述的最佳政制立法。更进一步的证据在于，西塞罗的两部作品都对自然法做了定义，即便方式略有不

---

171 参《论共和国》II. 30。
172 《论共和国》I. 2。

同,而柏拉图两部著作的唯一类似联系是希望建立"言辞中的城邦"。[173]斯基皮奥在《论共和国》中捍卫了一种混合政制,它包含王制、贵族制、民主制全部三种社会元素,这一事实要求《论法律》中的方案有着明确的通俗性。[174]更为根本的是,自然法被认为作用于所有人,无论是在创制过程中还是在之后的立法过程中。西塞罗的两部著作都由自然法支配,因此没必要采用柏拉图在其关于国家和法律的著作中采用的方式,即没有必要重新提供一种最佳政制的弱化版本。最佳政制早已根据适用于所有人的自然法法则被发现。唯一欠缺的是为共和国立法,而立法时又必须以自然法的法则和规定为依据。如果有什么不同的话,那就是与柏拉图的情况相反,《论法律》将被证明在西塞罗的两部著作中更具乌托邦特质,因为这里的立法将不适用于罗马,而适用于理想化的罗马,即《论共和国》中的罗马。[175]

最后,我们应该思考为什么西塞罗关于联结各学派的教导主要采取诉诸高尚概念的形式,而这一概念是廊下派希望垄断的。截至卷一结尾,无论是神人共同体,还是导向一个完美贤哲共同体的人类的共同纽带,马尔库斯都已经放弃将它们作为立法的基础。在看到之前寻找恰当政治基础的尝试均以失败告终后,马尔库斯认为有必要转变方向。他明确指出,这场对话有三重目标:健康的共和国,正义的建立,还有使人民健康。为了实现这三重目标,马尔库斯寻求在所有"正当和高尚"之人都能同意的原则基础上的一致。对 honestum[高尚]的关注是典型的廊下派式的,虽然对廊下派来说,它仍是一个只能由贤哲实现的目标。对马尔库斯来说,

---

173 柏拉图:《理想国》369a;柏拉图:《法义》702d—e。
174 《论共和国》I. 69; II. 57, 65。
175 参 Seth Benardete,"Cicero's *De Legibus* I: Its Plan and Intention,"295:"《论法律》意在为一个只在言辞中存在的政制提供立法。因此,相比斯基皮奥给出的罗马共和国的理想化版本,它甚至具有更多的虚构性。斯基皮奥的共和国也许有实现的机会,但《论法律》中的共和国绝无可能。"

高尚与正当一道，成了所有政治人应当立志向其看齐的标准，这促成了卷一最后关于性情，关于德性与罪恶，关于高尚与可耻，以及关于爱作为正义之基础这一理念的讨论。[176]西塞罗为什么想要在自然法的支持下把高尚变成所有贤人共同的政治关注？如果这是他的主要目标，那么老学园派和漫步学派在自然法政制中处于何种位置？

在回答这些问题之前，我们必须考虑伊壁鸠鲁学派（以及学园派怀疑论者）的情况，对话中有相当一部分篇幅处理伊壁鸠鲁学派，但随着讨论的推进，其重要性似乎在不断减弱。事实上，我们还记得，伊壁鸠鲁主义者和怀疑论者都曾被马尔库斯明令逐出对话场景，或至少要在自然法共和国的建立过程中保持安静。然而，放逐和强制的沉默都不是永久性的，也不可能是永久性的：尽管伊壁鸠鲁关于人类自然本性——以及由此而言，关于人类状况——的说法可能是真实的，但马尔库斯敦促他们待在自己的花园里，不过仅仅是"暂时的"。至于怀疑论学园派，马尔库斯在要求其保持沉默后承认，他希望取悦该派，并且肯定不敢（audeo）尝试迫其离开（summovere）。伊壁鸠鲁主义者和怀疑论者肯定或多或少反映了人性中某些永恒的东西，然而他们对健康的政治有害，至少在政制建立之初，也就是它最脆弱之时是如此。他们或许可以在创制过程中保持安静，但任何健康的政制想要长存（更不用说永存），就必须有能力应对来自他们的挑战。[177]最重要的是，马尔库斯通过在寻找出路的尝试中把伊壁鸠鲁主义和廊下派排除在外，提醒我们其解决方案的政治本性：他诉诸那些极其严肃地对待政治和政

176　《论法律》I.43。
177　《论法律》I.39。西塞罗自己承认，伊壁鸠鲁主义的终极真理，在哲学上具有不确定性，这十分契合他的怀疑主义特征。鲍威尔（J. G. F. Powell, "Introduction: Cicero's Philosophical Works and Their Background," 30）指出了一些证据来说明西塞罗对伊壁鸠鲁主义者的反对不是"系统性的"。

治行动之人。

这一考量把我们带回到高尚在自然法共和国中的作用以及学园派和漫步学派在这样一个政制中的地位的问题。在马尔库斯宣布一个联结各学派的共同原则后,出现了一场关于德性和罪恶的讨论,这场讨论导致对话者开始思考他们是否应该向最高问题推进,即便人们在这个问题上观点迥异(他们明显忘了马尔库斯之前在正当和高尚原则上促成的统一):何为至善或诸善之终点(finem bonorum)?在一场为最佳政制立法的谈话中,这个问题是否应该成为争论的主题?[178]通过提出这个问题,马尔库斯再次揭示了各学派在至善问题上有分歧这一事实。马尔库斯先前在主张各学派的统一之时避免处理这个问题。如今,在讨论对至善的关注——马尔库斯明确称之为"有争议的问题"、"哲人之间分歧"的根源——是否应该成为该政制的一部分时,至善避无可避。或者说,马尔库斯选择不再回避这个问题。事实上,他明确引入这个话题,并不是为了解决至善问题,而是要表明哪些东西不是这样一场争论的恰当范畴。

在这场激烈的讨论中,各派的主要立场是什么?芝诺和廊下派认为德性是唯一的善,其他一切要么是有利,要么是不利。与此同时,学园派和漫步学派(在这个问题上,马尔库斯把这些学派归为一组)认为德性是至善,但存在其他较小的善,他们称之为外在善。正是这种关于外在善之作用的分歧,解释了为什么马尔库斯会依赖高尚作为统一原则,以及为什么他认为学园派和漫步学派在自然法政制中会有一席之地。马尔库斯希望从那些试图垄断高尚概念的廊下派手中夺回或拯救高尚,因为所有正派的政治人都关心或应该关心它,在这一点上不分学派。马尔库斯认为,这不仅仅是贤哲的领域,因此不应被降格为无休止的哲学争论的领域。

---

178 《论法律》I.52。

为此,他消除了(或者至少想要消除)两方的差异,一方是廊下派,另一方是学园派和漫步学派,就像他在一场以贤哲的完美友谊告终的讨论后主张各学派的联结。不过,这次马尔库斯寻求的联结,其背景并不是为了防止正义政治变成贤哲的专属舞台,而是为了防止某个学派垄断"高尚"概念,它并不属于关于至善的争议性范畴。相反,高尚应该属于日常政治范畴。马尔库斯如何实现第二次联结?

马尔库斯认为,这些学派"只在一件事上有分歧",这种分歧实际上是一种语言的差异,而非实质的差异。总之,马尔库斯将整个关于finis[终极]的争论归咎于这种明显的误解。他表示,两个学派都认同德性是一种善,是高尚的,而且存在较小的善。但问题在于,两个学派用不同的名称称呼这些较小的善。[179]这种单纯的误解,让廊下派声称高尚对他们来说是终极的或最终的善。马尔库斯希望使高尚成为所有学派的共同财富,以使其再次具有政治意义。最重要的是,他试图阻止芝诺(那个"聪明人")和廊下派凭借对高尚概念的垄断而接管柏拉图学园。他不允许廊下派独占高尚,并指出苏格拉底本人发现的界限是其行动的根据。苏格拉底的界限,即他知道自己一无所知这一事实,将适用于这一情况(马尔库斯称之为他的怀疑论)。然而,我们可以对高尚有一定了解:正派的政治人无日不关注高尚。廊下派无权将这种政治上的善转变为一个哲学争论的主题,致使其沦为对自然法政治毫无用处的工具。如果放任廊下派将这一狡猾而大胆的行动付诸实践,他们将成功变更苏格拉底——所有学派的创始人——本人设下的界限。马尔库斯的行动仰仗苏格拉底的权威。他回到柏拉图之前去寻找解决方案。我们还记得,很大程度上,正是柏拉图关于哲人王

---

179 《论法律》I. 53—55。

的教导造成了西塞罗如今面对的问题。[180]

此外,马尔库斯强迫这些学派就高尚的内涵展开争论,他希望这一努力可以动摇所有学派特别是廊下派的教条主义。同样,那些关注外在善的学派将有机会使他们关于政治哲学的观点不仅对廊下派产生影响,也对在政制中居于统治地位的贤人产生影响。这反过来又会对自然法共和国中的政治产生好的影响,因为高尚在其中起着巨大作用。这样,马尔库斯就可以重新把高尚的与合乎德性的、正义的和自然的联系起来。最后,如果我们把高尚理解为某种与政治有关的东西,并因此把外在善包括在内,那么这一点同样能为学园派和漫步学派所接受:这一政制将不仅关注高尚,也关注什么是正当的,而自然会引导这两者。高尚与正当的结合意味着仅仅高尚本身是不够的,它需要来自正当的指引,归根结底,需要来自政治哲学的指引。

这两个总结性思考——第一个涉及西塞罗与柏拉图的关系,以及西塞罗论共和国的著作与论法律的著作彼此间的关系,第二个涉及高尚在西塞罗自然法共和国的基础性位置——经由西塞罗回归苏格拉底的更广泛尝试结合在一起。西塞罗无比希望回到苏格拉底,他力图以一种清晰或新颖的方式重新发现苏格拉底,而在西塞罗那个时代的罗马,由于各个学派的教条主义,除了最清醒或最具洞察力的哲人以外,所有人都遗忘了这种方式。[181] 考虑到苏格拉底惠及所有哲学流派,完成这项任务的一个有效修辞方法就是试着回到第一个哲人本人那里,但需要立足时代土壤,并以一种被证明对除了西塞罗本人外的所有学派都有吸引力的方式实现。马

---

180 《论法律》I. 56。
181 鲍威尔(J. G. F. Powell, "Introduction: Cicero's Philosophical Works and Their Background," 3)对理解这一点很有帮助:"在一个大部分哲学阐述都变得教条主义、机械化和宗派主义的年代,西塞罗脱颖而出,不让自己置身于任何单一的立场,并时刻准备着全面地审视问题。"

尔库斯一次次淡化或干脆否认老学园派、漫步学派和廊下派之间的严重分歧。根据马尔库斯，"终极(de finibus)之争"最好通过寻找苏格拉底本人设下的界限加以解决，而不应奢望任何一个学派可以真正抵达这一界限，即达到完美的或终极的哲学理解。[182]这使批评廊下派并恢复自然法共和国中贤人政治生活的荣誉变得必要。马尔库斯描述为"语言差异"的，实际上是一种关于外在善在有德之人生活中的地位的严重分歧。这反过来与高尚的含义之争相关。通过主张消除基于误解的分歧，西塞罗希望夺回高尚的解释权，进而也寻求将廊下派和所有被廊下派反政治倾向诱惑的年轻人重新带回到政治。随之而来的政治和哲学的振兴只会对双方都有益。

因此，西塞罗的哲学任务和政治任务紧密相关：他试图重振甚至重建罗马共和，或者，如果这不可能的话，也至少为未来的自然法共和国创制者提供一个模式。为此，西塞罗必须首先复兴一种与政治相关的、健康的哲学，以引导共和主义的回归，并使共和的列车于创制完成后在轨道上平稳运行。其次，西塞罗可能提出的任何政治提议都必须以荣誉或高尚为载体吸引所有学派。要做到这一点，西塞罗必须向廊下派表明，高尚意味着政治。他也必须让信奉外在善的学园派和漫步学派相信，在所有"正当和高尚"之人都能认同的原则基础上建立的政制，并不像廊下派认为的那样是一种仅仅专注贤哲的非政治的政制；它是一种自然法政制，为所有公民的利益而生。尽管在西塞罗的生命行将结束之际，罗马共和制已陷入可悲的状态，但荣誉仍然存在于罗马贵族之中。或者不如说，西塞罗认为，共和制如果想要有一丝复兴的希望，唯一的选择就是诉诸罗马贵族胸中残存的荣誉感。鉴于荣誉是正派政治人的主要或最高关注点，同时也考虑到廊下派比任何其他学派都更

---

182 《论法律》I.55—56；参I.38。

重视荣誉,西塞罗明白自己的政治任务就包括向这些人发出呼吁。他向《论义务》中的"中等之人"(medium men)发出呼吁,他们的任务是履行"中等义务"(media officia)——相对于能够履行"完美义务"[183]的贤哲——为整个共和国重拾真正的政治荣誉。然而,在一个共和主义往昔光芒不再的时代,西塞罗清楚地看到,荣誉是必要的,但最终不足以完成他为自己定下的任务。荣誉仅仅指明了通往自然的方向,而自然又为真正的法律——自然法指明了方向。

---

183 《论义务》III.14—15。

第三章　自然法共和国（一）：宗教法

在《论法律》卷二和卷三中，马尔库斯颁布了他的法典，分别确立了宗教法和官职法。乍看之下，相对于马尔库斯在卷一中设定的自然法标准，这个法典似乎是一种巨大（且有些令人困惑或混乱）的让步。毕竟，自然法怎么能被编成法典呢？更何况，正如他的对话者注意到的，马尔库斯的法律看上去不是与罗马的法律非常类似吗？[1]

要理解卷一和接下来两卷之间的巨大差异，我们必须记住，马尔库斯的自然法法典的编纂是必要的，因为整部对话本质上是通俗的。对哲人共同体而言，有明智的观念就够了，无须成文的或编成法典的法律，而这种共同体有能力辨识并遵守这种明智。然而，将要统治马尔库斯的自然法政制的是有德贤人而非智慧之人，尽管他们追求这种智慧。更确切地说，马尔库斯试图让自然法采取他们能够理解的形式，即一部自然法指南，从而鼓励他们追求智慧，履行对于自然的责任。因此，由于这"整个演说"与"通俗理性"有关，它就有必要"一次又一次地"呈现命令和禁止某些行为的成文法，即便它实际上不可能将自然法变成人类法。[2]这些法律不是为了此时此地的现实政制的实在法，而是自然规定的法律。马尔库斯说，"自然"是万物中"最古老的"和"首要的"（princeps），

---

[1]《论法律》II. 23；III. 12。

[2]《论法律》I. 19, 37；参 I. 15 和马尔库斯对 populos［人民］这个词虽意味深长但也俏皮的用法，这种用法巧妙地在自然环境和目的方面将他的对话和柏拉图的对话区别开来。

正是由于与这种自然一致,"人类的法律才得以制定"。[3]只有在马尔库斯的最佳政制中,即斯基皮奥在《论共和国》里勾勒的那种类型的政制中,自然法才能成为实在法,但对所有的现实政制而言,自然法将会形成全部人类法(从而是实在法)所追求的自然标准。

尽管有大量学术作品试图找出西塞罗的法典与西塞罗时代或这个时代之前的罗马法典之间的相似和差异,[4]但冒着危险,我们不仅要忽视西塞罗非常明确地将他的作品描述为"通俗的",还要忽视他意在让这部作品成为对柏拉图《法义》的模仿,即便是一种修正性的模仿。正如柏拉图认为,他的法律绝不会在现实政制中得到完全施行,但可能会成为一份最佳政治的指引,同样,西塞罗打算让他的法典成为标准和庇护所,所有人类政制的创制者都可能向往,但或许绝不会真正达到。西塞罗并不是为他当时的罗马制定现实的法律,柏拉图也不是为他当时的雅典制定法律。

比如,在卷一中,当阿提库斯首先提出最古老的罗马法典十二铜表法这个主题时,马尔库斯明确且断然否认,那个法典或任何在通常意义上理解的成文法典与他们的任务相关:"蓬波尼乌斯,在此次谈话中,探求的目的不是如何写作法律文件或如何回答法律问题。"实际上,任务远不止于此:对话者的目标是讨论关于"普遍

---

[3] 《论法律》II. 13。

[4] 这些努力并非一无是处,但是将西塞罗的研究简化为寻找与现实的罗马法律最细微的相似之处,这种做法有完全不理解西塞罗的危险。见 Clinto Walker Keyes, "Original Elements in Cicero's Ideal Constitution," *The American Journal of Philology* 42, no. 4 (1921): 309-23。凯斯的结论是,西塞罗知道他的"理想政制在他的时代不可能取得实际的成功",而这种所谓的失败要归咎于西塞罗"明显没有真正理解""他所生活的政治状况"。亦参 Clinto Walker Keyes, "Did Cicero Complete the *De Legibus*?" *The American Journal of Philology* 58, no. 4 (1937): 403-17,特别是第 417 页;Elizabeth Rawson, "Cicero the Historian and Cicero the Antiquarian," *Journal of Roman Studies* 62 (1972): 33-45,特别是第 37-38 页;Elizabeth Rawson, "The Interpretation of Cicero's *De Legibus*," 137-43;以及 *On the Commonwealth and On the Laws*, trans. James E. G. Zetzel, xxiii-xxiv。一个更具同情的观点是 W. W. How, "Cicero's Ideal in His *De Re Publica*," *Journal of Roman Studies* 20 (1930): 24-42,见第 29 页,他告诉我们,西塞罗"在这几卷中贡献了大量的原创材料,做出了独立的判断"。

的正义和法律"[5]的整体安排。此外,在此次对话的剩余时间里,当任何一位对话者提出十二铜表法的主题时,铜表法显然都未被视作权威的来源。相反,对铜表法的提及总是被限定和置于某种更宏大的语境之中。

请考虑下述内容:在解决卷一中关于至善的争论这一语境下,马尔库斯对铜表法的提及是一种玩笑,[6]当他指望苏格拉底找到据说是铜表法认可的边界时,这种玩笑就显而易见了。只有哲学而非任何人类法才能设定这个边界。[7]几乎就在同时,昆图斯要求谈话者换个时间讨论至善,而且他也清楚表明,他并不想讨论十二铜表法或任何类似的成文法。[8]在卷二开头附近,马尔库斯再次提到了十二铜表法,其中描述了一种召唤人们举止恰当的力量,且由于这种力量比任何政制或民族都要古老,所以并非罗马独有。[9]在下一个例子中,马尔库斯在卷二结尾附近讨论丧葬习俗和规定时详细引用了铜表法。每一次对铜表法作为权威的提及都是受限的,这或者是因为铜表法有明显的例外,或者是因为其中的条款源于梭伦的法律或其他希腊法律和习俗(这指向了它们普遍的而非特殊的本质)。或者,即便它们相对于铜表法是原初的,但人们认为它们"符合作为法律尺度的自然"。自然只是铜表法不论有意与否都支持的标准。阿提库斯为我们确认了这一点,他说:"我为我们的法律符合自然而感到高兴。"[10]

最终,卷三对铜表法的三次提及与驱逐畸形儿童有关(尽管我们不愿将其处死,但严格说来,这种儿童因在亚里士多德的意义上

---

5 《论法律》I.17。
6 参 Elizabeth Rawson, *Intellectual Life in the Late Roman Republic*, 6-7。
7 《论法律》I.55—56。
8 《论法律》I.57。
9 《论法律》II.9。
10 《论法律》II.58—66。阿提库斯的评论位于 II.62。

有缺失而违背了自然）。[11] privilegia[私法]或与单独个体相关的法律之所以不正义，不是因为铜表法这样说了，而是因为法律的定义（我们可以说法律的本质）就是它同等地适用于所有人。最后，根据公民地位进行投票的要求只可能发生在最大的议会中。关于最后一点，马尔库斯忽略不提他的法律与十二铜表法中的法律的不同。他的法律的全部内容如下（强调部分是马尔库斯后续解释中省略的部分，他在其中明确提到了十二铜表法）："不要让他们来决定关于公民地位的标准，除了在最大的议会之中，在监察官已经在人民各部中安排好的那些人面前。"为了让他的法律符合自然法，西塞罗的法律为监察官增加了一个职能，因此是对十二铜表法的革新。[12]总之，先前的例子表明，西塞罗的法典包含了对十二铜表法的若干提及，所有这些提及都是为在更加传统的外表之下提出自然法而做出的。他的法律试图凭靠的不是别的标准，而是自然的善和正义，所有认为全部"正当和高尚"之事都因其自身而值得渴求的人都会赞同这个标准。[13]

　　西塞罗和柏拉图都认为他们自己制定了超越日常政治的法律，柏拉图诉诸自然正义，西塞罗诉诸自然法。在这个意义上，就像雅典异乡人的任务一样，马尔库斯的任务将会且必然永远无法实现或完成，并且，如果这个任务想要有所成就的话，那么最终就会取决于治邦者和贤人。换句话说，马尔库斯和雅典异乡人都在为未来立法，在靠近卷三结尾讨论元老院的地方，马尔库斯对此做了非常详细的说明。马尔库斯在那里所说的元老院中的道德必要性，"并不是针对这个元老院或者当下的人，而是那些未来（de fu-

---

11　《论法律》III. 19。参亚里士多德：《尼各马可伦理学》1099a32—b9；亚里士多德：《政治学》1335b20—26。

12　比较《论法律》III. 11，对观 III. 44；参 III. 46—47。关于监察官的革新作用，见 On the Commonwealth and On the Laws, trans. James E. G. Zetzel, 159n8, 174n43。

13　《论法律》I. 37。

turis)可能愿意遵守这些法律的人"。自然法的立法始终预先指向未来的治邦者和未来的时代,这无疑是因为,自然法是好人可能会为之奋斗但绝不可能完全达成的标准。矛盾的是,这样一种法律既向前指向一种根据自然法进行改革的政治秩序,也向后指向人们在思考或写下人类法之前所确定的原则。西塞罗在《论共和国》中借莱利乌斯之口说出对自然法的著名描述时确认了这一点:"不会在罗马是一种法律,在雅典是另一种法律,现在是一种法律,将来是另一种法律,相反,所有民族在任何时代都将被一种既永恒亦不变的法律联合起来,而且那位神也将是(可以说)一位所有民族共同的教师和统帅。"* 治邦者或贤人的责任是完善和调整其政制的法律以适应人类生活不断变化的环境,始终牢记自然本身设定的目标,从他们的角度来看,马尔库斯和雅典异乡人的立法将永远处于未完成状态。这两部关于法律的著作都结束于期待现实的创制或经过改革的政治秩序的到来,但在这两部著作中,这种期待从未完全实现,并且事实上可能将永远不会实现。[14]如果我们据此检视马尔库斯的法典和随后的解释,那么卷二和卷三就没有背弃卷一中理论性的但也不现实的自然法学说,而是描绘了行动中的自然法立法者(马尔库斯)试图尽可能地接近自然标准。

卷二开场的作用是从关于正当法律之基础的理论讨论过渡到为自然法共和国立法。卷一中有一场对话不止一次暗示要转入关于至善、世界公民或智慧之人的友谊等主题的全面讨论,在这场对话之后,对话者尤其是马尔库斯在卷二开篇将会回到阿尔皮努姆的家。为什么马尔库斯愿意回到尘世?阿提库斯暗示了这种回

---

* 《论共和国》III.33。
14 《论法律》I.19;III.29,49;《论共和国》III.33;柏拉图:《法义》969b1—d3。亦比较《论法律》I.56—57;昆图斯认为,对"至恶与至善"的哲学争论,无论如何都与目前的考察无关。马尔库斯称昆图斯的说法"最明智",而且他们都同意"下次再讨论"。

归,当时他在卷二开篇几行建议对话者必须重新开始;是时候重新开始了。[15]马尔库斯果断同意:回想一下,他在卷一的最初意图是要将一个行之有效的政治秩序植入关于正义的抽象讨论之中,但这个抽象的讨论被证明对于政治而言并不充分,因为它并未足够严肃地对待政治。还有一个事实,卷一以对哲学的溢美之词和高调赞美结束,显然,以靠近卷一中间的"正当和高尚"原则来建立某种标准的意图或许还不足以将马尔库斯从他自己的哲学倾向中解救出来。他可能尽力了,但他并未足够认真地考虑人民所经验到的政治。在打算尽其所能拔高他的政制时,马尔库斯实际上所图过高了;他热衷于建立一个以他的自然法学说为基础的政制,但却偏离了目标。马尔库斯试图描述所有政制都必须存于其下且所有政制都必须寻求其指引的那种法律,但他忘记或者允许自己忘记,任何一种政制的创制和开端都不会重新发生。相反,所有创制都必须以给定的材料开始。这一认识解释了为何马尔库斯在卷二开头要返回阿尔皮努姆的小树林、小溪、河流、岛屿、树木、鸟儿(至少是在言辞之中——我们知道,对话者们一直在边走边观察这种自然之美),返回他最爱的出生地,一个他"经常"(soleo)和"以最大的喜悦"(libentissime)返回的地方,以便重新开始对话。[16]正是在这个地方,在他的摇篮(incunabula)里,[17]马尔库斯将开始为他的自然法政制立法。

马尔库斯将在卷二提醒我们,《论法律》打算提供必要的立法来"保护"斯基皮奥在《论共和国》中详尽描述的政制。[18](早些时候,对话者们已经同意要找出这样的法律,但不知为什么,他们从

---

15 《论法律》II.1。
16 《论法律》II.1。
17 《论法律》II.4。
18 《论法律》II.23。

未进行现实的立法。[19]）为了防止读者忘记，马尔库斯再次提醒读者，他将会从柏拉图《法义》的教诲转向并提出一种不同的政制。正如我们回想到的，马尔库斯和他的争论者都同意要像柏拉图《法义》的对话者们那样去做：一边漫步、谈话、休憩，一边讨论适合最佳政制的法律。[20]然而，我们还想到，尽管马尔库斯希望模仿柏拉图对话的情节，这也是阿提库斯和昆图斯最乐于赞成的模仿，但他在当时或在这篇对话的任何地方都没有说他希望模仿柏拉图对话的论证。的确，马尔库斯强调：他将就是他自己。[21]不，马尔库斯寻求的是一个非常不同的结果：他的法律将是适合于已经讨论过的政制的法律，在某种程度上还是适合于已经建立起来的政制的法律。马尔库斯为罗马立法，或者伪装成某个立法的人为罗马立法，不论罗马是否已经存在或曾经存在。

　　要开始这样做，要开始将这样的立法付诸实施，马尔库斯就必须在言辞中重新开始。他绘声绘色地回忆说，政治秩序的所有真实或现实的公民都有着真实的家园，他们不是那种与诸神一起生活在星罗棋布的世界城邦中的公民。显然，所有罗马人实际上有两个尘世家园：他们的出生地和他们在罗马的家园。除非对话者认识到这个基本事实，否则任何立法都无法进行，但马尔库斯迄今为止却忽视了这个事实。他必须从诸天返回尘世，返回他在尘世的部分，返回他的对话者们视作属人的尘世部分，其中一位对话者即他的兄弟昆图斯也称之为他的家园。考虑一下这两兄弟的但尤其是马尔库斯的朋友阿提库斯，他发现自己被这个地方迷住了；这个地方不是他的，但他开始认为这个地方是他的。他无法理解为什么马尔库斯不在罗马时会想去别的地方。[22]阿提库斯暗示，在他

19　《论法律》I. 20。
20　《论法律》I. 15。
21　《论法律》II. 17。
22　《论法律》II. 11。

由于西塞罗的祖产而出现在这里的极短时间内,他开始像马尔库斯那样"爱上"这个地方了。他清楚地表明此前对马尔库斯出生地的唯一一次造访是一次想象中的造访,也就是说,他已经在马尔库斯的演说和诗歌中读过关于阿尔皮努姆的描绘了。[23] 当对话者们抵达斐布瑞努斯河(Fibrenus)中央的无名小岛时(辩证的必然性迫使他们来到这个小岛),这种依恋就变得彻底了:在这里,阿提库斯审视着眼前的景象,这景象包括了这个被斐布瑞努斯河环绕的小岛,河水在小岛两侧奔流后汇入利里斯河,他们沿着利里斯河散步并探求正义的自然根源,阿提库斯说,没有什么比这更可爱、更迷人、更快乐或更让人愉悦(amoenius)。

在我们眼前,对话者们又开始像人类那样行动,就像那些有政治依恋的政治之人一样,首先是依恋他们自己的东西,其次才依恋罗马。换言之,自然法必须始终面临这样的基本事实,即所有人都首先依恋他们自己的东西,只有经过长时间的教导、学习和习惯之后,他们才能爱上并依恋自然法。自然法要求我们摆脱这些原初或首要依恋,转而追求一种同样自然但却不那么容易感受到或立即观察到的共同的善。再者,自然法还让哲学,并且就此而言是西塞罗让柏拉图面临如下事实:如果哲学遗忘这样一些基本的人类事实,并遗忘政治,那么它就会脱离人类生活,从而不再是政治哲学。西塞罗首先寻求将自己的学说锚定在政治生活、人类生活的现实之中,这样它就不仅对那些愿意在诸星辰中消磨时间的智慧之人有用。自然法要真正成为正当的和正义的,就必须在此地的尘世有用。

现在,西塞罗的《论法律》深切关注法律的神圣特性,而且从一开始就是如此。不足为奇,整部著作都致力于确立与法律的神圣性相关的法律,或更具体地说是法律与诸神之间的关系。这篇

---

23 《论法律》II. 2, 4。

对话的第一个词 lucus[圣林]就提醒我们要注意法律与神圣者或更宽泛地说是与诸神之间的关联。就这一点而言,西塞罗追随他的伟大老师柏拉图,后者以 theos[神]这个词来开始关于法律的对话。[24]然而,如同这个西塞罗式文本中所有明显柏拉图式的事物一样,我们必须立即指出的是,这是一种有限的模仿;西塞罗指向的是一种不同的神圣关切。西塞罗并不是简单地以那位(the)神开始,而是以显现于自然中的神开始,它位于自然之所,位于一片供奉他的祖先或这个家族的诸神的繁茂树林之中,我们假定在那里可以找到已经成神的祖先的坟墓。[25]西塞罗的引导性神圣力量并非"那位神",而是与他个人、他的家族以及他之前的所有家族成员有关的某位神。马尔库斯将自己从诸天,从卷一结尾描述的世界城邦中带回到尘世,回到他的尘世,回到属于他的东西。实际上,马尔库斯一开始讨论法律时就背离了柏拉图。然而,在他与对话者开始讨论宗教法之前,这种转向不可能也不会完全显现。不久之后,我们会看到"圣林"在马尔库斯对其祖先的讨论中的全部意味或含义,以及它与这种自然法政制中的公民身份概念的关系。马尔库斯打算在他的自然法政制中实现一种宗教自由(freedom),即便这不是我们现代自由(liberal)意义上的自由。他认为,任何一种合理的、有德的、公共祭司批准的私人崇拜在这个政制中都可以接受,都可以在家中进行并世代相传。[26]所有这些并不是说马尔库斯彻底背离了柏拉图。诚然,"圣林"是一种已经被他的祖先和宗教神圣化的自然现象。然而,"圣林"确实是神圣的。马尔库斯的法律与神圣事物密切相关,只有看到法律与神圣者之间的关系,

---

24 《论法律》I.1。II.19 和 27 也讨论了圣林。比较柏拉图:《法义》624a1。

25 参 Numa Denis Fustel de Coulanges, *The Ancient City: A Study on the Religion, Laws, and Institutions of Greece and Roman*, Baltimore: The Johns Hopkins University Press, 1980, 32-34。(中译本见库朗热:《古代城邦:古希腊罗马祭祀、权利和政制研究》,谭力铸等译,华东师范大学出版社 2006 年版。——译者)

26 《论法律》II.19, 22。

我们才能开始理解法律的特性。要理解西塞罗关于宗教和法律的学说,我们必须像他那样认真对待这两者之间的关系。

马尔库斯在卷二颁布和讨论宗教法,这也必须根据卷一中对神人关系相当详细的讨论来进行检视。的确,正如我们所见,马尔库斯寻找正义的根源或起源的首次尝试将他引向神人共同体,更具体地说是将他引向对人起源于诸神并与诸神有亲缘关系的讨论。在他与阿提库斯和昆图斯的对话中,随着正当统治的普遍基础和标准的变化与发展,人与诸神的关系也发生了变化。随着马尔库斯越来越紧密地将他的立场与一种所有人类标准将要或应当追求的自然标准结合起来,作为正当法律基础的诸神(或那位神)也越来越淡入背景之中,但诸神并未消失。尽管马尔库斯可能已经不再将人与诸神的关系作为正当统治的标准,但诸神(或那位神)对于任何政制之下的公民而言依旧重要,必须使其认可和加强所颁布的任何自然法。

按照这个思路,当马尔库斯在卷一对正义的第三次也是最自然的处理中宣称"诸神和诸宗教的仪式"之所以"需要保留,不是因为恐惧,而是因为人神之间存在的纽带"时,[27]他就向我们暗示了卷二应当遵循什么。他首先呼吁公民们要认识到正义源于自然,而且人神之间存在的任何关系或"纽带"都支持这一点。人与诸神的关系支持自然正义这个原初或先在观念,如果从永恒的视角来看的话,这种观念或许不是原初的,但从自然的(因此是正义的)统治角度来看,这种观念肯定是原初的。过去的神人共同体如今被称作联结"人和神"的"纽带"(coniunctione)。必须铭记和尊崇这个重要纽带,因为它有助于支持和维护自然正义的观念。当然,恐惧在这个纽带中没有任何地位,因为正义之人总是为了善本身而行动,从不害怕传统的惩罚。好人只会害怕行不义,因为这对

---

[27]《论法律》I. 43。

他的灵魂有害。正如马尔库斯说的,如果对惩罚的恐惧是行为正义的唯一原因,那么没有人是不义的,而且恶人就只应被视为不审慎的。同样,任何正义的神都没有理由惩罚按照自然正义的标准生活的贤人,而自然正义可以说是贤人的宗教,因为他将总是为了善本身而做出正确的选择。

如果我们还怀疑自然在这篇对话中对于立法者而言是否占据着至高无上的地位,那么马尔库斯在告诫他的对话者要保存宗教仪式之后,又进一步告诉我们,"除了自然标准之外,我们别无其他标准可以区分善的法律和恶的法律"。[28] 最重要的是,这篇对话关切的是找到善的法律和避免恶的法律;事实上,它寻求只以自然为指引的最佳法律。它的关切显然是政治的。在这个意义上,人与诸神的关系很重要,但本质上必然是次要的或辅助性的,这不是从宗教的永恒关切的角度来看的,而是从政治的角度来看的,这整篇对话的关切就是政治。

卷一出现的关于自然正义标准的学说以什么方式影响了宗教法的选择与安排?我们如何理解宗教法的法典编纂与卷一关于自然法的讨论一致?西塞罗对宗教和政治的处理是否不同于柏拉图在《法义》中的分析?如果是的话,如何不同?关于宗教在政制中的重要性或地位,我们可以从《论共和国》中了解到什么,如果有的话?换言之,《论法律》中的宗教法如何"维持和守护"斯基皮奥勾勒的政制?

公民身份在自然法政制中的基础(1—6)

阿提库斯开启对话,建议他和其他对话者走到斐布瑞努斯河中央的无名小岛上,河水绕着无名小岛的两侧流淌,然后汇入利里

---

28 《论法律》I.40, 44。

斯河。(卷一中,随着急流奔腾而过,对话者们在谈话期间一直沿着利里斯河散步。)这个小岛是他们重新开始的好地方。阿提库斯建议重新开始并建议了重新开始的地方,马尔库斯欣然同意。[29]当马尔库斯重新开始时,对话者们一直都在炎热的夏日之下散步和讨论,他们渴望坐在这个让人心旷神怡并有益健康的小岛上休憩。只要这三人穿过小岛,他们就将讨论自然法,而不是这些法律的基础,尽管他们也像卷一中那样坐下来不走。

这个设定让人想起了柏拉图的《法义》,其中的对话者们并未沿河散步,而是上行到宙斯的洞穴,到了靠近卷四结尾处才在树荫中休息。卷十中确实出现了一条河,尽管这是一条言辞中的河:异乡人必须引导两位老人克莱尼阿斯和墨吉罗斯穿过这条想象的河,它代表了关于神学、诸神、灵魂先于身体的奔腾打旋的哲学论证,如果没有雅典异乡人引导他们穿过的话,这些论证可能会淹没两位老人。

另一方面,西塞罗笔下的人物将会在他们那无名的怡人小岛上休憩,在那里进行剩下的对话。我们不知道他们如何到达这个小岛,尽管阿提库斯不情愿(vix)踏足这片冰冷的水域,暗示了他们并未试图穿过(cross through)而是越过(pass over)这条湍急的河流,或许是从人行桥上过去的。为什么西塞罗要坚持避开柏拉图接受的哲学论证之河? 在回答这个问题以前,考虑一下西塞罗的一位对话者阿提库斯。正如卷一明确指出的,他是当时一个主流哲学学派的成员,这个学派不相信诸神的天意,这一事实表明了各学派之间在这个问题上的分歧。换句话说,在西塞罗的时代,有这么一种东西分化了各哲学学派,而所有这些学派都以柏拉图为源头。当然,对于克里特的克莱尼阿斯和斯巴达的墨吉罗斯而言,考虑到他们生活在政治哲学的创建时期,所以并不存在这样的学派之分。如果将这些零散的信息汇集起来,就可以得出一个合理

---

[29] 《论法律》II.1。参柏拉图:《理想国》I.450a6—b2;柏拉图:《法义》702d1—4。

的结论:既然《论法律》卷一关注所有正义法律的普遍基础,更不用说诸神与人的关系,那么西塞罗的意思就是,我们要将卷一中的讨论视作一种类似于柏拉图《法义》卷十中雅典异乡人所进行的探究,但这种探究考虑到了西塞罗不同的政治和哲学处境。与柏拉图不同,西塞罗不得不应对存在各个哲学学派的事实。每一个学派都有自己独特的立场和主张,但所有学派都主张一种共同的柏拉图式或苏格拉底式根源。因此,马尔库斯在卷一中提出了一个论证,尽管这个论证不断发展变化,但最终形成了他关于所有正义政治的自然基础的学说。鉴于马尔库斯已经将自然这个共同根基确立为这种政制的基础,他便没有必要(或渴望)蹚过与诸神存在及诸神的天意本性相关的哲学论证之河。事实上,当阿提库斯同意马尔库斯在卷一早些时候关于诸神监管的看法时(尽管作为伊壁鸠鲁学派成员,阿提库斯不可能这么做),对话者们已经明确决定要远离这些争论。自然法政制的基础似乎与柏拉图《法义》中的政制基础大相径庭。再者,马尔库斯将在卷二中重申诸神的优先和天意,说"诸神是万物的主人和管理者"。阿提库斯已经承认了这一点,但这一次却保持沉默。关于诸神的争论已经解决或至少被搁置一旁,正义和政治的自然基础也都得到确立。因此,马尔库斯引着他的两位朋友,不是穿过而是越过一条一直近在咫尺,即便在酷暑时分也特别冰冷(这意味着水流湍急)以至于阿提库斯在离开之前几乎无法涉足的河。鉴于之前的论证,马尔库斯的对话者们并不希望踏入这条河,而他肯定也不希望他们这么做。这三位朋友不再需要涉过这条河,因为在卷一中他们达成协议,允许对话者们越过而非穿过此河,不用面对关于诸神的哲学争论,这些论证不大可能很快得到解决,或者说永远得不到解决。[30]

---

[30] 《论法律》I. 15, 21, 52—53; II. 6, 15;柏拉图:《法义》892d8—893a8。亦参 Leo Strauss, *Natural Right and History*, 137n15。

第三章　自然法共和国（一）：宗教法

柏拉图的对话者涉过了一条言辞中的河，但马尔库斯和他的朋友越过了一条现实的河并在河中央休憩。在通向宙斯洞穴的途中，雅典异乡人绝不会让他的对话者迷路，而马尔库斯则把他的朋友带向一个无名但却真实的小岛，我们可以想象，这是一片处在他们正激烈进行的争论中央的平静绿洲。他们将要坐下的地方没有名字，显然无人问津。对话者们好像是突然间就远离了社会本身。诚然，随着河水围着他们流淌而过，阿提库斯的学派或任何其他学派的任何成员都不会突然遇到他们，或者能偷听到他们不得不说的任何话。这个政制的立法，不同于那个立法的序曲或引言，只能从某位外在于社会的人士的角度，或者由一位能够对该社会做出不偏不倚判断的人来谈论。如果有人怀疑这个自然法政制是否可能在某地某时存在，那么前往这个岛屿的旅行可以驱散所有这些怀疑。最佳共和国的立法只能颁布于无地之地，颁布于一个无名小岛，因为自然法政制绝不可能实现。

在这个岛上，对话者们不受政治和哲学的干预，这种干预会扰乱创制工作。之前的对话是此次新开始的序言。《论法律》卷一探索了作为真正法律之根基的正义基础。马尔库斯在那里说，整个讨论旨在通过将人的共同本性视作好的统治的基础，从而"使共和国稳固，使城邦稳定，使人民健康"。[31] 在尽其所能确立了这个坚固基础之后，他引导对话者们开始了新的对话。对话者们没有忘记此前说过的：在某种意义上，将要确立的法律必须承认已经确立的理论基础。实际上，这就是我们在这些法律的颁布中将要看到的：马尔库斯让他的朋友阿提库斯和他的兄弟昆图斯准备好接受这些法律。他已经成功地将去政治的（apolitical）哲学（阿提库斯）和非哲学（non-philosophical）或伪哲学的（pseudo-philosophical）政治（昆图斯）纳入他的自然法共和国中。他关于神圣者、自然和正

31　《论法律》I.37。

义的哲学知识让他们啧啧称奇,同时还让他们愿意倾听他将要提议的法律。事实证明,在颁布这些自然法时,对话者们不仅与公民社会隔绝,在某种意义上受到保护,而且还远离各种哲学分歧,而一旦人们承认这些分歧,它们就会让这种自然法政制变得完全不可能。[32]

然而,对话者们还没有到达越过斐布瑞努斯河中央的那个陌生小岛的地步:阿提库斯只是看到了远处的小岛及其所在的河。在他们越过之前,我们看到了三位朋友间的最后一次交流,马尔库斯描述了他感觉到的与阿尔皮努姆、他的家园和这片他们在其上散步的土地的关联。阿提库斯赞美这片土地的美,想知道马尔库斯如果不在罗马的话,为什么会想去其他任何地方。马尔库斯同意,这片土地确实美,但对他而言还有其他怡人的方面,这个方面可能不会以同样的方式触动(attingit)阿提库斯。在那片土地上可以找到马尔库斯家族的最古老根源(stirpe),而这片土地正是马尔库斯的出生地。这里是他的家族举行神圣仪式(sacra)的地方,也是他的家族(genus)和他的祖先留下许多足迹或印记(vestigia)的地方。[33]马尔库斯要求他的对话者另外考虑一下希腊的地生人(autochthony)神话,这个神话教导说,一个特定城邦或国家的民族实际上出生于他们所生活的大地。这种神话将公民与祖国和政制更加紧密地联系起来。马尔库斯提到这个神话,如果只是为了将之与接下来对公民身份新的和改进的定义进行比较的话,那么这个定义将非常清楚地表明他所想的是哪一种公民身份。

如果我们质疑马尔库斯对其家族之地的描述,以及由此引申或暗示的对古代公民身份观念(必然包括地生人的纽带在内)的

---

32 《论法律》I.16;马尔库斯在卷一中的任务得益于他的两位对话者都热衷于讨论这个话题,即使他们不知道马尔库斯会把他们引向何方。关于说服先于法律的必要性,参柏拉图:《法义》718a8—724a6。

33 《论法律》II.3。

描述，是为了证明其不足之处，那我们可以转向西塞罗的另一部作品来寻求支持。在《论占卜》中，西塞罗认为伊特鲁里亚人（Etruscan）的塔戈斯（Tages）神话，即所谓的预言术的起源，是愚蠢（desipiens）的巅峰。根据伊特鲁里亚人的说法，一个伊特鲁里亚农民的犁从地里意外挖到了塔戈斯，于是他就从地里冒出来。这位塔戈斯虽有男孩之貌，却兼有老人的明智，他将预言术传授给那些惊讶的伊特鲁里亚公民。换言之，人类从地里出生的想法，就像发现一个拥有老人的明智的男孩一样不可能；根据自然标准，这样的事情根本不可能。特别是，马尔库斯在结束对阿尔皮努姆的赞美时，将他对此地的爱与"那个最智慧的男人"（ille sapientissimus vir）奥德修斯对伊塔卡的爱相提并论，从而将自己与希腊联系起来，并含蓄地赞扬自己表现出了与多谋的奥德修斯相同的特征。尽管如此，他最终只愿意告诉阿提库斯，阿尔皮努姆"几乎"（paene）就是他的摇篮。[34]

当马尔库斯说踏上阿尔皮努姆这片最神圣的土地，回想起家族历史的一幕幕让他感到快乐时，他进一步质疑了这种古老的公民身份观：我们感到好奇，这种快乐是否是政治上健康的因此是自然法政制应当鼓励的那种。正如我们将看到的，私人家族宗教只在有益于和无害于政制的政治健康的前提下才允许存在。[35] 快乐本身不是正确与错误或者正义与不义的可靠标准，它的好坏只取决于它是否服务于这种政制的正义目的。马尔库斯曾将整个法律

34　《论法律》II. 4。《论占卜》I. 50—51；参《论演说家》I. 196。亚里士多德在《尼各马可伦理学》1142a11—21 指出，年轻人可能有数学的能力，但他们不可能拥有实践智慧，这种智慧要求关于普遍物和特殊物的知识。关于特殊物的知识只能通过经验获得。亦见柏拉图：《理想国》414d1—415c8；荷马：《奥德赛》I. 55—59；V. 81—84, 135—136, 205—210, 219—220；IX. 19—36；奥德修斯渴望回到伊塔卡的家，没有什么地方是他愿意去的。另一方面，马尔库斯只是在不忙于罗马政治事务的时候，才偶尔回家休息放松一下。

35　《论法律》II. 19。

探究描绘为快乐的,[36]但他后来却说快乐是世界上一切或几乎一切恶事的起源或原因。[37]新的公民身份将不只是一种与人的出生地相关联的快乐感。它将以人的理性为基础,而理性是人的本质,也是人之异于禽兽的要素。[38]

之前的对话的理论关注是世界公民令人称奇的形象以及神人的统一,现在,马尔库斯转向了此时此地的政治生活。[39]他对出生地的思考将对话者降到尘世,促使他们思考自己的出生地。事实证明,马尔库斯的思考不仅仅是为了说明这个新政制将要摒弃什么。通过讨论他的祖产周围存在的强大而感人的祖先痕迹或足迹,以至于他和他的对话者们依稀感受到那些高贵的祖先依旧活着,马尔库斯提醒他的对话者们注意死亡的重要性。人的生命,与死亡、尊崇先人的恰当方式以及结束自己生命的恰当方式有关。这些显然就是属人的关切,因此必定是立法者的关切,他们将为一个"大众的"或混合的政制颁布法律。出生和死亡标志着人类生命的限度,因此也标志着政制的限度。矛盾的是,将讨论降至尘世,降至人类关切的尝试,竟然引向考虑永恒,或至少考虑这个政制应当如何处理其公民的永恒关切的问题。死亡是最终的和最高的尘世关切:下葬意味着进入土地之中,同时也是尘世关切的结束。[40]

既然三人全都可以说深深根植于尘世之中,那马尔库斯就准备开始了。但阿提库斯首先想知道:就在不久前,马尔库斯还称赞阿尔皮努姆,说这是他的"祖国",难道马尔库斯的意思是说所有

---

36 《论法律》I.14。
37 《论法律》I.3,47。
38 《论法律》II.3—4。
39 Seth Benardete, "Cicero's *De Legibus* I: Its Plan and Intention," 295-309,在第303页及以下,他看到了两个关于法律起源的不同论证,第一个论证开始于神圣者,第二个论证开始于人。
40 《论法律》II.22:最后一条宗教法关注的是返回尘世。

人都有两个祖国(patria)？也就是一个人的家乡和罗马？"凭赫拉克勒斯之名",马尔库斯发誓说(这同时表明了这场讨论急剧的政治转向,并预告了即将到来的宗教立法),所有人确实都有两个祖国,"一个出于自然(naturae),另一个出于公民身份(civitatis)"。[41] 马尔库斯强调,这种自然法政制在其普遍特征方面不同于之前的所有城邦。不论一个人出生于阿尔皮努姆(马尔库斯和昆图斯)还是图斯库路姆(卡图),还是厄庇鲁斯(Epirus)(阿提库斯),[42] 他们都是同一个罗马祖国的公民。属于个人自己的东西不再与个人的出生地、养育自己的现实土壤有关。相反,法律(就我们而言是自然法)承认那些不在罗马土壤上出生的人的公民身份。效忠于罗马法,更准确地说是效忠于斯基皮奥为最佳共和国制定的法律,是这种公民身份最重要的要求。

因此,我们已经对进入此次讨论中的法律做好准备:它们将是适用于普遍的和理想的罗马共和国的法律。的确,那个patria[祖国]对我们而言是首要的,而对它来说,"共和国"这个名称意味着一种"普遍的公民身份"(universae civitatis)。这个共和国将是普遍的,因为它的立法适用于所有民族,是所有民族向往的最高标准。马尔库斯对他的对话者说,这是一个"我们应当为之而死,我们应当为之而倾尽所有,可以说是将我们所拥有的一切都交给它,奉献给它"的共和国。[43] 罗马,也就是斯基皮奥的最佳(和混合)政制,必须取代出生地,成为崇敬的首要对象并钟爱其公民。西塞罗试图向那些将被要求统治自然法共和国的贤人,或至少向那些将在他们自己的共和国中统治次等共和国的人灌输一种对自然法共和国的钟爱。

---

41 《论法律》II. 5。
42 《论法律》II. 5, 7。
43 《论法律》II. 5。参 Seth Benardete, "Cicero's *De Legibus* I: Its Plan and Intention," 295。

为什么要强调对话者们的自然环境并转去讨论公民身份,尤其是在显然要专门讨论宗教法的卷章开头?部分原因是,西塞罗想让对话者们做好准备,接受与他的新公民身份定义一致的宗教法。但可以说,他也试图非常清楚地说明,他认为其自然法将如何适用于这样一些公民,他们对国家和祖先以及祖先生活和工作过的地方有真正的政治依恋。马尔库斯开始为卷一中略显抽象的哲学讨论赋予更加具体的政治意义。换言之,政治先于有关宗教的讨论并为后者提供框架。毕竟,法律的 proemium[序曲]至少和法律本身一样重要。[44] 人们或许会期待宗教法加强西塞罗的公民身份新原则,这种公民身份将容纳许多或至少一些旧的方式,同时尽可能根据西塞罗的新标准使其合理化。与建立在理性这块坚固岩石上的自然法相比,对阿尔皮努姆或图斯库路姆的怡人依恋只是沙土之基。另一方面,自然法使得公民们远离他们的祖先和诸神,取而代之的是符合普遍自然的理性标准。然而,没有一个现实的公民或者说没有多少公民,会被期待着仅仅按照这个标准生活。宗教法肯定会尝试处理这个难题的两个方面。

卷二中的这个新开端在某种程度上模仿了这篇对话本身的开端,而这篇对话始于对诗歌、历史以及罗马民族起源的思考。在一定程度上,这一考察揭示了大量公认的罗马建国史中的可疑本质。部分原因是,罗马的起源以及因此涉及的罗马法的起源,都笼罩在神秘之中,而且很可能永远也无法完全弄清楚,事实上也不可能完全弄清楚。过于深入质疑这些起源,并且因此更仔细地研究罗马内部各选区之间的区别,可能会给这个政制的健康带来灾难。因此,这个新的开端也有助于重新强调这一神秘性质,重新强调所有法律的这个最难以捉摸的一面。我们开始看到,政治以及马尔库斯的自然法标准都受限于关注永恒或灵魂的人类生活,而对于大

---

44 《论法律》II.14;柏拉图:《法义》718a8—724a6。

多数人来说,他们是通过人的出生地和那片土地上的诸神才最亲密地体验到永恒的。[45]矛盾的是,对永恒或无限的关切有助于将政治置于政治无法越过的某些界限之内。[46]

我们看到,在卷一结尾,灵魂的无限世界城邦直面着政治生活最不可动摇的一个事实。自由的灵魂认为"他不受人民之墙的限制",是"犹如一个城邦的整个世界的公民",这种灵魂翱翔于以太之中,不受属人事物的束缚,但却被下拉到尘世之中,下拉到这个特定的城邦或这个特定的城镇。我们可以根据永恒理性来开启和理解这些法律,但政治却要求这些法律也承认人类生活的限度。其中一个非常重要的限度就是那种对老人或祖先、对属己之物的强烈渴求,这可谓是一种前政治的渴求,还有就是,相比于我们自己的家族,即我们自己、我们的亲属以及我们的所有先人,没有什么东西更属于我们自己。事实上,马尔库斯对公民身份的双重表述,反映了《论法律》卷一对政治社会基础的双重表述。奠定最佳共和国基础的人的自然既是普遍的,也是特殊的。[47]

插曲:修辞,柏拉图《斐德若》和西塞罗《论法律》(6)

阿提库斯倾向于同意马尔库斯,认为阿尔皮努姆实际上是马

---

45 Seth Benardete, "Cicero's *De Legibus* I: Its Plan and Intention," 296.
46 再考虑一下柏拉图《法义》892d8—893a8 的情景:雅典异乡人必须帮助两位老人渡河,否则他们看起来会非常愚蠢。就是说,任何政制的重建(re-founding)都是有限制的,因为这些政制已经有了一些先在(pre-existing)的材料,而创立者必须使用这些材料。
47 参 Numa Denis Fustel de Coulanges, *The Ancient City: A Study on the Religion, Laws, and Institutions of Greece and Roman*, 7-17, 26-31, 94-108。比较《论法律》I. 61,对观 II. 3,马尔库斯在这里想起了奥德修斯为了回到他的出生地伊塔卡而拒绝不朽;荷马:《奥德赛》V. 135—136, 205—210; VII. 255。在这个语境下,也请考虑《论义务》I. 7—8, 96;参 III. 13—15:西塞罗对真正的德性及其在特定行为中的表现的双重表述,建立在对"完美"义务和"中等"义务之间更深层的区分之上。

尔库斯的祖国,因为这里出现了不是一位而是两位罗马拯救者,另一位是伟大的罗马执政官马略。对阿提库斯来说,阿尔皮努姆是那些全力服务罗马之人的发源地,因此可以被认为是伟大罗马祖国的某种延伸。但是这种观点认为,只有在政治上服务于罗马,阿尔皮努姆才是祖国。阿提库斯尚未理解马尔库斯的前政治依恋的含义。不论怎样,对话者们如今已经抵达无名小岛。阿提库斯直言不讳地指出斐布瑞努斯河的冷冽,他告诉对话者们,他几乎无法以脚试水,"苏格拉底在柏拉图的《斐德若》中就是这样做的"。当对话者们穿越到这个小岛上时,或者可能是在此之前,阿提库斯一定用脚趾试过水了。这条冰冷之河的湍急水流造就了一个小岛,或者是阿提库斯所称的大小适中的 palaestrae(字面意思是体育馆或摔跤学校,但也意味着修辞学校)。对话者们将会在这里坐在树荫之下谈论法律,安全地躲开哲学独断论者(比如阿提库斯害怕来偷听他们的那些人),更别说那些治邦者了,他们依恋当前的政治秩序,可能会抵制任何朝着自然地正义的政制方向改革的尝试。的确,自然自发地形成这个小岛,似乎就是为了承接此次对话的剩余部分。即使是在最原始的层面上,自然也为人类提供了所需的工具,这样他们便能够过上正当有序的生活,甚至是最高类型的生活。[48]

当说服对话者们相信这是一项值得进行的项目,任何需要都已经完全得到满足时,对话就到了颁布法律本身的地步,可为什么阿提库斯突然暗示,然后直接提到柏拉图关于修辞的著名对话《斐德若》?为什么他恰好在对话者们已经越过河流来到无名小岛的时候这样做,既然对话者们已经选择不再像柏拉图《法义》中的对话者那样试图涉水过河(这个辩证的事实再次证明了

---

[48] 《论法律》II. 6;参 I. 25。亦参 Andrew R. Dyck, *A Commentary on Cicero, De Legibus*, 262。

西塞罗希望"做我自己")?[49]西塞罗希望我们如何理解他在这部关于法律的著作中提到柏拉图关于修辞学的作品,以及他为什么现在提到?

当然,这不是第一次提到《斐德若》:在靠近卷一开头的地方,马尔库斯在讨论诗歌、历史以及支配它们各自的标准的语境下间接提到了《斐德若》。[50]卷一中的间接提及暗示我们,修辞对于马尔库斯非常重要:这篇对话试图说服的不仅是昆图斯和阿提库斯,还有他们所代表的人的类型。它不仅警告立法者或创制者,还教育他们,要他们注意诗歌的力量。马尔库斯之前对诗歌和历史的讨论表明,修辞可以用于各种非常不同的目的,不论善的或恶的、正义的或不义的。在一次关于诗歌的真实或虚假的讨论的中间部分,马尔库斯问阿提库斯是否就像大众神话所认为的那样,相信阿奎罗(波瑞阿斯[Boreas]或北风神的拉丁名)在伊利苏斯河畔遇到并抢走了俄瑞堤伊亚,而这条河恰好就是柏拉图的对话开场时,苏格拉底和斐德若沿着散步的那条河。苏格拉底在对话中明确表示,他对这个故事持怀疑态度,然后就把这个故事从他和斐德若的考虑中排除了,因为任何将寓言变成真理的尝试都将耗费大量时间。正如苏格拉底说的,"我根本没有闲暇去理会这些事",这首先是因为他还没有像德尔斐神谕所指示的那样认识自己。一个人必须先自知,然后才能希望知道这些寓言故事的真假。[51]

在《论法律》卷二开头,西塞罗通过阿提库斯这个人物的发言来提醒我们修辞对于创制者至关重要,他还提醒我们留意这样一种看法,即如果创制者、治邦者和立法者要想成功,就必须研习和

---

[49] 《论法律》II. 17。
[50] 《论法律》I. 3。
[51] 柏拉图:《斐德若》229b 及以下。

实践修辞学。他们无法像哲人那样坐在自己的"角落"里,而是必须将他们的德性付诸实践。[52]事实上,正好是在对话者们如果采用柏拉图的建议,就应渡过一条言辞中湍急、危险且陌生的论证之河时(但他们却选择沿着一条他们可以看到、听到甚至触摸到的真实之河前行,然后越过它),西塞罗直接提到了柏拉图的《斐德若》,这再次表明他的对话如何既是又不是对柏拉图的模仿。西塞罗笔下的自然法治邦者必须学会发现他已经确立的共同基础,以便能够抛开哲学分歧,比如关于诸神天意的分歧。西塞罗拒绝柏拉图关于渡过陌生的论证之河的要求,同时又直接提到《斐德若》,因为对话者们越过的是一条真实的自然之河,这意味着他要强调政治修辞的重要性。他似乎也在告诉我们,柏拉图并未充分严肃地对待自己关于修辞的教诲,至少在政治和政治哲学领域如此。如果柏拉图严肃对待这些教诲的话,他就会牢记苏格拉底对斐德若的告诫:当斐德若问苏格拉底为何从不敢走到雅典城墙外面时,苏格拉底回答说,"所以你顾着我点,我的好人儿。你晓得,我好学。田园树木不会让我学到什么,倒是城里的人们让我学到东西"。[53]这就是说,如果柏拉图以某种方式遵照西塞罗的指示,他就会为"城里的人们",为治邦者而不仅仅是为哲人提供有用的教导。

西塞罗直接批评柏拉图和所有那些书写哲人统治的共和国,或者是那些撰写法律著作的人,这些法律著作仅仅处理让人头痛不已的神学问题,它们是对现实政治没有用处或用处不大的哲学著作。他还批评那些撰写修辞学著作的人轻而易举地否定虚构的大众故事或诗歌的重要性。如果这就是对柏拉图的西塞罗式批评(或至少是批评的一部分),那么柏拉图更应该将《斐德若》中的修辞学教诲用于他的《法义》,同样,他也应该在关于修辞学的著作

---

52 《论共和国》I. 2;关于为治邦者的积极生活进行辩护,参 I. 1—12。
53 柏拉图:《斐德若》230d4—6。

中更严肃地对待政治。柏拉图本应听从自己在《斐德若》中的建议,"这就是必须看清楚,究竟要考虑什么,不然的话,就会难免整个搞错"。[54]恰当地考虑政制和法律,意味着人们必须严肃对待他们在这些政制中发现的各种要素。

苏格拉底在回答斐德若时似乎证实了这种看法,斐德若抨击演讲写作是一种低劣的追求,并进一步声称,一旦最伟大的治邦者使用最精湛的修辞,那么他的典型活动就是低劣的。苏格拉底回应说:"你没有注意到,凡自视甚高的治邦者们都特好演讲写作,留下撰述。"[55]根据这种看法,治邦者的最高活动莫过于写作演讲,目的是把"最伟大的东西"传给别人。对于西塞罗的整个政治和哲学计划,很难有比这更准确的定义了。苏格拉底通过检视希腊治邦者伯利克勒斯(Pericles)这个例子来说明自己的观点,这是个"除了获得知识和锻炼之外"还"自然地就善于修辞"的人的杰出典范。苏格拉底极尽溢美之词:"看起来,好小子,从修辞的所有方面来讲,恐怕伯利克勒斯最够份。"[56]

然而,在白天结束时,苏格拉底又回到了他熟悉的为哲学辩护的立场并且似乎贬低了政治,这种立场实际上可能根植于对最高理论真理的追求,但对于西塞罗关心的政制而言,这种立场就显得过度了。事实上,苏格拉底不仅宣称"没有什么曾经写下的文字……是值得严肃对待的",他还宣称,任何进行书写但同时也知道事物真理的人,尤其是知道所写之物微不足道的人,不论演讲写作者、诗人还是立法者,都应被称为"哲人"而不是修辞学家。[57]此处是以最高的哲学为依据,对修辞学和治邦术的重要性的重大贬

54　柏拉图:《斐德若》237c1—3。
55　柏拉图:《斐德若》257e1—6。
56　柏拉图:《斐德若》269d5—e2。但是,关于警告不要过度解读对伯利克勒斯的这种赞美,见 *Phaedrus*, trans. James H. Nichols, Jr., 79n168。
57　柏拉图:《斐德若》278b7—d6。

低。但是，西塞罗不会追随柏拉图走这条路，至少不是在他书写政治修辞学的时候。他不会宣扬一种关于善的理念的教诲，这种教诲无法引导这个政制中的贤人，或者说会贬低他们的成就。他也不会坚持渡过言辞中的河流，因为这样做会破坏他之前与阿提库斯达成的一致，相反，他更喜欢一条真实河流的确定性，这种确定性强调与人的自然的所有层面的联系，而不仅仅是理性的或非物质的善的理念。[58] 在西塞罗有可能为他的新政制立法之前，他就避开了那些可能淹没最佳创制者的论证。相反，在为斯基皮奥的共和国立法时，他没有避开修辞学的恰当地位问题。总而言之，《论法律》以其论证和情节回应了柏拉图的《法义》。

一个新的开端：再探自然法（7—13）

昆图斯不耐烦地回到了之前的主题，似乎对有关祖国和公民身份的讨论没有兴趣。马尔库斯和阿提库斯之间的这次重要交流是卷二的奠基石，但他明显不理解。或许更应该说，他就像阿提库斯一样代表了马尔库斯要应对的两种极端之一：一种似乎迫不及待地想讨论法律，另一种似乎并不在意他们是否讨论法律。前者不让自己有时间思考环境，从而思考环境对于法律的含义或意义，而法律正是他迫切希望讨论的主题。他不明白为什么要将关于法律的对话搁置一旁，转而讨论"岩石与山峦"。[59] 后者满足于花费任何似乎合适的时间来思考阿尔皮努姆和厄庇鲁斯的提阿弥斯（Thyamis）的美景。昆图斯曾多次告知马尔库斯，提阿弥斯和阿尔皮努姆一样迷人；马尔库斯也肯定会对他的兄弟高度赞扬的地方感到好奇。十分奇怪的是，作为如此亲密的朋友，马尔库斯显然从

---

58 《论法律》I. 21。
59 《论法律》II. 2。

未见过阿提库斯的家园，相反，此次对话发生于阿提库斯第一次到访阿尔皮努姆期间。新罗马公民身份有着如此的能力或效力，以至于同胞公民甚至没有必要造访另一个人的出生地，更别说来自同样的土地了。但是这种效力部分取决于像昆图斯这样的人，他用热情的插话阻止了就祖国之间的异同进行更细致的交流，更别说（由阿提库斯）回答马尔库斯关于提阿弥斯迷人之处的隐含问题了。此次插话将对话者带回他们在卷一所走的道路。

由于马尔库斯的开场，昆图斯重新进入对话，取代阿提库斯成为主要对话者，并迫使大家回到马尔库斯认为（似乎也希望）他已经逃离的最初主题。昆图斯提醒他的同胞对话者注意，这是关于法律的政治讨论；关于一个人的祖国的描述，可能在理论上值得考虑或令人愉快，但卷一的论证之后是法律，而不是那种非政治的沉思。在马尔库斯和昆图斯再探自然法时，尽管阿提库斯略感懊悔，但依旧保持沉默。实际上，阿提库斯直到宗教法的颁布结束之后才再次发言。值得注意的是，昆图斯要求他的同胞对话者坐在树荫下——即便不是从对话开始，至少也是自卷二开头阿提库斯看到这座小岛以来，坐在树荫下一直是他们的目标。在整个卷一中，这三位朋友以哲人的方式边走边谈，或许就像《斐德若》开头的苏格拉底本人一样；如今，他们坐下休息，就像老人们惯做的那样。只有在坐下来之后，马尔库斯才会立即开始颁布宗教法。这就是说，只有在为这位顾问排定好专属老人的座位之后（马尔库斯在卷一中拒绝这个座位），他才能根据自然为这个政制颁布法律。马尔库斯在这些对话者眼前变老，呈现或者模仿这样一种政制的创制者所必需的 gravitas［严肃］。[60]

在柏拉图《理想国》卷五开头，苏格拉底的同伴要求他说明言辞中的最佳政制如何可能实现，他以为自己已经摆脱了这个论证，

---

[60]《论法律》II.7；参 I.10—12。

与苏格拉底一样,马尔库斯在昆图斯的坚持下同意偿还他欠下的债务,给他承诺过的关于法律的讨论。[61] 昆图斯要求他开始(ordire);今天的剩余时间都将用来进行立法。马尔库斯在返回关于法律的讨论和剩下的对话之前,做了一个诗意的引用,这提醒我们注意诗歌和法律以及法律与诸神之间的关联。作为自然法的基础,神人共同体已被证明并不充分,但在斯基皮奥的罗马,朱庇特却至关重要。马尔库斯赋予卷一中至高无上的无名之神一个更加传统的外表,这是在任何现实政制中必须做什么的范例。马尔库斯在专论宗教法的一卷中被迫再次谈论法律之后,他说出的第一句话就是他自己的诗歌《阿拉忒亚》(Aratea)中的一行。他庄严地呼唤朱庇特和缪斯,这就是说他召唤神圣和诗歌,它们是每个创制者都必须面临的两个政治事实。这行诗源于西塞罗本人:他将阿拉托斯(Aratus)关于天文学的诗《天象》(Phaenomena)译成拉丁文,其中第一行便呼唤了朱庇特。[62]

几乎不言而喻,这不是西塞罗第一次(以他笔下的某个人物)援引他自己的《阿拉忒亚》和朱庇特的权威。斯基皮奥本人在《论共和国》卷一讨论最佳政制时,也诉诸相同的权威。鉴于马尔库斯常说想要为斯基皮奥的政制立法,因此他回想起斯基皮奥的告诫就不足为奇。在关于共和国的作品中,莱利乌斯迫使斯基皮奥说出他认为最好的政制,斯基皮奥此前曾精辟描述过三种纯粹的政制形式:君主制、贵族制和民主制。斯基皮奥的回复始于呼唤朱庇特,在对混合政制的赞美中达到顶峰。斯基皮奥说,在进行任何"重大事务"时,我们都应当"模仿阿拉托斯",从"朱庇特"开始。

61　柏拉图:《理想国》450a6—b2。
62　《论法律》II.7;阿拉托斯:《天象》(Phaenomena, trans. G. R. Mair, Cambridge: Harvard University Press, 1977) I. 1。这两个诗意的开端虽然不尽相同,但却很相似:西塞罗的"以钟爱的缪斯开始"(A love Musarum primordia)呼唤这位罗马神和诸缪斯,而阿拉托斯的"从神开始"('Εκ Διος ἀρχώμεσθα)呼唤的是一位普遍而无名的神,这适合天文学研究,而且由于适合科学研究,所以忽略诗意或修辞。

但莱利乌斯不禁要问,这首诗与我们的讨论有何关联?斯基皮奥回答说:"我们在言说时应当恰当地采用第一原则,既然所有博学者和非博学者都认为(docti indoctique pariter),他是所有神和人的唯一的王(unum regem)。"[63]

斯基皮奥试图将他关于最佳共和国的修辞和奠定其基础的不变的"第一原则"与罗马和罗马主神联系起来。这或许就是最佳政制,一个理想化的罗马,但罗马人却将朱庇特视为至高之神,不论正确与否。"博学者"是否认为朱庇特是正义的来源,或者他们是否认为朱庇特仅仅有用,就是说,大部分公民相信这样一位神,因此法律必须让这个信仰服务于这种政制,这些都是成问题的。诉诸朱庇特,这既吸引了那些认为朱庇特是全部罗马诸神的真正之首的人,也吸引了那些只愿意承认自然和政治都受第一原则统治的人,如果这些原则确实是第一的,那么它们似乎也将统治朱庇特本身。按照这种"博学者"的观点,由于更早的甚至更重要的原因,朱庇特不得不采用这些第一原则。通过召唤朱庇特前来为斯基皮奥的最佳共和国服务,以及为现在这个最佳共和国的法律进行服务(以 primordia[第一开端]的形式),西塞罗为他的共和国和法律寻求民众的认可。但他实际上也开始了对罗马宗教持续且不可阻挡的理性化,乃至于为任何创制者提供在政治背景下解决宗教问题的方法。但是,当马尔库斯将朱庇特置于宗教法的顶端时,他为了贤人统治的正义政府的长期利益而选择了罗马版的宙斯。换言之,马尔库斯将朱庇特视作最佳共和国及其法律的终极裁决者,这不仅决定而且缓和了未来看待朱庇特和所有其他诸神的方式。

此外,为了惩罚的目的而将一位全能的神置于这些法律的顶

---

[63] 《论共和国》I. 56;参《论学园派》II. 65:当涉及 de re publica[关于共和国]的争论时,人们时常习惯于以朱庇特和家神(Iovem deosque penates)起誓。

部,不会有损于该政制。那么,对贤人的惩罚当然就只是有罪良心的存在和"欺骗的折磨"。[64]惩罚是《论法律》卷一最后也是最自然的一节的开篇主题,这一节本身紧接着马尔库斯对各学派之间达成一致的共同基础的呼求。在此之前,不论是在诸神与人的共同体中,还是在以智慧之人的友谊为顶峰的全人类共同社会中,作为一个主题的惩罚是缺失的。只有当立法者考虑到整个共和国、一个人、少数人和多数人时,才会有惩罚的必要。当人们都像神一样生活或生活在完全智慧的共同体中时,就没有这种必要。然而,我们无法期待这种自然法政制的公民会立即达到贤人的高标准,更别说智慧之人的标准了。到目前为止,关于适合于自然法政制的惩罚的讨论时机尚未出现,相反,法律之下的这些惩罚倒是很快就会到来。最好的惩罚类似于为西塞罗的贤人所保留的惩罚,亦即良心的痛苦。重复一遍,自然法不是人法,因此不可能有传统的人类惩罚。但是法律,尤其是自然法,如果它们想要有效的话,就需要某种惩罚。如果自然法意在引导现实政治,那么自然法就还必须引导未来立法者,他们能让这些建议适应整个政制。为了那些可能需要外在形式的惩罚的公民,马尔库斯在他的宗教法中使用了朱庇特。事实证明,这包括了每一个人:对错误行为的内在意识只是对最佳公民的引导,而即使他们也是容易犯错的人。

接下来的内容是在朱庇特本身中找到其开端或第一原则的立法诗。就像诗人一样,立法者向神圣缪斯寻求灵感。阿拉托斯就天文学和诸天进行写作,这些都是极其非政治的主题,与他不同,西塞罗为了人类而写作立法诗,这首诗最初源自罗马神朱庇特。同样和阿拉托斯不同,西塞罗不关心天空,而关心"使共和国稳固"和"使人民健康"。[65]马尔库斯因此提到了卷一中的无名诸神。

---

64 《论法律》I.40。
65 《论法律》I.37;参 Seth Benardete,"Cicero's *De Legibus* I: Its Plan and Intention," 300:"《论法律》是关于法律的诗。"

阿提库斯同意的统治自然的诸神被赋予了罗马面孔。尽管或因为这种法律是自然法,所以不论它再怎么努力,都不可能成为理性。[66]它必定是"最高理性",但同时也"植根于自然"。自然法共和国的创制者着眼于正确的理性,但他还必须能够以通俗的理性言说,而且罗马人民相信最高的立法者朱庇特,这种信仰因诗人而得以普及和加强。西塞罗不仅创作了自己关于法律的诗,还与当前那些向人们传授关于神的知识的诗人斗争。他展示了任何创制者必须如何利用获得的政治材料。[67]

还需要一两个步骤才可以颁布宗教法:马尔库斯将朱庇特和其他不朽诸神确立为第一开端的来源,这将引导对话者们去做剩下的事情,此后,他再次讨论了法律的力量和本性,以便明确法律的定义。马尔库斯认为,有必要提醒他的好朋友和兄弟法律要遵循的根本基础。定义在此刻尤为重要,而对于剩下的对话而言,"一切"都取决于法律的定义。在创制的这个关键时刻,不能有错误用法或将不正确的意义归于词语;比以往任何时候都重要的是,要正确理解用来定义所有未来法律(iura)的词语。[68]

---

66 《论法律》II. 57:"然而,共和国的自然经常征服理性。"
67 《论法律》I. 18;参柏拉图:《米诺斯》315a4。亦参 Frederick D. Wilhelmsen and Willmoore Kendall, "Cicero and the Politics of the Public Orthodoxy," 84–100,特别是第89—94、97—99页。威廉森教授和肯德尔教授认为,西塞罗为好的公共宗教辩护,不是因为公共宗教是真实的,而是因为"自然法需要为了国家的福祉(for the good of the State)而维护宗教仪式和戒律"(强调为原文所有)。然而,即便西塞罗的"策略"是对他所生活时代的合理回应,这种"策略"也会导致他的政制的核心部分出现矛盾。他必须创造看起来无法调和的"两种真理,两种意义秩序";这种为了"哲学真理"的"公开谎言"导致人们认识到"他的自然法学说和他对诸神的公开崇拜之间存在着骇人的矛盾"。然而,威廉森和肯德尔似乎对西塞罗的计划看得不够广泛。他们愿意承认西塞罗的政治计划遵循了自然的标准,但是在他的宗教法中,他们只看到了肯定当时存在的罗马宗教的努力。至少,这似乎忽略了一个事实,即表面上来看,官职法和宗教法一样都是罗马的。我们必须从文本中汲取有关宗教、政治及彼此之间关系的永恒教诲。尼戈尔斯基(Walter Nicgorski, "Cicero and the Rebirth of Political Philosophy," 99)将威廉森和肯德尔的论证置于"两个西塞罗"问题的语境下。
68 关于定义和深思熟虑的原理的重要性,见《论共和国》I. 38;《论法律》I. 37;《论义务》I. 7;《论占卜》I. 7;《论至善与至恶》II. 3;柏拉图:《斐德若》237b8—d3。

马尔库斯刚刚告诉我们，primordia，即该政制的首要事物，将会来自朱庇特。但马尔库斯现在却说，一切都取决于能够确定法律的力量和本性的正确定义。立法者似乎可以从缪斯那里找到灵感，这种灵感最终源于天上的朱庇特，但是当这种关切转向法律本身，转向特定的法律时，没有什么比界定法律的含义更重要。如果立法者们无法就法律的定义（它的力量和本性）达成一致，那么就会轻易地失去一切。缪斯的首要事物源自朱庇特，尽管它们可以启发并引导立法者，但不是关于这种政制的法律的最基本事实，除非这些首要事物就是法律；相反，最基本的事实是清楚地定义法律，定义自然法，接下来的一切都取决于此。对朱庇特的赞美还未从立法者的口中说出，就已经可以看到这位强大的神将不得不与人们利用自己的理性从自然中获得的东西分享权威。

马尔库斯的起点并不是任何观点，而是最智慧之人（sapientissimorum）的观点，这些人不将法律定义为人类智巧的产物或是某种源自人民的东西，而是某种永恒事物，它通过关于命令和禁止的智慧统治整个世界（universum mundum）。马尔库斯所说的法律并非习传的，而是自然的，它一直存在并且将成为自然法政制和那些渴望为之立法的人的指南。按照这些"最智慧之人"的看法，"最初的和最终的法律"，即不是人类产物而是先于所有人类法律的永恒法律，就是"神的心智"（mentem dei）本身，这位神单凭理性便能让一切令行禁止。[69]马尔库斯指的是否还是朱庇特，只能说并不清楚。从这个来源且只有从这个来源，诸神（di）（同样没有提到这些神的名字）赋予人类的法律才能得到恰当的赞美。马尔库斯成功地将这位唯一的至高之神和诸多习传之神混淆起来，前者是永恒法律的来源，而后者则与人类互动或赐予人类法律。诸神赐予人

69　《论法律》II.8。

类的法律(自然法),只有与作为一切永恒的正义法律来源的至高之神的心智一致时,才值得赞美。(我们在此也可以有把握地断言,如果诸神赐予的这种法律是善的,并且与那唯一的至高之神的永恒法律一致,那么诸神本身便是唯一值得赞美的。)

幸运的是,诸神以"一种智慧存在的理性和心智"(ratio mensque sapientis)的形式,将最高的和永恒的法律可见地、属人地显现给我们,这种智慧存在体现了诸神赐予的法律,因而适合于命令正义的行为和禁止不义的行为。有趣的是,智慧者显然取代了卷一中的明智者的理性和心智(mens ratioque prudentis),此外,自然似乎消失不见了。马尔库斯允许自己在此谈论智慧者,而在此之前,他只谈到了明智者。这是为什么?如果那种最高的永恒法(我们可以称之为朱庇特的法律)要以人类的形式显现为"智慧"本身的话,那么这种法就必然采取智慧者身上的人类形式。马尔库斯并没有忽略明智者,但在所有正义法律的最终或最高来源即神的心智这个语境下,即便明智者也是不够的:行动中的自然法将寻求遵循这种永恒法,明智者将会尽他所能寻求与智慧者类似。在颁布宗教法的语境中,向明智的创制者提出智慧标准并不会贬低他的成就,反而会提醒他没有人是朱庇特。人类或许无法与神相提并论,但他们全都(可能除了智慧者)尊敬诸神。贤人发现,要像最高的神或朱庇特一样几乎不可能,这并不可耻。通过将智慧的拥有和至高之神联系在一起(应该指出的是,这里没有明说至高之神是朱庇特,而只是暗示),马尔库斯缓和了任何一位贤人的期许,他提醒贤人注意自己的限度,自己的属人限度。更重要的是,通过将最高的法或智慧与神的心智关联起来,智慧本身被置于认可(或不认可)法律的政治语境中,这是治邦者们轻易便能理解的语境,因此也是罗马贤人们能理解的语境。这个政治目的或目标得到如下事实的推进,即"诸神"介于至高之神的心智和人的心智之间。智慧之人或哲人当然会在这样的政制中自由地追求智慧,他自由地寻求类似于朱庇特神(因此是上述模糊的"存在",它体现了最高的和最好的法)。然而,对于大多数人而言,智慧是在诸神的背景下呈现的,这些神制定并认可自然法,而自然法又是所有人类法律的标准。于是,我们就可以理解自然消失于这个论述中:最古老的法独立于人的自然,正如智慧之人认为的,在某种意义上超越人的自然。总而言之,神圣心智或神先于任何自然法,当然也先于人类法律而存在。正如马尔库斯马上要做的,他在增加自然之后,又增加了命令和禁止的必要性,从而也增加了惩罚的必要性。人类若想被正义地统治,就必须根据这种自然法乃至"神的心智"来制定法律。这个意义上的法律不是一个创造性的过程,而是对"是什么"的发现。[70]

高贵的昆图斯勉强掩饰了他持续的不耐烦,但转念一想,还是同意在对话者们转而讨论更直接但并非更世俗的问题(比如简单多数规则)之前,对法律的基础做最后一次澄清。碰巧的是,昆图斯表明了这种耐心,这对他和我们都十分偶然。如果他没有耐心的话,他可能已经被这个最新的法律定义冲走。不论高贵的马尔库斯是否以某种方式认识到这个论述中没有自然,他都为此次讨论提供了一个合理的规则,这个规则突出了马尔库斯对自然的忽略的事实。对于这个政制而言,以神作为开始是值得赞扬的和必要的,但危险就在于,法律将会忘记它与人类事物的关系。昆图斯担心任何听到这场争论的人都可能被日常用法或熟悉迷住或分心,这可以说是一语中的。熟悉不仅滋生蔑视,还不时地导致冷漠或彻底的懒惰。习惯或日常习俗是一种强大的力量,任何创制者都必须与之搏斗。习惯是任何政制最强大的支持者,不论这种政制是好还是坏。[71]当昆图斯即将"被习惯吸引"时,他以某种方式具

---

70 《论法律》II.8;参《论法律》I.19。
71 参亚里士多德:《尼各马可伦理学》1103a11—26, 1179b21—35。

备了克制的品格,没有莽撞地陷入法律之中,他要求马尔库斯再次澄清"天上的法"。[72]

马尔库斯在昆图斯的打断和缓和之后,渐渐地混淆了自然与神的差别,这种混淆包括三个部分。混淆的原因在于,昆图斯在缓和的过程中提醒马尔库斯,他即将讨论的主题是民众法(populare leges),为了正确地制定民众法,再讨论一下"天上的法"(caelestis legis)肯定会有所帮助。[73]对于马尔库斯这样必须制定民众法的人而言,忘记自然并以智慧之人或神为顶点的法律实际上是无用的。他知道他必须将自然带回此次对话中。他是怎么做的?这个论证的三个部分是什么?首先,我们已经考虑过第一部分:它出现在昆图斯的打断之前,也是打断的原因。马尔库斯曾提到,神是法律的原始来源,宇宙按照这个来源运行,而且所有人都应遵循这个来源。神圣心智或神可能会也可能不会以智慧之人的形式支配大地之上的人类。[74]

其次,在昆图斯的打断之后,这个说法遭到了修改:所有人类法律,比如十二铜表法里的法律,背后都有一种"力量"(vim)号召我们正当行事,远离罪恶。这种力量据说与统治天空和大地的神"相同"(aequalis),而且,如果作为这种"力量"持有者的"神圣心智"本身也没有理性,那么就有可能不存在这种"神圣心智"。换言之,这种力量、神圣心智以及神圣理性是同一的,它们彼此相同。马尔库斯在结束论证的第二部分时断言,这种力量或理性(他还补充了一个重要的描述性词语:源于自然)与"神圣心智"同时生成,而"神圣心智"不过是"朱庇特的正确理性"。神的这种正确理性实际上是真正的、第一的法律,适合于命令和禁止。总而言之,从神的至高无上到神与裁定所有法律是否正义的自然力量的平等,

---

72 《论法律》II.9。
73 《论法律》II.9。
74 《论法律》II.8。

这是一种微妙但却可察的转变。从提出与神相同的"力量"概念，到得出结论认为这种"力量"就是朱庇特的心智，马尔库斯用了一些有力的例子来说明这种"力量"：人类最伟大的两种德性是勇敢和节制，我们不需要在人类的法典中明确认可或定义它们，就能知道科克勒斯（Horatius Cocles）在保卫城邦时的勇敢行为是正确的，而塞克斯都·塔克文（Sextus Tarquinius）放纵的性暴力是非常错误的。就像神圣心智一样，这些德性符合支配自然的理性，因此无法立法规定，或者不需要成文法来产生。马尔库斯甚至没有必要说出这些德性的名字，他只要举出这些例子来证明永恒法的存在与威严就够了。与法律相似，这些德性也明显涉及命令和禁止。比如，勇敢命令英勇保卫帐篷之举，禁止逃离。在重述自然法的这个中间部分，我们看到人类德性是开始时的"力量"和"神圣心智"跟结束时的朱庇特之间的桥梁，也是永恒关切与属人关切之间的桥梁。[75]

最后，马尔库斯在重述的第三部分认为，"神圣心智是最高的法"（illa divina mens summa lex est）。此外，一个成熟的人也拥有这种心智，这就是智慧之人的心智。[76]马尔库斯在说到这一点时，回到了诸神赐予人类的法的原初定义：适合于命令和禁止的智慧之人。然而，他已经经历了关于人类德性的讨论，这种讨论说明了所有法律背后的力量，迫使他回到朱庇特，并为如下论断提供了一种新的属人的或政治的理解：智慧之人就是神的法律在大地之上的化身。马尔库斯在卷二开头将对话者们带回大地之后，他似乎认为有必要再次审视支持自然法的论证，以便让这种论证符合他们返回大地，返回人类和政治。带着这些政治考量，并在昆图斯提醒他即将颁布民众法之后，马尔库斯宣称，没有一种伤民之法是正

---

75 《论法律》II. 9—10。
76 《论法律》II. 11。

义的,事实上,它们根本就不是法律。就好像如果医生开出让人痛苦而不是治愈人的方子,他就不是医生,除非立法者的法律遵循正义,遵循对人民有益之物,否则他便不再是立法者。法律关注最高的和最好的,即智慧之人和朱庇特,但也关乎民众和高尚之人。这些考虑促使马尔库斯得出结论:"自然是万物中最古老的和首要的。"[77]自然是所有正义法律的基础,不论这种法律是否得到了统治者或被统治者的认可。

上述说法导致了一个问题:如果自然是首要的和最古老的,这又将源自朱庇特的神圣理性和原初事物置于何处呢?马尔库斯在提出这三个定义时,对神圣心智或自然才是最高的或首要的这一问题含糊其词。他可能是为了这种政制的健康而打算故意混淆这些不同的含义,或者打算提供一种学说的结合。[78]我们记得,他在重新探究所有法律的基础时得出结论,真正的法律就是完美的理性本身,而这种法律只在智慧之人身上具有人的形式。通过穿梭于这三个定义,他逐渐将法律带回到人类德性和自然,带回到适合于自然法政制的标准。这种运动在较小尺度上反映了卷一中的运动。实际上,马尔库斯提醒自己和他的对话者,要留意为这些法律确定合适基础之前所采取的各种措施。在此,作为引导的并非至高无上的朱庇特,而是自然。朱庇特可能被认为是至高无上的,只要他认可并遵循自然命令和禁止之事。如果自然确实是"万物中最古老的和首要的",那么自然就取代了神或诸神,成为正义或不义的标准。毕竟,这是斯基皮奥的混合政制,它不是智慧之人对智慧之人的统治。正如这种政制不会由廊下派的智慧之人或哲人王

---

77 《论法律》II. 13。
78 韦斯特(Thomas G. West, "Cicero's Teaching on Natural Law," 78)写道:"诸神是受自然支配,还是自然的习惯服从于神圣的例外?对自然与天意之间关系的哲学探寻可以说是被嵌入法律本身之中的,因为只有通过对这个疑点的理性考虑,才能解决体现在一个权威性陈述之中的自相矛盾。"参《论法律》II. 15—16;马尔库斯说"诸神是万物的主人和管理者",但他后来说"不应认为有什么事物高于自然"。

组成，法律也不是任由人们说的那样：人类的法律不是因为得到某个民族或人民的认可才是好的，只有当它们符合马尔库斯描述的这个永恒的正义标准时，才可以被认为是好的。一个民族的法律不遵循这种真正的法律，这个民族就是"无价值的"，而且应当"被认为一无是处"。[79]

序曲必须先于法律（14—18）

伤民之法不配称为法，马尔库斯的这个规定暗示，自然法（他一直都在解释其力量的最好或最高的法）永远无法被"废除或撤销"。[80]根据这个崇高的标准来判断，元老院通过然后又撤销的任何法律实际上根本不是法律：此次讨论的对象不是传统的或人类的法律，它不涉及那些与屋顶或公墙流下的雨水有关的规定。[81]正因如此，昆图斯对马尔库斯即将颁布的法律表示质疑是正确的：它们真的永远无法被撤销吗？马尔库斯说："当然，只要你们两人接受它们。"[82]这是个奇怪的说法，因为马尔库斯一再断言，自然法并不取决于人类的同意：到此为止，自然法一直被描述为在任何人类法律通过之前，在人类时代之前就已存在的东西。

既然如此，为什么马尔库斯需要昆图斯和阿提库斯的同意呢？很简单，此次对话是一次说服行动，一次修辞行动，目的在于为斯基皮奥的最佳政制立法。在对话的行动中，我们看到，即便是最佳法律也需要说服才能有效。事实证明，尽管自然法的存在独立于

79　《论法律》II. 12—13。
80　参《论共和国》III. 33："不会在罗马是一种法律，在雅典是另一种法律，现在是一种法律，将来是另一种法律，相反，所有民族在任何时代都将被一种既永恒亦不变的法律联合起来。"
81　《论法律》I. 14。
82　《论法律》II. 14。

任何人类法,从而也独立于人类而存在,但如果一个政制的公民并不了解自然法,或者就算了解了自然法也不会被说服,那么自然法就可以在实践中撤销。自然法是真实的,不论人们是否承认如此(可以说是一种自明的真理),[83]在这个意义上,自然法最终或在理论上的确不可撤销。自然法自然地真实。然而,如果像昆图斯和阿提库斯这样的人不听从马尔库斯,或者没有被马尔库斯说服,自然法就毫无用处,实际上也就被撤销了。说"像昆图斯和阿提库斯这样的人",这当然是指西塞罗的听众:独断论的哲学流派、需要哲学指导的罗马贤人,以及将来任何希望使政治符合真正的正义标准的人。如果西塞罗想要成功地向他的罗马同胞和所有阅读他著作的人传授自然法,那么他的这个论证就必须说服学园派、漫步学派和廊下派。

即便自然法从人们的思想中消失或被遗忘,它依然存在,因此违反自然法依然会受到惩罚。这种惩罚正是那种无知,它导致自然法作为正义法律的标准消失。在个体层面上,如果一个人知道自然法,那么他按照这种法律生活的能力越强,损失就越大。在政制的层面上,政制越是偏离自然法标准,就越是腐败和堕落。为了避免这种情况,每一代人都必须传授和学习自然法。从这个角度来看,自然法需要持续的解释和肯定,否则人类就会渐渐忘记其教诲。[84]自然法需要明智且善于修辞的拥护者:自然法与理论智慧不同,理论智慧只能由智慧之人发现且就此定义而言是去政治的,而自然法是一种明显的政治学说,旨在影响人类生活,提供一种所有人都有责任为之努力的标准。自然法"植根于自然的最高理性,它

---

83 参阿奎那:《论法律》(*Treatise on Law*, intro. Ralph McInerny, Washington, D. C.: Regnery, 1996)问题94,第2条。
84 《论共和国》III. 33:发明自然法的神被说成不仅是统治者(imperator),也是教师(magister),这绝非偶然。

命令必须做的事情,禁止相反的事情",[85]而不只是理性。自然法类似于亚里士多德说的实践智慧,他将之描述为"一种同人的善相关的、合乎逻各斯的、求真的实践品质"。[86]在核心处,自然法学说关注的是正当与恰当的政治行动。因此,接下来是颂扬法律的序曲。

马尔库斯(再次)宣称,他的引导者是柏拉图这位最博学者(vir doctissimus)和哲人中最有分量与最严肃者(gravissimus philosophorum omnium)。马尔库斯将像柏拉图一样,在颁布他的法律之前发表自己的 proemium[序曲]。通过直率地宣布他打算模仿这位政治哲学之父,马尔库斯再次提请我们注意一个事实,即他的计划严格来说不仅是一种模仿,还是一次创新。鉴于这场对话刚好重新开始,马尔库斯显然认为有必要重申他的目标。西塞罗将沿用柏拉图的形式,在这种情形下就是在颁布法律之前先陈述序言,尽管主旨将是他自己的。[87]同样,此次立法不是为了比《论共和国》中的政制更不实际或更加实际的政制。此次立法是为了最佳政制本身,这也是他的修辞计划的一部分:马尔库斯宣称他的法律并不创造逊于最佳政制的政制,从而提升了他的法律。在马尔库斯公开宣称说服必须先于法律之前,他就已经深度投入到说服计划中了。马尔库斯向他的贤人和独断论哲人听众发出呼吁,声称他们真正关心的是最佳政制。因此,这个被公布出来的序曲是为了最高或最好的政制,这使得最佳政制本质上更令人感兴趣,更值得追求。正如马尔库斯跟随柏拉图,马尔库斯说柏拉图也模仿扎勒库斯(Zaleucus)和卡隆达斯(Charondas)的行为,这两位是意大利早期著名的创制者,他们将说服视作法律力量必要和良好的补充。

---

85 《论法律》I.18。
86 亚里士多德:《尼各马可伦理学》1140b20。
87 见第一章对文本证据的讨论,这个证据表明西塞罗并没有误解柏拉图的《理想国》与《法义》之间的关系。

昆图斯援引蒂迈欧的观点作为证据,怀疑扎勒库斯这样的人是否真的存在。根据诗意的立法者马尔库斯的看法,这一点无关紧要:只需宣告其行为已发生就足够了。值得注意的是,马尔库斯除了援引一位希腊异乡人外,还援引了两位意大利本土人士作为权威来说明序曲的必要性。可以说,他把序曲的必要性带回了家,或者说赋予序曲一个更熟悉的理由。这一举动与对话的整体走向一致,即回到家园,回到罗马,回到人类。[88]

对于《论法律》来说,序曲并非新鲜事:我们已经看到,从一开始,在讨论法律、历史和诗歌的关系时,对话中就出现了说服。实际上,正如有人指出的,整个卷一都是卷二的宗教法和卷三的官职法的序曲。鉴于马尔库斯现在直接诉诸柏拉图对序曲的使用,关于这些序曲,就让我们简要考虑一下这位最博学者说了什么。柏拉图借雅典异乡人之口提出的建议是什么?就是立法者应当以正直的医生为榜样,立法者在正义的政制中是灵魂的医生。雅典异乡人首先描述了一位奴隶医生,他忽视序曲的技艺,只会"像刚愎自用的僭主那样"以强力逼迫病人(就好像他的病人并不比奴隶好多少)并遵循观察和经验而非自然的指令。然后他转向自由民的医生,这种医生会"从根上"考察每一个病人的疾病,在他的所有药方中都遵循"自然"的指令,试图"教导"病人了解他的疾病。自由民医生"某种意义上,在他还没劝谕之前,他不开处方",直至他让病人信服,他的药方是最好的。[89]正义的立法者关注说服,因为没有说服,法律就不会比僭主的命令更好,或者与之并无不同。说服先于最佳法律;公民必须被说服,他们必须亲眼看到这些法律是公正的。立法,以及所有恰当的言辞都需要这种方法:"我想说的是这点:一切言辞和凡属于声音的东西,开头都有如同热身运动

---

88 《论法律》II.14。
89 柏拉图:《法义》719e11—720e1。

的序曲——试图巧妙地带出即将到来的东西。"[90]

在西塞罗的对话中，在先的东西全然是一种"热身"练习，正如卷二早期对自然法定义的重述那样。当马尔库斯说他将像柏拉图一样提供序曲时，他狡猾地掩盖了一个事实，即他已经在序曲上耗费了大量时间。另外，我们已经看到，对话者们在卷一中所同意的正义法律的普遍基础，是一种适用于跟柏拉图的共和国截然不同的共和国的基础。同样，当马尔库斯为了序曲和法律而提出他自己别具一格的内容时，我们可以期待马尔库斯将模仿柏拉图的序曲形式，然后宣称这些序曲的必要性。[91]

马尔库斯心中的序曲确切地说和宗教法有关，在卷一中，阿提库斯就诸神的天意以及他们对人类生活的关心所做的让步预示了这个序曲。[92]这个序曲是对阿提库斯投降的一种重申，尽管是在即将颁布法律的背景下。我们应该记住，马尔库斯认为他可以开始提供实际的立法，而这一切都要归功于阿提库斯的让步。在许多方面，阿提库斯的让步是展开之前的那个序曲的关键。如今，那个投降即将获得政治的外形。正如我们看见的，当雅典异乡人宣称诸神照看人类生活的时候，他也以言辞的形式向《法义》卷四中的殖民者发表了一个类似的序曲。这两个序曲的区别在于，柏拉图的神在本性上更加哲学化，并且实际上就是改头换面的克洛诺斯，而马尔库斯则随意将朱庇特插入这场讨论之中，并诉诸朱庇特作

---

90 柏拉图：《法义》722d4—7。
91 诺思（Helen North，"*Sequar…divinum illum virum…Platonem*：Cicero，*De Legibus* 3.1，" *Illinois Classical Studies*，28[2003]：133-43，特别是第135、137—139、141页）通过文本比较来思考柏拉图对西塞罗使用proems[序曲]的影响。她的结论是，西塞罗欠柏拉图的"最大债务"是"利用哲学主题来营造一种氛围"。由于西塞罗最终关心的是文学风格而非哲学真理，他无法摆脱罗马语境就不足为奇了：卷一"主要是对廊下派学说的重述"，目的是"推荐以早期罗马传统为基础的立法"。在卷二中，"西塞罗并不像柏拉图那样提出惊人的创新，而是恢复罗马的法律并稍加改进"。在卷三中，西塞罗只是成功地"确立了各种官员的职责，反映了罗马的传统法律，几乎没有创新"。
92 《论法律》I.21。

为所有正义法律的来源。[93]现在,马尔库斯将阿提库斯关于诸神的让步变成了正式法律,或者说是法律的正式序曲。朋友间唯一非正式的认可在自然法政制的立法中正式形成。如果马尔库斯不是首先带着他的对话者们穿过卷一中的论证,为这种政制的法律找到一个共同、普遍基础,他肯定无法开始讲述这样一个序曲。阿提库斯现在完全沉默了,他的最后一个词是"苏格拉底",他最后提到的是柏拉图关于修辞的对话《斐德若》:[94]他按照马尔库斯之前的命令,一直待在自己的花园里。[95]

正式的序曲认为,民众首先要知道诸神存在并且统治万物,而且一切都是由于诸神的判断和神圣意志而恰好发生的。[96]诸神观察每个人是什么类型,他会采取什么行动,他的精神状态是什么,他如何履行他的宗教责任,总而言之,他虔敬抑或不敬(piorumque et impiorum)。马尔库斯赞美法律的神圣基础和对生活的神圣影响。如此状态最有助于公民的幸福。尽管还没有明确表述,但这暗示了诸神将会因此而奖惩人类。为什么这种信仰对这种政制重要?马尔库斯注意到,"满是这些事物的心智不会厌恶有用和正确的观点"。什么是正确观点的例子呢?诸天和宇宙拥有理性,正如人类也拥有理性,没有比这个事实更加正确的了。自然的贴心安排证实了这一点。再者,宣称人类拥有理性,而比人类更优越的自然却没有理性,这是不敬的。马尔库斯甚至还说,没有什么会比自然更优越。正如上文提到的,在这种说法和之前诸神统治万物的说法之间存在隐含的矛盾,尽管马尔库斯肯定没有让我们注意到这一点。撇开这些不谈,在一个信奉积极的和参与性的神的政制中,这些都是公民更容

---

93 柏拉图:《法义》715e8—716a4;716c5—7。
94 《论法律》II.6。
95 《论法律》I.39。
96 比较《论共和国》VI.13,17,26,在这些地方,神在斯基皮奥的梦中以不同的方式被描述为"元首"(principi)、"最高的"(summus)和"永恒的"(aeternus),但总是被描述为统治整个宇宙(mundus)。

易接受的真实观点的例子。这种信仰会促进和支持哪些有用的观点？不论誓言、合约、对犯罪的神圣惩罚，抑或同胞公民之间的礼让，法律的神圣基础或来源以及对诸神直接存在的信仰都是任何成功的民法典的重要组成部分，而且一定是进一步立法的基础。公民一定要敬畏法律，一旦法律迅速失去其庄严感和公民尊重，公民便不再认为神圣惩罚会降临到任何罪行之上。马尔库斯实际上颁布了第一法律，即便这是一种只依赖于说服的法律。这就是法律的序曲，正如柏拉图所描述的那样。[97]

仿照柏拉图这个榜样，马尔库斯在宣读（recitem）法律之前赞颂了法律，正如他说他要做的。然而，尽管马尔库斯在这个序曲前后都援引柏拉图作为权威，但他还清楚表明，他并不是翻译者。他将做他自己；正如他所说，他"将做我自己"。昆图斯附议，然后鼓励马尔库斯做"你自己"。尽管马尔库斯在制定这个序曲和这些法律时依循柏拉图的引导，但他并不打算将柏拉图的希腊语翻译成拉丁语（虽然他可以试着模仿柏拉图的风格，这一点显然模棱两可）。不论如何，西塞罗认为他给政治哲学贡献了原创性的东西。尽管马尔库斯十分明确地宣称他的序曲模仿了柏拉图这个榜样，但几乎与此同时，昆图斯告诉我们，"没有什么"像马尔库斯的先前言论（他指的是对自然法的重述）或现在"关于诸神的序曲"那样不像柏拉图。[98]

为什么马尔库斯会如此明显地呼求柏拉图之名（两次），然后提出完全不同于柏拉图的序曲？在卷一中，阿提库斯关于不朽诸神的意志（或者缺乏意志）的妥协为我们指出了答案。这使得接下来关于神人共同体的讨论得以可能。而且，正是关于人类由之降临的天界的讨论，激发了阿提库斯持久的兴趣。我们回想，在阿

---

97 《论法律》II. 15—16。
98 《论法律》II. 17。

提库斯的妥协以及随后确立的神人共同体之后,阿提库斯以不朽诸神来发誓,他欣然高声宣称,他要在这个对话中度过一整天而不管结果如何。[99]即便马尔库斯的目标过高,但他最初的目标却将阿提库斯以及那些与他类似的人留在这个政制中。然而,尽管此次对话肯定产生了许多曲折和转向,但无疑正是这个妥协将我们最终带向了立法打算着手之处:正义法律的恰当基础,适用于所有正当且高尚之人而非仅仅智慧之人的基础,已经建立起来了。马尔库斯诉诸柏拉图作为其辩证性工作的来源。他希望吸引柏拉图的门徒(几乎包括所有和任何对哲学感兴趣的人),尽管他的教诲有所不同。阿提库斯的让步,以及这种让步所产生的诸神的监管,都向我们表明这个政制如何不同于柏拉图版本的政制,即明智贤人的统治对阵理智本身的统治。

自然法的不确定性与简明性（18）

马尔库斯将会用他所谓的法律口吻或语言来颁布他的法律,因为这个地方和此次对话都是私人的,他身处友人（familiaris）之间。这是一种"不像古代的十二铜表法或神圣法律那样古老的"语言,但它仍比目前的对话"更古老一些"。马尔库斯以这种方式制定他的法律,似乎拒绝了如今流行于许多西塞罗学者中间的观念,即他正从现实的罗马法律中拣选他的法律规定,或者,他希望以某种方式恢复被遗忘的法律,或者在理想化的但具体而言是罗马的法典中增加一些新的东西。[100]从文本本身来看,这明显就是马

---

99 《论法律》I.28。
100 参 Paul A. Vander Waerdt, "Philosophical Influence on Roman Jurisprudence? The Case of Stoicism and Natural Law," 4851-900,第 4855 页,他认为卷二和卷三并没有遵循卷一中的自然法学说,因为西塞罗追随柏拉图的壮志"导致他摒弃他在那一卷中使用的来源,转而建构一部与罗马法非常一致的法典"。

尔库斯的意思:他非常明确地说,这些法律的语言并不像十二铜表法或罗马的神圣法律那样古老。换句话说,西塞罗的法律并不是实在的罗马法律。他所说的是,希望采用一种语言风格,这种风格比对话者们当时的用法更古老一些,这意味着这些法律的语言将永远比此次对话的语言更古老一些。他说(同样非常明确),目的是为这些即将出台的法律注入"更多权威"(plus auctoritatis)。古老的东西要求某种道德权威,这种道德权威要求崇拜或尊敬,不论这种尊重是否应当。为了他的自然法,马尔库斯利用了这种习传的权威。

如今,对话者们将永远回望过去,为这些法律找到更多的权威,这个事实与如下事实相对应,即这些法律将永远适用于遥不可及的将来。似乎不能将自然法立法固定在人类历史中的任何特定时间;在过去或未来都没有明确的参照点,可以用来把它的年代固定在任何特定的现有时间点。作为这一点的进一步证据,我们可以指出西塞罗在他所有的作品中都没有提到《论法律》,包括他的书信和他在《论占卜》中为我们提供的他哲学著作的书目。西塞罗明显希望他关于自然法立法的著作不与特定时期关联。这种不确定性与《论共和国》有着鲜明的对比,《论共和国》是一本关于最佳政制的著作,这部著作勾勒了许多伟大的罗马治邦者,而且还被设置在一个特殊的年份(公元前129年)。西塞罗赞美这些特殊的治邦者,因为他们确实值得赞美。在这种情况下,真正古老的东西是最好的和最佳政制的来源,就是一个永远无法改变的事实。然而,尽管最佳政制的法律总是存在,但由于自然所命令的法律是永恒的和不变的,所以这些法律必然要不断调整以适应人类生活变动不居的事务。与最佳政制这个范例的不变相反,自然法必须持续保持灵活多变,绝不固定在特定地方的特定政制之上。《论法律》中的法律只对《论共和国》中自然地最佳的政制有效,这是一个经过改革但却从未真正存在的罗马共和国。西塞罗为我们提供了一个为他的特定共和国立法的范例,他鼓励将来的立法者为他们的共和国实施类似的计划。[101]

马尔库斯还说,他将使用一种模仿古老法律风格的简明性。即将到来的规则并不意味着毫无遗漏,因为这些规则是"无止境的"(infinitum)。马尔库斯只打算勾勒"最高的观念"(summae sententiae),其他数量更多和更为具体的未来法律以这种观念为基础。[102]基本法会有意寻求简明,这样便能尽可能地对最多变的未来情形有用,更何况时间本身限制了创制者的行动。[103]在寻求简明的过程中,马尔库斯想到的似乎是雅典异乡人的警告,他在讨论法律序曲的语境下警告克莱尼阿斯和墨吉罗斯:

> 不过,如果我们规定,上述每项法律无论大小都要有序曲,那我们就说得不正确喽。不是每首歌和每篇讲话都必须有这样的东西:即便确实存在某个序曲,依据自然适合这一切,也不应当在所有情形下都采用序曲。在这方面,我们必须给各种情形下的特定演说者、歌手或立法者留有余地。[104]

雅典异乡人教导说,要交由一位创制的立法者来决定何种法律及何种法律序曲最重要,从而必须得到颁布或解释。剩下的事情则交给将来的较低立法者。

类似地,马尔库斯将使他的法典尽可能简短,只涉及最高或最重要的主题,这无疑是因为没有一位创制立法者能知道可能出现的每一个特定需求或情况,也不应该指望他知道。就像雅典异乡

---

101 《论法律》III. 29;《论共和国》I. 14;《论占卜》II. 1—4; Seth Benardete, "Cicero's *De Legibus* I: Its Plan and Intention," 296n3。
102 《论法律》II. 18。
103 参《论法律》III. 29。
104 柏拉图:《法义》723c8—d5。

人一样，马尔库斯希望给予罗马或其他地方未来的立法者尽可能多的明智"余地"，使这个通用法典适用于他们特定的政制。即便每一个当下和将来的政制都需要诸多法律，而所有法律根据自然都将拥有序曲，但自然法立法者的工作并非颁布每一种法律，或者勾勒每一种序曲。他的任务实际上更加伟大：正如马尔库斯已告知的，他的目的不是讨论"从屋顶或公墙流下的雨水"。其他人不仅完全有能力胜任这些低级工作，而且对于一个有能力并愿意制定一部自然法法典来规范所有这些低级法律的人来说，这比人们期望或应该期望的要"更加低微"（humiliora）。[105]

宗教法的颁布和解释（19—69）

马尔库斯现在开始颁布宗教法，并在法典颁布后继之以对这些法律的解释。相当有趣的是，他已经说了所有宗教法律的唯一序曲：诸神统治所有人类；实际上发生的任何事情都是由于诸神的神圣意志和判断而发生的；他们关心人类；他们会记下虔敬与不敬的人。马尔库斯的简明延伸到了序曲中，而且正如他允诺过的，还延伸到宗教法典本身。之前的序曲，也就是构成卷一的全部内容，显然是在这个政制建立之前为创制者自身保留的。马尔库斯提醒他的对话者，而且他在即将开始对法典的解释时也说，这个序曲并不简短。他通过对话这种行动确认，有些事情的确值得真正的创制者或立法者进行更多的思考和讨论，或者应该这样做。[106]要找出那些在先的和更实质的论证本身，这取决于这个政制中那些渴求更深刻理解这些法律的个体公民。但对那些打算接受这些法律的人来说，这个简明的序曲便是所需的一切。

---

105 《论法律》I.14。
106 《论法律》I.13；II.24。

第三章　自然法共和国（一）：宗教法

宗教法的第一句话说要纯洁（或贞洁）、虔敬且避免奢华地接近诸神（ad divos）。谦逊的虔诚没有傲慢或等级划分，一旦与灵魂的纯洁结合起来（因为灵魂高于身体[107]），就应当成为所有接近诸神之人的特征。尽管法律本身并未提及灵魂与身体的区分，但马尔库斯还是迅速地在他的解释中补充道，他指的当然是灵魂的纯洁，因为正是在灵魂的纯洁中，万物（omnia）才存在或拥有存在。另一方面，他取消了身体的不洁，因为有些东西可以通过溅水（aspersione aquae）或者经过某些时日（dierum numero）之后去除。马尔库斯试图通过去除崇拜中的奢侈，消除穷人对富人的嫉妒以及富人对穷人的鄙视或轻蔑。要接近诸神，并不需要昂贵之物，因为"我们希望人类在贫富上平等"。不论贫富，在诸神面前，所有人都平等。这种限制和属于人民的混合政制一致：res publica res populi［共和国就是人民的事务］。[108]宗教并不会降低自身来提升或导致对于财富的古老划分，但却会保持纯洁并鼓励公民中的相似属性。如果任何人不这么做的话，神本身将是这种法律的执行者，而不是人的判断，因为宗教肯定会受益于对即将到来的惩罚的恐惧。马尔库斯从关于惩罚的法律辩证地转入对惩罚的解释时，非常巧妙地以"神"取代了"诸神"。尽管人们会按照马尔库斯描述的方式接近所有神，但每个神都会向特定的罪人施加他自己的惩罚。我们不仅看到创制者颁布了一种允许区分个人崇拜和家族崇拜的一般法律，还看到了直接确立一种与讨论中的那位神的个人关系。最初接近诸神，或接近一个人家庭的特定神，是一种直接发生在神与人之间的事情，不会有人类的干预或人类的判断。这个政制将不会说到这种关系，因此将不会惩罚任何违法的公民。在此，我们建立了某种相当私人的崇拜领域。只有当这个政制的健

107　参《论法律》I. 24。
108　《论法律》II. 25；《论共和国》I. 39。关于混合政制作为最佳政制，见《论共和国》I. 45，54，69。关于取消财富作为宗教崇拜的条件的意义，见《论共和国》II. 27。

康受到威胁时,共和国才会干涉私人崇拜。

接下来的法律宣布,人们不能奉有任何与这个政制分离的神,不论是新神还是外来神,除非他们首先得到公开承认。此外,这个条款还保护每个家庭的神不受侵犯,只要他们是由祖先按祭礼(rite)传下来的,或者只要他们遵守了这个法律。[109]换言之,只有这些祖传的神被保留了下来,它们经过了公开的检验,这符合马尔库斯颁布的公民身份的新定义。[110]尽管最初接近诸神是在个人或家庭层面上的,但所有神接下来都必须得到这个政制的认可。一旦马尔库斯清楚表明存在着所有人都必须保持忠诚且由公共祭司负责监管的全民之神,最重要的是至尊至伟的朱庇特(Jupiter Optimus Maximus),那他将会呈现证明这个观点的更多证据。公共祭司职务的结构加强了这种看法,即罗马的东西要高于地方的或家庭的东西:每一单个的神都将拥有自己的祭司,但还有"侍奉所有神的大祭司",他的任务是要确保恰当的仪式得到"私下和公开的"(privatim et publice)遵守。[111]这个政制中的这些祭司有责任执行公共的宗教法。

因此,我们可以假设,任何与公共崇拜模式冲突的私人崇拜模式都十分可疑,即便并非完全无效。宗教法的第二条法律加强了这种看法。当然,纯粹承认这个标准本身并不能关闭为无限新神而开的大门,其中一些可能最终会对共和国有害。只有理性的标准,或者与自然一致之物的标准,才能限制罗马承认的诸神类型及其数量,而只有当这个标准成为所有好的祭司都应遵循的标准时才能如此。在他即将对祭司进行的描述中,马尔库斯同样告诉我们,他所说的东西不会排除任何"正当的"宗教。[112]不管怎样,这些

---

109 《论法律》II.19。
110 《论法律》II.5。
111 《论法律》II.20。
112 《论法律》II.30。

已经存在的神灵,也就是对其崇拜涉及世代传承的仪式的私人诸神,得到了认可和鼓励,而且这些私人仪式应当永久保留。马尔库斯并不想推翻长久以来的家族仪式,这么做十分不明智。相反,这些仪式一定要服务于最佳政制,并代表理性规定的最佳法律。

然后,每个家族都应在城市中保留自己的圣地,在乡村保留圣林(lucos)和家神(Lares)的祭坛。[113]马尔库斯在描述这条法律时认为,这些圣林和家神崇拜以某种方式关联并被置于田庄的可见范围之内。[114]这不禁让人想到西塞罗位于阿尔皮努姆的田庄的圣林,整个对话正是从这片圣林开始,对话者们想要时走时坐,谈论着法律离开。我们也想起了卷二的开端和马尔库斯对他祖居地的精彩描述,他的描述是对他的家族先人的尊敬。就像卷一和卷二的开端那样,宗教法有私人或个人起源,然后逐渐转向公共。自然法政制的创制者必须尽可能适应私人崇拜模式,这是对永恒或来生的个体和通俗关切,而这一切都是为了维持政制的健康和正当。家族诸神必须支持政制的这些目的,从政治或正义的角度来看,这是首要的。对话的行动表明对话者之间这种政制的建立。

与乡村的圣林相似,城市中的庙宇将有助于向人民灌输虔诚,这与波斯祭司(magi)和薛西斯的看法相反,他们认为整个世界(mundus omnis)是诸神的居所,故而不打算将诸神围在墙内。如果诸神也像人类一样拥有特定居所的话,那么就不会存在诸神或人类的哲学性的世界城邦。[115]马尔库斯的法律要求诸神居于公民中间,以便增进对这些神的虔诚,"这种看法提供了一种对这个政制有用的宗教"。[116]如果公民们在城市中看到他们面前的庙宇,看

---

[113] 《论法律》II. 19; Numa Denis Fustel de Coulanges, *The Ancient City: A Study on the Religion, Laws, and Institutions of Greece and Roman*, 16, 24-25。
[114] 《论法律》II. 27。
[115] 《论法律》I. 61—62。
[116] 《论法律》II. 26。

到他们在乡村的家族圣林,他们就会把虔诚放在心中的首位,更加尊敬所有法律,而不仅仅是和宗教与崇拜相关的法律。这种看法会强化诸神是万物统治者且关心人类的观念。与马尔库斯刚刚颁布的新公民身份观一致,祖先的宗教将对共和国有用,而共和国则建立在"最古老的"自然原则之上。

为了加快提出理性的或最好的标准,诸如理智、德性、虔诚和信仰这些品质——当它们得到充分发展时,就会使人类靠近尘世中的神圣地位——应被供奉在圣坛之上,以彰显其善行。类似的供奉邪恶的圣坛要被禁止。因为伟大事迹而得到不朽奖励的英雄和一直被视为神的人也应当得到恰当的尊崇:赫拉克勒斯,财富的赠予者,缪斯的引导者;利贝尔(Liber),掌管农业,相当于希腊的巴库斯(Bacchus);埃斯库拉庇乌斯(Aesculapius),医神;狄奥斯库里兄弟(Dioscuri),也就是孪生兄弟卡斯托尔(Castor)(擅长驯马)和波吕克斯(Pollux)(熟练的拳击手),水手的保护者;奎里努斯(Quirinus),罗慕路斯的神化版和罗马的创立者。这是将罗马宗教理性化的计划的另一要素。马尔库斯在他更新的、更理性的法律中混合了那些几乎不变的古老宗教法。因此,马尔库斯发表声明,宣称"古人最接近诸神",[117]这个声明证实了关注保留家族仪式的法律,[118]但也受到要求公共祭司"珍重父辈仪式中最好方面"的法律限制。[119]在这样做的时候,这些祭司命令行依据自然和理性之事,同时避免和禁止不依据自然和理性之事。因此,古代仪式中最好的方面将被保存下来,因为这些仪式是好的,而不是因为它们是古老的,尽管这种"最好"将会成为新的"最古老",正如马尔库斯看到的:"这所谓最好的无疑应是那些最古老、最接近神的东

---

[117] 《论法律》II. 19。
[118] 《论法律》II. 27。
[119] 《论法律》II. 22。

西。"[120]这些法律指向一种最合理的古代仪式。古老不会是关于古老的最重要之处,尽管最好的事物如今将成为最古老的事物,就像其他祖传之物一样,尽管是非理性的,但对它们的实践却渐渐地遭到忘却。这些更加理性的宗教法律将会鼓励这个共和国的公民们以在道德和政治方面有益的方式去行动。正如马尔库斯所说的,他的目标是为这种自然法共和国提供"对这个政制有用的宗教"。[121]

他还更进一步:除非那些负责公共仪式的人监督和批准这种做法,否则私人崇拜不可能令人满意地进行。"因为人民总是需要最好之人(optimatium)的建议和权威,此即共和国存在之基础。"[122]马尔库斯后来在卷三中描述了一种投票法,其中包含的一个规定反映了宗教法的这种要求:平民的投票应让最好的人看到。[123]尽管这是一个混合政制,但也将是一个寻求团结所有公民,鼓励他们不断渴求公民中的最好之人来管理他们的政制。本性上最好的人将管理这个自然法政制,他们最能表现出这些法律试图培养的正义特征。最好之人应当管理最佳政制中的宗教和政治。私人宗教或崇拜仪式必须向这些最好之人证明,它们将会服务于马尔库斯的正当的政治秩序这个目标。一个可接受的宗教是服务于这个正义目标的宗教,这个目标后续将成为官职法的核心,实际上也是这些法律中提到的第一个词。[124]个体或家族私下的崇拜方式不仅影响宗教,也影响政制的状况。

---

120 《论法律》II. 40;参 Leo Strauss, *Natural Right and History*, 92n13。
121 《论法律》II. 26。参 Thomas G. West, "Cicero's Teaching on Natural Law," 80:"显然,罗马万神殿的净化工作正在进行。将一位被称作'心智'的神列入名单,这应该引起人们的警惕,因为据我所知,没有关于任何罗马传统将神圣性赋予这个名字的记录。"但比较 Andrew R. Dyck, *A Commentary on Cicero, De Legibus*, 297:"关于心智(Mens)的祭仪源于公元前 217 年罗马在忒拉西墨涅湖(Lake Trasimene)的战败。"
122 《论法律》II. 30。
123 《论法律》III. 10, 33。
124 《论法律》III. 6。

靠近这些法律的中间部分,在一个"不仅涉及宗教,而且也涉及政制状况"的条款中,马尔库斯颁布了部分法典,其中包含了预言或者占卜(根据马尔库斯,希腊人称之为μαντική)的祭司任务。[125]这是目前为止最长的宗教法典。在这些宗教法中,这是唯一一次提到主神至尊至伟的朱庇特的地方,尽管马尔库斯在对这条法律的解释中根本没有就朱庇特说点什么。实际上,这些法律没有提到其他传统神话的诸神,唯一被提到的其他现存诸神都一度为人,但他们的德性让他们获得了神的地位。正如他们在这个法典中的缺席以及朱庇特随后在关于这些法律的解释中的消失所暗示的,马尔库斯质疑传统神话的基础和必要性。他唯一鼓励信仰的诸神类型是祖传类型,是一些有着杰出德性的人和德性本身,也就是理智、德性、虔诚和信仰(在宗教法律的语境下谈论庙宇时,这是恰当的)。这种类型的崇拜服务于共和国的利益,它与一种其创制者"在自然中"发现"正义之根"的政制相符,"所有争论"(omnis disputatio)都将在这位创制者的领导下展开。[126]更重要的是,朱庇特本身只在预言的语境中被提到,正如我们不久将看到的,马尔库斯认为预言的合法性很成问题。不论怎样,占卜官是三种类型的公共祭司之一,此外还有仪式的和解释的祭司,[127]他们有责任卜测诸神中最伟大者的意志。在这个共和国中,没有别的职位会像这些预言祭司那样拥有如此巨大的权力。用一句简单的话来说,他们可以解散整个议会,甚至推翻人民自己的决议。在这个政制中,没有哪个职能会比这更重要、更严肃或更宏大:"共和国最重要、最根本的法是同占卜官的威望相联系的法。"[128]占卜官不仅对宗教重

---

125 《论法律》II. 30。
126 《论法律》I. 20。
127 见 Mary Beard and John North, *Pagan Priests: Religion and Power in Ancient World*, Ithaca: Cornell University Press, 1990,其中有比尔德关于罗马祭司及其作用的有益文章。
128 《论法律》II. 20—21, 31。

要,而且对该政制的恰当运作也重要。能一句话就解散议会并否决执政官的权力不容忽视,人们必须在共和国中为它指派一个公认的且政治上有益的角色。

然而,马尔库斯坚称,他并不认为,仅仅因为他自己也是占卜官,就是说仅仅因为符合他的自我利益,所以占卜官就拥有如此压倒性的权威和正义;相反,他之所以这样想,是因为有必要这么做。很简单,占卜官拥有的是一种被广泛承认的权力,因此这个政制就必须考虑这种权力。在某种意义上,也就是在政治上具有决定性的意义上,马尔库斯是否真的相信占卜官拥有人们普遍相信拥有的权力,这都无关紧要:从政制的角度来看,因此也是从创制者的角度来看,这种信念根深蒂固,可能无法消除。更重要的是,这种权力在根本层面上影响了政治。占卜官对不服从他们命令的人有生杀大权,这个事实表明了占卜官权力的严肃性。唯一一则暗示金钱处罚的宗教法与不洁和亵渎(incestum)有关,是 pontifices[大祭司]而不是占卜官颁布的。在共和国中,表面上是宗教官员的占卜官实则拥有最大的政治权力,因为没有他们的同意,任何政治行动就无法实施。这不是最正义或最有德性意义上的最大权力,而只是在最必要的意义上,正如马尔库斯说的。当然,作为以某种目的为目标的任何行动的必要组成部分或原因,与行动的最终目的相比处于劣势地位。如果我们想要理解必要原因的地位,我们可以求助亚里士多德,他全面概括了行动的四个原因,即质料因、动力因、形式因和目的因。根据亚里士多德的排序,至少在马尔库斯的描述中,占卜官最多拥有动力因的地位。[129]如果这个政制的目的是正义,而我们也将很快看到确实如此,那么占卜官拥有的角色就只能被描述为从属性的。

马尔库斯如今一头扎进阿提库斯以问题形式提出的异议当

129　亚里士多德:《物理学》194b16—195a5。

中。在此之前，马尔库斯穿过拟议的法典，解释其各个部分，但他的对话者一直保持沉默。不过，这条法律以及 augur［占卜官］职务却不是没有争议的：马尔库斯反问了一系列修辞问题，它们让人回想起律师在法庭上向陪审团进行雷鸣般结案陈词的行为，这或许是试图模仿占卜官职务的威严。阿提库斯打断道，像这样的问题并不打算得到听众的回应，他们应该被这些问题吓得噤若寒蝉，或者因他们被质询到的纯粹事实而至少表示同意。阿提库斯没有被吓到，实际上也无法容忍这条占卜官法律，或至少他无法让这则法律条文拥有根本的或宪法性的地位而没有引起察觉或注意。阿提库斯也可能中了马尔库斯的计：问题的数量和长度可以被设计来引发对话者之一的抗议。天意诸神的反对者正是那位打断者，这很顺理成章，尽管值得注意的是，他以公民的形式提出了这个敏感主题。他将自己的怀疑主义伪装成对当前存在于占卜官团体内部的争论的解释：一派宣称占卜只是统治阶级为了共和国的利益而使用的政治工具，而另一派则宣称μαντική［预言］实际上是真实的。阿提库斯想知道马尔库斯如何看待这个争论。他不会让他亲爱的朋友轻易摆脱这个最严重的分歧。我们回想一下，阿提库斯之前同意马尔库斯提出的观点，即诸神存在，他们主张一种对一切自然的统治权，而作为一名伊壁鸠鲁学派成员，他不可能同意这个观点。[130]

他目前的异议让我们想到维系这个或任何政治共同体的脆弱纽带，以及马尔库斯在卷一中不得不加以解决或克服的所有异议，而且这还表明，阿提库斯已经被纳入这个政制之中：他在这个政制设定的范围之内提出问题，使用两位权威的占卜官来提出他的异议，而不是以直接的哲学质疑的形式加以表达。占卜是罗马政府和法律接受的长期实践，对其进行枯燥的哲学质疑只会对共和国

---

[130]《论法律》I. 21。

有害。伊壁鸠鲁学派成员阿提库斯已经以公民阿提库斯的形式离开了他的花园。然而,被马尔库斯视为共和国"最重要、最根本的法"的那种实践,如今也受到了最严肃的怀疑。[131]

马尔库斯进行了回应,他断言存在一种作为预言的训练,这就是说,一种涉及对鸟和其他征兆进行解释的技艺。他没有说的是,他是否相信这种技艺的真实性或能力,实际上,他对这种技艺的接受最多可以说是不冷不热。他以条件句这种形式为占卜进行辩护:如果支持占卜的前提是真的,那么我就没有理由否认这种实践存在,这与对占卜真实性的积极肯定相去甚远。马尔库斯仅仅说他没有充分理由否定占卜的存在,但如果他有充分理由,他暗示自己可能会这样做。更重要的是,马尔库斯断言的一切似乎都显而易见:占卜作为一种实践确实存在,无论马尔库斯或其他人如何看待占卜的真实性,这都是真的。否认或肯定占卜的存在对此毫无影响。这个简短论证据说是为占卜进行辩护的,其结论甚至更令人难解:马尔库斯从来没有说他同意这个条件语句的前提。他只是断言,由于"这些事情"如此,我们将必然得出我们希望的结论。然而,这只是再次确认了最初的条件句的可疑结论。与此同时,他竟然对占卜的真实性只字不提!

在涉及占卜时,马尔库斯本人最多是个怀疑论者,这在他为了占卜而呈现证据的过程中显而易见。他援引之前的先知和那些依旧使用占卜的民族,以及罗慕路斯在创立罗马时使用占卜的事例,以此证明占卜的权威性。事实证明,马尔库斯并不同意阿提库斯描述的立场,也不同意超人知识从未存在过和如今依旧存在的观点。"占卜这个训练和技艺"充其量只是过去的影子,已沦为被忽视的和过时的牺牲品。[132]马尔库斯再次拒绝回答阿提库斯的问题:

---

131 《论法律》I. 39; II. 31, 32。
132 《论法律》II. 33。

他说,那种知识如今并不存在,但说它从未存在,这却不真实。他再次诉诸断言的否定法:他不会同意这个或那个。因此,我们可以问问自己,他到底支持哪一方?虽然马尔库斯的辩护软弱无力,但还是满足了阿提库斯,后者可能没有像他应该的那样认真地听,这可能是由于他发现整个争论特别愚蠢,因为(在他看来)占卜明显不真实。不管是什么情况,阿提库斯的判断似乎很鲁莽。我们不禁要问,马库斯为占卜所举的例子是否真的支持他的论证。

这些例子是什么呢?马尔库斯援引早期希腊史诗或诗歌中的某些先知来证明占卜的力量和真实性:珀吕伊铎斯(Polyidus)、迈兰珀斯(Melampus)、墨普索斯(Mopsus)、安斐阿劳斯(Amphiaraus)、卡尔喀斯(Calchas)和赫勒诺斯(Helenus)。[133]然而,正如我们所见,诗人既能作恶也能行善,因此他们的权威最多只能被认为是可疑的。在《论法律》卷一中,马尔库斯列举了七个元凶,他们为灵魂设陷并使其远离真实:父母、保育员、教师、诗人、舞台、民众,以及快乐这位善的模仿者和"所有恶的母亲"。马尔库斯的核心例子——诗人,在他所产生的一切事物中都利用快乐,或更宽泛地说是利用激情。[134]马尔库斯举出的占卜在其民族中完好无损的当代例子有弗里吉亚人(Phrygians)、吕卡奥尼亚人(Lycaonians)、西里西亚人(Cilicians)和彼西底人(Pisidians),但他们都是被罗马征服的野蛮民族,他们所拥有的占卜明显没有带来军事胜利,更重要的是也没有使他们成为更有德性的民族。在专论占卜的作品中,西塞罗嘲讽地惊诧于一些缺乏 humanitas[人性]的民族如何据说掌握了 divinitas[占卜],如西里西亚人、彼西底人和弗里吉亚

---

133 见 Andrew R. Dyck, *A Commentary on Cicero, De Legibus*, 348-49。这六位先知可分为三组:珀吕伊铎斯和迈兰珀斯是传说中的早期先知,墨普索斯和安斐阿劳斯是著名神谕的创立者,卡尔喀斯和赫勒诺斯是特洛伊战争中不同阵营的人物。参《论占卜》I. 87—89。

134 《论法律》I. 47。

人。[135]实际上,仅有的罗马占卜例子有这些人:建立罗马时的罗慕路斯,早期罗马国王卢基乌斯·塔克文(Lucius Tarquinius)统治时的占卜官纳维乌斯(Attus Navius)。然而,这些罗马例子让人回想起真实和虚构之间的界限不是那么清晰的时代,一个"努马同埃革里娅交谈过"和"老鹰给塔克文戴上过祭司帽"的时代。[136]当我们认为对话者自己时代的占卜已经遭到废弃并被完全忽视时,我们被迫对西塞罗在何种严肃的层面上进行论证感到好奇。换言之,当西塞罗为他的立场提出这种脆弱甚至可能充满敌意的理由时,我们可以认真对待西塞罗公开表明的信仰吗?[137]

在《论占卜》这部专门致力于占卜主题的著作中,西塞罗对这种宗教实践表现出完全的蔑视。西塞罗称这部著作尝试深化并完善他在《论诸神的本性》中提出的论证,他在书中拒绝了他的兄弟昆图斯的论证。昆图斯相信占卜,西塞罗则认为这种实践毫无真实可言。[138]他试图驳斥一种"古老观点"(vetus opinio),[139]将这种观点的起源和发展归于古人(veteres)。在西塞罗看来,这些古人"更多由偶然事件指导,而不是由理性教导"。[140]因此,任何在西塞罗时

---

135 《论占卜》I. 25, 90, 92, 94; II. 80。

136 《论法律》I. 3—5。

137 布伦特(P. A. Brunt, "Philosophy and Religion in the Late Republic," in *Philosophia Togata I: Essays on Philosophy and Roman Society*, 174-98,在第 185 页注 25)在这个关于占卜的论述中看到了对传统宗教观点毫无异议的辩护,这证明西塞罗的哲学忠诚在不断变化,从青年时期的怀疑论转向写作《论共和国》和《论法律》时期安提俄库斯式的独断论,又在晚年回到怀疑论。戈勒对此表示异议,见 Woldemar Gorler, "Silencing the Troublemaker: *De Legibus* I. 39 and the Continuity of Cicero's Skepticism," 85-86,在第 85 页注 3,他认为西塞罗一生都保持着一种连续的怀疑论立场,这种观点在 20 世纪的大部分时间里都是共识,直到格卢克尔的一篇文章重提西塞罗变化的归属这个概念。参 John Glucker, "Cicero's Philosophical Affiliations," in *The Question of "Eclecticism": Studies in Later Greek Philosophy*, ed. J. M. Dillon and A. A. Long, Berkeley: University of California Press, 1988, 34-69。

138 《论占卜》II. 3;参 I. 7。

139 《论占卜》I. 1。

140 《论占卜》I. 5。

代留存的占卜信仰都是错的。由于对他兄弟的廊下派立场（这是一种廊下派成员坚持的立场，明显的例外是帕奈提乌斯）感到恼火，西塞罗责备昆图斯（和廊下派成员）放弃了哲学之城而选择守护其堡垒，在守护外围时放弃了这项事业的核心。比如，昆图斯（和廊下派成员）对预言的坚信推翻了生理学的原则。捍卫占卜本质上就是在论证无中生有，这是一种自然哲人从未采取过的立场。[141]实际上，任何存在或有起源的事物，不论它是什么，都必定有自然的原因。[142]尽管他让占卜的技艺遭到奚落和嘲笑，但他最后否认了任何推翻宗教的企图，这个目的肯定与他在《论法律》中的计划一致：创立一种基于自然的政制，承认人类有必要关注永恒之物。西塞罗在《论占卜》中声称他的目的与《论诸神的本性》一致：他认为，明智之举是根除迷信，同时保留他们共同的罗马祖先的神圣仪式和祭典，这些制度对政制的健康和安全来说必不可少。只有那种与自然知识相结合的宗教才能得到传播或发展，相反，古老的迷信必须连根拔除。[143]

在《论诸神的本性》中，廊下派的巴尔布斯意料之中地为占卜实践辩护：他认为，诸神存在并关心人类，而人能知晓诸神的意志。的确，罗马本身是成功的，因为她拥有遵守宗教指示的指挥者，而这些指示当然包括了占卜。跟《论占卜》中的昆图斯一样，巴尔布斯在这种情形下也遭到学园派怀疑论者（就像西塞罗本人一样）

---

141 《论占卜》I. 6；II. 37。
142 《论占卜》II. 60。
143 《论占卜》I. 8；II. 148, 149。虽然这个讨论试图表明西塞罗的怀疑论在《论法律》和《论占卜》中的一致性，但 Malcolm Schofield,"Cicero For and Against Divination," *Journal of Roman Studies* 76（1986）: 47-65，特别是第 47、49、55 页及第 63 页注 30 却写道，西塞罗在从一本书到另一本书时"改变了在这个问题上的看法"。《论法律》"没有"表现出"忠诚于怀疑论学园派的迹象"。比尔德（Mary Beard,"Cicero and Divination: The Formation of a Latin Discourse," *Journal of Roman Studies* 76 [1986] : 33-46,特别是第 33—34、36、38—39、45—46 页）同意西塞罗在《论法律》中肯定了占卜的真实性。但她似乎不同意西塞罗在《论占卜》中提出了一种不同观点的说法，她认为，通过为问题的正反两方面辩护，《论占卜》试图解决希腊化哲学与罗马宗教实践之间的冲突科塔的嘲笑。然而，在这篇对话早些时候，这位科塔曾为关心人类的神意辩护，回应了伊壁鸠鲁学派成员维利乌斯的观点：神"什么也不做"，只"欣喜于自己的智慧和德性"，对人类毫不关心。作为一个学园派怀疑论者，科塔相当恰当地说，他不会给出自己的立场，但他乐于抨击维利乌斯的立场，因为他发现抨击别人的立场要比提出自己的立场更容易。科塔抨击伊壁鸠鲁是"摧毁整个宗教基础的人，他不像薛西斯那样用手，而是以论证推翻了不朽诸神的庙宇和祭坛"。科塔反对有人（即伊壁鸠鲁学派成员）宣称的宗教是统治者的发明，是为了控制无法用理性自制的被统治者。换言之，我们在《论诸神的本性》中看到的是怀疑论的提问者，这个人物属于西塞罗的学派，抨击非理性的占卜迷信，虽然他也为宗教本身，即理性宗教的善和重要性进行辩护。这个怀疑论的提问者试图理解所有学派："为了发现真理，这是一些人必须做的事，他们的原则可以说既反对又支持所有哲人。"[144] 这正是西塞罗在这两部论述宗教主题的著作中所确定的目标。然而，在《论诸神的本性》的结尾，西塞罗声称他发现巴尔布斯的论证比其他人的论证更接近真理的雏形。鉴于出现在这篇对话中的三个学派是伊壁鸠鲁学派、廊下派和怀疑派，这种说法是有道理的。假如西塞罗必须选择一种对宗教进而对政制有益的立场，有可能会是廊下派（漫步学派和老学园派明显不在考虑范围内）。这并不是说西塞罗不再批评廊下派，相反，他为了宗教而选择廊下派，但他会要求我们记住所有反对廊下派的严肃批评。正如科塔所做的，作为一种反驳伊壁鸠鲁学派非政治的和物质主义的学说的工具，廊下派可能在政治上有用，即便它自身最终无法抵御怀疑派的严厉抨击。话说回来，如果一个人自称属于一个以没有明确立场而反对所有立场自诩的

---

[144] 《论诸神的本性》I.11。

学派,什么样的信仰能够经得起这样一个人的理论攻击呢?[145]

从西塞罗在这两部著作中对占卜的处理来看,我们可以确定他试图摧毁任何基于迷信的占卜——这或许指向西塞罗时代留存的大多数占卜实践,并以符合自然标准的宗教实践取而代之。在这些著作中,西塞罗显然不希望摧毁宗教,或者将宗教作为 optimates[贵族]镇压民众的工具。他试图将整个政制而不是该政制的某一部分提升到符合合理宗教的标准。通过承认占卜的重要性和必要性,西塞罗的自然法法典尽可能地沿着这个方向前进,但始终以在政治上因而也在整体上有益于该政制为前提。在政制建立之初,对天意诸神的要求是所有法律中首要的和唯一的序曲,危险在于,这个要求会导致迷信和廊下派所倡导的那种占卜,他们因信仰天意诸神而广为人知。[146]在适用于这个政制的法律中,西塞罗试图从廊下派那里挽救宗教和占卜,他以同样的方式试图挽救卷一中的 honestum[高尚]。事实证明,廊下派关于智慧之人垄断高尚的学说在哲学上有害于该政制,而他们关于占卜的迷信学说在政治上也有害于该政制。但是,他无法完全将廊下派推向一边。在许多方面,廊下派是一种比其他任何学派都更能吸引诸如昆图斯这样的年轻人的学派。马尔库斯必须在哲学和政治上将他们争取到他的政制中来。西塞罗寻求一种从"理性"而不是从"偶然事件"中学习的政制,而该政制将会根除迷信,支持合理宗教。[147]

在关于占卜的相当详细的补充说明之后,马尔库斯提醒他的对话者和自己,他在此次对话中寻求简明,这可能非他所能及,但他会持续地为之努力。[148]在提到战争法和 haruspicum[占卜者]或

---

145 《论诸神的本性》I. 51, 57, 115, 118, 121; II. 7—9, 133, 162—163, 166, 167; III. 10, 14—15, 93, 95。
146 参《论诸神的本性》II. 75—76。
147 《论占卜》I. 5。
148 《论法律》I. 13; II. 18, 24, 34, 69; III. 12, 49。在 I. 13; II. 7, 45; III. 1, 47 中,马尔库斯似乎不愿意继续。

预言者的宗教角色之后，他转向了针对妇女的夜间仪式。他说，这些仪式必须得到认真规制，而且必须在光天化日下如实施行，以此来保护妇女的名声。唯一得到批准的夜间仪式是那些应当为了人民（pro populo）而施行的仪式，除了确立很久而且广为人知的罗马女神克瑞斯（Ceres）的仪式之外，不会有其他更多的仪式。马尔库斯实际上取缔了厄琉西斯秘仪（Eleusinian mysteries），这是一个起源于雅典的、排外的秘密团体，马尔库斯和阿提库斯都是其成员。从这个政制是混合政制来看，取缔这个团体当然有意义。任何得到认可的仪式都应为了全体人民而存在，仅有的贵族应当是在光天化日之下进行统治的有德之人。

尽管马尔库斯想知道阿提库斯怎么会同意这条关于夜间仪式的法律，或者如果他不同意的话（即马尔库斯期待着一次冲突），他会如何反驳。相当奇怪的是，阿提库斯确实同意了。他错误地将马尔库斯所允许的那些根据他的法律应当或恰当（rite）施行的献祭等同于习俗的和公共的献祭（sollemni sacrificio ac publico）。这种解释会允许存在厄琉西斯秘仪。但即便像马尔库斯那样接受阿提库斯将populo[人民]和publico[公众]等同起来，至少在他的眼中，这条法律还是取缔了"伊阿克科斯"（Iacchus）和"欧摩尔波斯"（Eumolpidae），这二者是厄琉西斯秘仪的重要元素。为什么马尔库斯认为这种秘仪要被取缔，而这与阿提库斯试图从这条法律中解读到的例外相反？马尔库斯告诉我们："因为我们制定法律不是为了罗马人民，而是为了一切善良和坚强的民族（populis）。"[149]当马尔库斯为了人民而认可仪式时，他指的是一般的（generic）人民和任何"善良和坚强"的民族。这是自然法，而不是罗马法。自然法认可对所有地方的所有民族都有好处的仪式，而不只是关注

---

149 《论法律》II. 35。

此时此地的罗马人民。[150]

然而,阿提库斯坚持要在针对这些秘仪的这条法律中找到例外,虽然有些勉强,但为了将阿提库斯留在这个政制之中,马尔库斯最终同意了阿提库斯的做法。或者至少,他似乎同意了:在向阿提库斯让步后,马尔库斯赞扬了雅典给予人类的"许多非凡而神圣的东西",而其中最值得一提的当数神秘的入会仪式,"没有什么比这更好的了"。然而,这当然是一种反讽说法:这些秘仪难道真的是雅典人曾经给予全人类最好的事物?这种说法出自一个对柏拉图和哲学追求本身大加赞扬之人,确实有些奇怪。马尔库斯最后一次试图说服阿提库斯夜间仪式是不节制的。阿提库斯不愿接受,他告诉马尔库斯,马尔库斯的法律可以被罗马接受,但马尔库斯不应该取消"我们的法律"。他要求马尔库斯别管他们的秘仪。阿提库斯要么是太顽固,要么还不明白马尔库斯的计划不属于罗马,而是适用于所有善良和坚强的民族。尽管最后马尔库斯似乎对阿提库斯的看法有所让步,当时他说将回到"我们的法律",然而,当我们想到"我们的法律"就是自然法时,很明显这根本不是让步。在马尔库斯看来,法律只能在最广泛和最普遍的意义上是"我们的",即法律可适用于所有"善良"和"坚强"的民族。结尾处,马尔库斯坚持要认真地规制涉及妇女的仪式,并回到阿里斯托芬寻求支持。这一主张可能是想暗示,诸如厄琉西斯秘仪这样的仪式应遭到最理智的嘲笑。即便有哲学倾向的阿提库斯也会产生非理性的依恋。对他的好友马尔库斯来说,面对这个明显的荒谬,唯一的办法就是一笑置之,然后继续前进。[151]

---

150 参 Andrew R. Dyck, *A Commentary on Cicero, De Legibus*, 351-52,他注意到"西塞罗"关于他的法律的自然和普遍特征的"立场"。
151 《论法律》II. 36—37。关于马尔库斯对柏拉图的赞扬,见《论法律》I. 15; II. 14, 39; III. 1。

宗教监督与音乐管理（22、38—39）

在对冒犯宗教表示赔罪之后，马尔库斯在公共祭司监管非暴力的公共节庆这一语境下将话题转向了关于音乐的立法。他追随柏拉图的观点，断言没有什么比音乐的和谐与曲调更能掌控年轻人的灵魂。音乐有力量激发灵魂行动，也能使灵魂安静下来：音乐多多少少可以使灵魂向德性敞开。马尔库斯最后说，柏拉图否认了在不改变公共法律（legum publicarum）[152]的前提下改变音乐法律（musicas leges）的可能性。就像马尔库斯所要求的酒神节夜间仪式中的节制一样，音乐中的节制最有利于该政制的健康，这尤其是因为，人们几乎无法用言语表达音乐所具有的使得灵魂朝这个方向或那个方向、向好或向坏的力量。

然而，乍一看，马尔库斯在此时提出音乐的主题似乎很奇怪。为什么他要在宗教法的语境之下探讨音乐？我们至少会想到两个原因：首先，在该政制中，对音乐最高的和最公开的说明出现在公共节庆或娱乐（ludi publici）的语境之下，这些节庆受到祭司的监管，因为祭司的最高目的是尊敬诸神。在个体层面或在团体中，尽管音乐肯定也会出现在私人节庆上，但私人音乐一定不能与法律所规定的内容相抵触。就像在这些法律中已经处理过的家族神或祖先神——为了确保没有私人宗教违背主导该政制的自然法，这些神被迫为自己进行公开说明——同样，音乐也必须如此。

其次，根据马尔库斯的说法，柏拉图是"希腊人中最智慧者"，他告诉我们音乐对灵魂有着巨大的影响力，我们应当尽可能在最宽泛的意义上理解灵魂这个术语，它构成了某一特殊的人类个体的本质或者说让他成其所是。马尔库斯似乎同意柏拉图关于音乐

---

[152] 《论法律》II. 39；柏拉图:《理想国》424c5—6。

有力量影响灵魂的命令,他还通过暗示的方式表明,他也同意柏拉图对于灵魂的定义。对于这两人而言,灵魂是个包罗万象的术语:在柏拉图经典的灵魂三分中,每个人拥有的灵魂都由理性(logos)、血气(thumos)和欲望(eros)构成。[153]根据灵魂由哪一部分主导,这三个部分如何混合,以及每个部分所拥有的数量如何,就可以产生某一特定的人类性格。这种灵魂是与身体不可分离的实体,尽管它容纳身体,因为灵魂是每个人内里的构成或形成元素,其决定了我们是什么样的人或者我们的性格。在许多方面,这是一个常识性知识:我们可以看到两种人的区别,一种在战争中勇敢并愿意牺牲,另一种甚至不敢拍死在他头上嗡嗡作响的苍蝇。战士的灵魂不同于害怕苍蝇者的灵魂。同样,我们也可以看到不同的人有着或多或少的理性和欲望。因此,该政制关心如何培养一个人的灵魂。灵魂的培养即教育是该政制最关心的,灵魂的永恒命运也是宗教特别关心的。作为灵魂有力的和潜在的危险塑造者,音乐和某种形式的诗都必须在宗教的范围内得到缓和。

音乐在公民尚未达到理智的年龄,即从他们很小的时候开始,就影响着他们。正如柏拉图教导的,这就是:

> 音乐方面的教育最为紧要,因为节奏和音调最能潜移默化地进入灵魂的深处,最有能力感染它,给它带来高雅,并使人变得高雅,如果某人受过正规的教育,如果没有受过教育,那就相反……并且,因为他自然地厌恶这些,他一方面会赞扬优秀的事物……另一方面,他会自然地讨厌和憎恨丑恶的东

---

153 柏拉图:《理想国》435b4—c8;随着《理想国》的深入,这些范畴似乎不再严格区分,比如在卷九 580d—583b 关于僭主的讨论中。为了回应那些认为僭主过着最快乐生活的人,苏格拉底认为哲学是最快乐的追求。这样他就抬升了 eros[欲望],也认为存在某种关于 logos[理性]的欲望。

西,甚至当他还年轻,还不能理解其中的道理。[154]

甚至是在孩童长到具有理性的年纪之前,音乐都有力量使孩童朝着或好或坏的方向行动。从有别于我们现代冷漠态度的古典政制视角来看,让孩童聆听正确的音乐、接受正确的教育至关重要。孩童必须学习一种节制的、诸神认可的并且符合法律的音乐。将音乐与对神罚的恐惧和宗教关联起来,这将有助于该政制在所有事情上寻求节制。孩童将会学习到,节制的音乐与敬拜宗教中的诸神有关。为了塑造理智的、能自行追求自然法的公民,在年幼时强化有助于正确行为的恐惧随后得到批准并传授给孩童。共和国本身将是必要的和恰当的"引导"(ducem),这个引导能够说明"任何民族"(gentis ullius)的某个人如何达至"德性"(virtutem)。[155]

如何塑造灵魂将决定如何形成政制:这就是为什么柏拉图《理想国》的对话者对正义的探求迫使他们首先考察政制,他们希望在更大和更容易辨识的形式中更清晰地看到个人的正义,亦即他们希望在城邦中看到大写的人的正义。[156]在任何现存的共和国中毫无保留地取缔音乐,这似乎不可能,一个终局性的神话故事让这个事实更加引人注目,这个神话讲述了"极端的"斯巴达(一个致力于战争的不自由政制)[157]是如何切断了提莫泰俄斯(Timotheus)里拉琴上超过第七根弦的部分。因此,如果某一政制中会有音乐,音乐与灵魂的结构有基本的关联,那么,西塞罗(和柏拉图)的办法就是尽可能地将音乐引入政制之中,公开批准音乐,并鼓励所有公

---

154 柏拉图:《理想国》401d5—402a3。参亚里士多德:《尼各马可伦理学》1119a35—b20, 1179b21—35。
155 《论法律》I. 30。
156 柏拉图:《理想国》368e2—369b2。
157 柏拉图:《法义》625c10—626c6, 628c8—e6。

民将音乐视作神圣之物。这种改变灵魂和法律的巨大力量似乎只有诸神自己才能进行限制和节制。换言之，如果诸神不再关心政制中的音乐，政制就无法控制音乐是什么或音乐将变成什么。在马尔库斯的自然法政制中，这意味着朱庇特或统治自然的神必须以某种方式认可该政制的音乐。马尔库斯以一个同时是警告的报告来结束：考虑到在音乐中发现的"坏研究和坏学说"可能成为推翻整个政制的革命的根源，古代希腊人严厉惩罚任何音乐中的放纵。就像宗教一样，音乐必须服务于共和国。[158]

我们知道，柏拉图教导说音乐对灵魂有巨大的影响。在他关于法律的著作中，他是如何对待音乐的？他的法律规定是什么？《法义》卷七转向了抚养与教育的主题，但是柏拉图乃是按照他所说的以"指导和告诫而非法律"的形式这么做的。[159]他提到孩童从出生开始的恰当教育，而一旦孩童长到某一特定年龄，他们就必须得到音乐和体育方面的指导。事实证明，在将音乐置于诸神的指引、照管和监管之下时，西塞罗遵循了柏拉图的规定：柏拉图提出了一个防止年轻人模仿糟糕音乐和歌曲的解决方法。他建议"所有歌曲神圣化"。[160]当然，并非每一首私下创作的歌曲或乐章都可以受到保护，任何被发现演唱与神圣相悖的歌曲的人都会受到惩罚。雅典异乡人对现已成为"法律"的音乐定下如下条款："对于公共和神圣的歌曲，还有年轻人的整个合唱练习，不许任何人做相悖的表达或舞蹈动作，就像不许他违背任何其他'礼法'那样。"[161]每一首歌曲都必须得到政制的批准和赞成。这一点是必要的，至少是由于一个得到暗示但没有详细说明的必要原因：关于音乐的真理是它由诗人所创造，而"诗人族完全无法理解何物为好、何物

---

158 《论法律》II. 39。
159 柏拉图：《法义》788a1—6。
160 柏拉图：《法义》799a4。
161 柏拉图：《法义》799e10—800b4。

为坏"。诗人在有助于政制的同时会刚好轻易地制作出有害于政制的东西。因此,音乐和创造音乐的诗人必须受到严格的管控:"对于高贵和好的东西,诗人的创造不能有别于城邦习俗的和正义的样式。"[162]关于诗人和诗的力量,我们已经在《论法律》卷一中看到了一个类似的教诲。政治既得益于它与修辞的内在关联和对修辞的需求,也会因其遭到损害:修辞技艺既能作恶也能为善服务,同样,医术提供的知识可能伤害人也可能治愈人。修辞学或演说术有力量在言辞中创造美丽的影像,这些美丽的影像并不必然指向某个追求善或正义的政制。

因此,柏拉图在总结关于音乐的部分时给出了如下告诫,音乐也以某种方式进入到马尔库斯的法典之中:"从古人那里,我们继承了许多古老而美好的音乐作品……应该毫不迟疑地从中挑选什么是合适且和谐的。"[163]同样,马尔库斯关于保持父辈仪式的法律部分结束时宣称,必须保留最好的仪式:"所谓最好的无疑应是那最古老、最接近神的东西。"[164]最古老的事物不再被默认为是最好的事物,相反,最好的事物才应当被认为是最古老的、受混合政制尊崇的事物。对马尔库斯来说,这条法律不仅适用于该政制的音乐,也适用于所有法律。马尔库斯和柏拉图都担心"法律的缺失",按照雅典异乡人的说法,当"诗人成了统治者"时,这一现象就会出现,诗人"宣称,没有正确的音乐这种东西,相当正确的倒是,用快乐的标准来评判音乐,这种快乐,凡是喜欢音乐的人都能获得,不管他是好人还是坏人"。一旦"邪恶的剧场政制"取代"音乐中的贵族制",接下来便会是无序和无羞耻的自由,这一切都源于转向糟糕的音乐。[165]在这条关于音乐的法律中,西塞罗

---

[162] 柏拉图:《法义》801c1—2, 801c11—d1。
[163] 柏拉图:《法义》802a6—b2。
[164] 《论法律》II. 22, 40。
[165] 柏拉图:《法义》700d1—701b3。

与柏拉图立场一致,试图保卫共和国免受由音乐和诗人带来的普遍威胁。和柏拉图一样,西塞罗将音乐与诸神联系起来,试图以最有利于自然法政制的方式来控制这股强大力量。

马尔库斯很少谈及施舍,他只是说,通过废止几乎所有的施舍习俗,他试图根除迷信,消除不必要的贫困。无疑,诸神不会批准一个人施舍他的大量财产,以至于他无法继续成为公民社会的有益成员。总而言之,诸神认可的行为是那种对一个致力于德性和正义的稳定政制有益的行为。[166]过度贫穷将会摧毁正义的政制或使之不可能。马尔库斯也没有花太多的时间来论述关于从圣地偷窃的法律。(任何因 sacrilego[亵渎]而有罪的人都会被视作 parricide[弑父者],他不会比弑父者好,毋宁说他伤害了自己的祖国。)关于伪誓和乱伦的法律是充分的。至于献给诸神的礼物,试图姑息不敬的行为,西塞罗则同意柏拉图,柏拉图说不敬的人不应试图以礼物来平息诸神,神也不会同意这种行为,因为好人并不愿意接受坏人的礼物。这个规定意味着,对人而言正当的东西对神而言也正当,或者说,相同的正义统治着人和神。公民不应认为仅仅通过赠送礼物就可以赦免他们的罪行,因为这意味着正义是习俗的而非依据自然。在《理想国》中,马尔库斯的哲学向导柏拉图驳斥了这种正义的约定论,当时,克法洛斯意识到自己大限已至,为了去祭祀诸神,他从关于正义的哲学讨论中笑着离开了。在为这个主题进行立法的时候,马尔库斯当然会想到克法洛斯。[167]

在解释关于违背宗教誓约的法律时,马尔库斯引用了自己的亲身经历:他的敌人无视他们被诸神认可的誓约,将他赶出城并放逐他,烧毁他的房屋,从而亵渎了西塞罗氏(Ciceros)的家神。然

---

166 参《论义务》I.44;II.54—55。
167 《论法律》II.22,40—41。在柏拉图《法义》716d6—717a4 靠近对殖民者演说的开头,当雅典异乡人宣称神为人类而统治万物时,他也赞成(只有)好人向诸神致敬。参柏拉图:《理想国》331c 及以下。

而，西塞罗最终还是得到了平反，当他从放逐中归来时，他受到了意大利的罗马元老院法官和所有民族（gentium omnium）的欢迎，人们视他为祖国的保护者，因为他从他的家中救出了守护这座城市的女神（密涅瓦[Minerva]，智慧女神），并将她安置在其父朱庇特的家中。他说，再没什么更荣耀（praeclarius）之事会发生在任何人的身上了。通过这条法律及其解释，西塞罗起初似乎打算为自己庆贺，[168]但一种更细致的阅读表明，他是在赞美所有那些保卫诸神尤其是智慧女神的人，这些人让诸神免受不虔诚者的攻击和故意毁坏。倘若并非如此，"所有民族"的赞美怎么可能，或者为什么其他国家会关心这种似乎与他们无关的荣耀？通过保护城市的诸神以及与之紧密关联的宗教誓约，马尔库斯为他自己赢得了荣誉，并鼓励其他人也这么做。或者更准确地说，他保护智慧女神或智慧本身免受那些违背者或亵渎者的伤害。在自然法政制中，这是每个贤人的责任，同时也是马尔库斯对所有不得不保护自然法政制及其虔诚的贤人们的教诲：一个人应当争取有益于公共利益的私人荣誉。[169]

由于符合自然法法典，对违背誓约的惩罚是一个有良知的人都会理解的：忽视这些誓约意味着他将受罚过上一种灵魂不断受到"耻辱与羞耻的折磨"（ignominia cruciati atque dedecore）的生活，而且在死后他的身体也将被剥夺坟墓（sepultura）和葬礼仪式（字面意思是对着坟墓的恰当的后续之事——iustis exsequiarum [合法的葬礼]）。正如卷一所说的那样，良知给予的惩罚是对正

---

[168] 尼戈尔斯基（Walter Nicgorski, "Cicero and the Rebirth of Political Philosophy," 76—77）将批判西塞罗所谓的"虚荣心"的悠久传统追溯到普鲁塔克，普鲁塔克提到了西塞罗的"自我称赞"和他"为了开玩笑"而批评任何人的嗜好，这一习惯使他"被许多人厌恶"。参普鲁塔克：《希腊罗马名人传》（*Lives of the Noble Grecians and Romans*, trans. John Dryden, ed. and rev. by Arthur Hugh Clough, New York: The Modern Library, 1992）第408—444页，特别是第423—426页。

[169] 参《论义务》I.61—92，特别是 I.64—66, 86, 90。

义之人和善良之人最糟糕的惩罚。不存在对智慧之人或宽宏之人的惩罚，因为这些人是如此有德而超越了惩罚。在马尔库斯的共和国中，我们遇到惩罚这个事实表明，这是一个贤人居住的政制，人们会期待在日常政治中碰到这种贤人。这种得到提升的或高尚的惩罚向我们显示，这是一个斯基皮奥引以为傲的政制。[170]柏拉图的哲人或许最终不会关注这种事物，因为他忙于探究存在之物和永恒领域，但这里所说的尘世的贤人的确关心这些属人之物：他的祖先、他的良知和他的家人朋友对他的盖棺论定。[171]

西塞罗的教诲是，一个人应当重视誓约，因为它们与诸神有关，这最终使得它们与死亡和灵魂的永恒命运相关联。在这种情况下，荣誉不是为了权力或满足宽宏之人对卓越的渴望而获得的粗俗荣誉。它是一种抑制个人与众不同的愿望并将这种愿望纳入该政制中的荣誉。如果在某一政制中赢得最杰出的荣誉是为了该政制及其诸神，那就不会有人超越或凌驾于法律之上，他也做不到，因为要做到这一点，他必须超越永恒之神所说的最高和最好的法律。无论怎样，这个真正的混合政制驯服了宽宏之人、哲人或那些自认为宽宏和智慧的人。在这条立法中，马尔库斯向我们展示了实现这种混合的重要方式。他显示了如何避免斯基皮奥所论证的君主制（即便这是单一政制中最好的政制）最终成为最不稳定的政制并毫无疑问地退化为僭主制。[172]尽管法律的序曲将信仰诸神说成是"有用的"，因为这样一种信仰有助于维持誓言，但我们也在此看到 verus[真实的]与 utilis[有用的]紧密关联。既有用又真实的是，当那些寻求荣誉的人认为誓言不仅是出于人或为了人，而且也是为了诸神时，他们就能更好地服务自己和政制。无论这些神（或这位神）是什么，他们都认可这种自然法政制，在

---

170 《论法律》I. 40；《论共和国》III. 33。
171 《论共和国》VI. 18—19。
172 《论共和国》I. 69。

尘世中,这意味着这些贤人正在履行他们对自然本身的责任。诸神或神认可的唯一标准就是那种能够带来"稳固的共和国""稳定的城邦""健康的人民"的标准。[173]通过惩罚不虔敬的行为,马尔库斯清楚地表明他设立的宗教法典支持他的自然法政制。

昆图斯质疑马尔库斯的结论:那些亵渎诸神的人真的会受到惩罚吗?马尔库斯不得不提醒昆图斯,"神圣的惩罚"(poena divina)与属人的惩罚并不相同。这些不虔敬者将面临两种来自诸神的神圣惩罚,一种是暂时的,另一种是永恒的:不虔敬会导致灵魂的烦恼和丑陋的名声(fama),因而不虔敬者的离世投胎将会被视作值得庆祝而非哀痛的事。只要人们还记得他们,那么他们的臭名也会持续下去。执行誓约需要某些具体的和可见的榜样来说明一个坚持或夸耀神圣誓言的人可以期望得到什么。生前的清白良知以及死后的正义名声,是这个自然法政制中的贤人最珍视的两样东西。另外,马尔库斯还提醒他的对话者,这不是人类的法律,而是自然法,因此,惩罚只适合那位热衷于实现正义之自然标准的人。大众普遍认为的对犯罪的神圣惩罚由于涉及痛苦或死亡,实际上根本就不是惩罚。真正的神圣惩罚由最好的公民自我施加,这种公民对自身缺点有着强烈的意识,不断寻求实现自己的自然本性,进而延伸至他的祖先诸神和该政制的诸神。马尔库斯试图复兴罗马宗教和所有古老宗教,这样就能使他们与他提出的自然标准一致。[174]

---

173 《论法律》I. 37; II. 16;参 I. 16。
174 《论法律》II. 22, 41-44。与 Frederick D. Wilhelmsen and Willmoore Kendall, "Cicero and the Politics of the Public Orthodoxy," 84-100 相反,西塞罗努力将他那个时代的宗教推向理性的方向。更重要的是,他的宗教法律似乎鼓励他的同胞走向一神论——考虑到西塞罗在立法中唯一提到的古老的罗马神是朱庇特,而且他经常以"那位神"(the god)来取代罗马的主神。参《论共和国》III. 33:"一种永恒且不变的法律"将统治所有政制,而"那位神"(deus)将统治所有民族并成为他们的教师。

虽然马尔库斯鼓励有益于共和国的、正当形式的宗教崇拜，但他也反对某些类型的宗教仪式或典礼：他禁止把更多的私人土地用于献祭，由此他指的是将土地作为礼物献给诸神，因为他希望像柏拉图一样在土地的使用中消除"迷信"。[175] 相反，他颁布的学说是，土地（terra）就像私人住宅中的神圣灶台一样，已经具有神圣性，而已然神圣的东西不应当被再次奉献。农耕（即公共利益）不应受到个人非理性信仰的干扰：没有哪位理智的神会希望，可用于生长粮食来养活公民的绝佳土地，被谁宣布禁止人类使用。任何对人类有益的事物都不应擅自献给诸神，以致变为无用之物。[176]

献给诸神的祭品必须适度，且相关仪式只能在公共圣所而不能在私人场所进行。结合先前的法律——所有私人诸神或祖先诸神（灶台诸神或者家神）都必须得到公共祭司的认可，我们看到，马尔库斯的法典已经有效禁止了所有未首先获得某种公共认可的私人崇拜。这并不是说所有私人崇拜都要由统治者规定，而是禁止任何私人崇拜违背该政制的宗教法典。这一点使得自然法共和国中的宗教观念拥有一定程度的自由，这种自由以对正义之自然基础的共识为前提，所有重视正当和高尚的人都能依靠这一基础。

自从关于夜间仪式的交流以来，阿提库斯如今破天荒地发言了。他提醒马尔库斯关于仪式的承袭（sacris perpetuis）和亡灵的法律（de Manium iure）。宗教法的结尾专门讨论了死亡主题以及

175　柏拉图：《法义》955e6—956b4。在这个情形下，西塞罗确实翻译了柏拉图的作品，但他坦诚地告诉我们，"解释"（interpretari）才是他的目标，因为他"完全赞同"（prorsus adsentior）柏拉图。参《论法律》I. 45。

176　比较洛克：《政府论（下篇）》（*Second Treatise on Civil Government*, ed. Peter Laslett, Cambridge University Press, 1933）第 37、40、43 节（中译本参洛克：《政府论（下篇）》，叶启芳、瞿菊农译，商务印书馆 2008 年版。——译者），在洛克的分析中，土地具有无论什么价值都几乎要归功于人类的劳动："这是一种赋予土地最大价值的劳动，没有劳动的话，土地便一文不值。"（强调为作者所加）洛克直言不讳："自然和土地只会提供几乎毫无价值的材料。"

未来保留这些新近批准的宗教仪式的最佳方式。对死亡的关心，如何以恰当的方式崇拜祖先，一个人灵魂的命运，对一个人死后名声的关心；这些明显都是人类的关切。即便是最完善的自然法政制也必须考虑它们。马尔库斯宣称他已经忘记了这些主题，并且非常惊讶于阿提库斯还记得这些尚未讨论的问题，感叹道："O miram memoriam, Pomponi, tuam[蓬波尼乌斯，你的记忆力真惊人]！"虽然我们并不确定这感叹是一种欣喜还是沮丧。或许马尔库斯希望远离这个论证，正如他在卷二开始所做的，当时昆图斯为了让马尔库斯颁布所允诺的法律而坚持不再讨论岩石和山峦。马尔库斯打算提出与这些最敏感主题有关的法律：如何崇拜祖传诸神、亡灵和灶台诸神。还有刚刚确立的关于保留仪式的法律，马尔库斯希望这些法律有助于保存他的创制。如果想让这一政制长盛不衰，这些法律必须经过仔细斟酌。不管怎样，阿提库斯的记忆值得惊叹，它奇迹般地回忆起他们早期部分的对话。[177]

在仪式的问题上，马尔库斯明确表示，无论对话者讨论法律的哪个部分，他都将尽力解释该法律如何影响公民法或受公民法影响。他将以其他人可以理解且能够将之用于独特情形的方式，尽力解释所有这些法律的基础。马尔库斯让他的对话者们做好准备，因为他将要对最神圣的祭司，以及罗马历史上最受尊崇的大祭司立法者进行批评。[178]他为自己的这一行为辩解，称这是他作为公民法讨论领导者的职责所在。如果我们曾怀疑这整个演说是否与公民法或关于生活的法律有关，以及针对宗教所制定的任何法律是否都是为了更高的目标，那么现在所有这些怀疑都可以消除了。最重要的是，马尔库斯试图简化宗教法，这对于宗教法和公民法的长久健康而言都有益处。然而，法律咨询者经常将实际上只是一

---

177 《论法律》II. 45；参《论占卜》II. 35，西塞罗在这里对他的兄弟昆图斯的记忆感到惊讶(admirari)。
178 《论法律》II. 22，46—53。

个的东西划分为许多部分，从而使得事情更加困难。

本着这种精神，马尔库斯批评了斯凯沃拉父子关于仪式（宗教关切）与财产（pecunia）继承（公民关切）之间关系的法律，他们是最伟大且最敏锐（acutissimi）的罗马大祭司，应为当前的宗教法状况负责。此前，仪式与钱财的关系由大祭司的权威来确定。但由于大祭司宣称在公民法方面也是专业的，而且还允许他们自己参与到财产的分配中，大祭司的宗教权威如今已经消失殆尽。大祭司法只应致力于宗教事务的广阔领域，而将公民法留给公民律师们，否则就是在鼓励对宗教法的蔑视，并导致宗教服从于那些没有必要且复杂的公民规制。实际上，如果大祭司参与到公民法中，他们就是投身于帮助那些希望逃避大祭司法的人，而这些法律正是祭司们先前制定的！[179]马尔库斯担心的是，宗教法需要权威，权威源自监管整个体系的大祭司，而如果大祭司参与公民法，那么权威会遭到削弱甚至是毁灭。如果大祭司这么做的话，这些人就会既维护又逃避这些法律。然而，这就是在拿宗教法还有作为一个整体的法律开玩笑，并将大祭司法的重点从维系神圣仪式转移到关心钱财。马尔库斯把关于仪式的所有法律都简化为一，这是为了保存神圣仪

---

[179] 关于对斯凯沃拉的辩护，认为他们是善意的大祭司律师，试图通过调整宗教法以适应变化的公民法，从而试图保存罗马的 sacra[仪式]，见 Eberhard H. Bruck, "Cicero vs. The Scaevolas, Re: Law of Inheritance and Decay of Roman Religion (de legibus, II, 19-21)," reprint Seminar: An Annual Extraordinary Number of The Jurist, Vol. 3, Washington: Catholic University of America, 1945, 1-20, 特别是第 6、14—15、17—19 页，他指责西塞罗，不仅是因为西塞罗的个人品味——"西塞罗总体上不喜欢律师"——还特别是因为西塞罗忽视了一个事实，即罗马法律已经发展到仪式应随附财产的传统的规定变得不再必要。斯凯沃拉"以一种艺术的方式"利用现有法律，对法律进行了必要的改革。布鲁克将斯凯沃拉的"保守"观点和"严守法律"，与西塞罗所谓的"基于模糊的公平制度的司法形式"的愿望对立起来。西塞罗对哲学比对法律更感兴趣，并在不属于他的领域胡作非为："西塞罗认为的法律是以他所理解的哲学为基础，而不是以法律来源为基础。"布鲁克后来补充说："尽管人们对这位希腊和罗马思想的伟大中介者推崇备至，但他肯定不是一名律师。"这个批评似乎忽略了更重要的一点：西塞罗关心的并非罗马法本身的复杂性，而是为了大祭司法和公民法在最佳政制中的长久健康，需要将二者分离。

式,并培养家庭中的宗教虔诚感:这些仪式应当永久地在同一家族的成员之间传承。誓言、假日、节日、坟墓——宗教法的其余所有部分都不那么重要,所以关于神圣仪式的法律可以简化为一个原则。

换言之,这条法律试图维系新定义的公民身份的一个部分,即对祖先诸神的责任,马尔库斯在该卷开头提出了这个新定义。通过使宗教法从对公民法的不必要卷入中解脱出来,马尔库斯成功地挽救了大祭司的权威,由此将大祭司从其自身中拯救出来,也把公民法从多管闲事的大祭司那里拯救出来。他还重申公民法的优越性,这种公民法被证明是这个共和国中唯一的法,或者严格说来应该是唯一的法。宗教只会是权威的领域,这种权威确认并支持这个混合的自然法政制。如果我们对比关于权威的讨论与西塞罗在《论诸神的本性》中以自己的名义对这个观点的批评(这种批评出现在关于诸神本性的哲学讨论的引言中),就会发现这与对神或第一原则的哲学处理相去甚远。他在《论诸神的本性》中说,在任何讨论(disputando)中,应该遵循的与其说是权威,不如说是论证(rationis)。的确,教师的权威经常会妨碍那些渴望学习的学生,因为这些学生会放弃他们自己的判断(suum iudicium)以便支持他们老师的判断。权威对哲学探求而言通常都是无法逾越的障碍,但对这个或任何这样的共和国都有极大的重要性,它们要求信仰某些有助于维持公民法的基本信条。只要人们有不同的观点并将自己分为不同的学派,关于诸神的争论就总会出现,但如果要使这种政制的立法成为可能,这样的争论必须在某种程度上得到解决或搁在一旁。参与者必须认可分歧,权威必须被允许在宗教信仰的领域内统治,但这是一种基于正义的自然标准的权威。我们要记住,这是一篇为斯基皮奥的共和国立法的对话,而不是关于至善与至恶的哲学争论。[180]

---

[180] 《论诸神的本性》I. 10;参《论法律》I. 57。

最后一条宗教法是关于葬礼的法律,其规定亡灵诸神(已经死去的家族成员的灵魂)的权利应当是圣洁的或神圣的。[181]非某一家族成员之人不应葬入该家族的坟墓,而那些已经死去的家族成员如今则被视为位列诸神(deorum numero esse)。[182]这些法律以虔诚开始,以对诸神的关心结束。此外,直到一个人躺在地下,他才能得到正式或合法的埋葬。该共和国并不会放松它对一个人的控制或权威,直到此人躺在地下,以草皮裹住。然后,这个坟墓就会是神圣的并受"许多宗教法律"(multa religiosa iura)的管辖。[183]当一个人不再具有政治关切时,宗教权威似乎可以进一步宣称对他的专属管辖权。

葬礼法的最后一部分,可能属于与行之已久且深受尊重的习俗紧紧交织在一起的领域,马尔库斯在回答阿提库斯的提问,在回答法律可能提供什么引导这一问题时,突然径直转向十二铜表法。阿提库斯没有想到,马尔库斯会突然将十二铜表法视作他的法律的来源,但当马尔库斯这么做的时候,我们就不得不认为这只是为了批评和更正。我们已经看到,马尔库斯在整部对话中对十二铜表法的依赖,他虽然表面上保持一定的尊重,但更多的是怀疑,他意在从自然法的角度展现十二铜表法的不足。[184]再者,马尔库斯本人已经告诉我们,这些法律也就是他的自然法,并非十二铜表法。[185]这些极其权威的法律与"宗教"的关系并不亚于与"坟墓"(sepulchrorum)的关系,[186]这个事实进一步表明这些法律的本质。在增加我们对这些法律的权威的质疑时,阿提库斯指出了一个明

---

181 参 Numa Denis Fustel de Coulanges, *The Ancient City: A Study on the Religion, Laws, and Institutions of Greece and Roman*, 7-31。
182 《论法律》II. 55。
183 《论法律》II. 57。
184 见本章导论。
185 《论法律》II. 18。
186 《论法律》II. 58。

显的矛盾:他想知道名人被安葬于城市之中是怎么回事,即便十二铜表法禁止了这一点。为了表明这是一个自然法政制,马尔库斯从阿提库斯那里抽出了这个问题。因此,德性胜过了任何仅仅因为古老而受尊重的传统法律或人类法律,从自然正当的角度来看,德性还揭示了这样一种习传法律的根本不足。具有伟大德性的人或其后裔可安葬于城市中,因为对那种德性的公开提醒有益于共和国的健康。这种人更多地属于城市而不是他的家族。似乎是为了强化这一点,马尔库斯补充道,大祭司团体也规定不准用公共财产建造坟墓。神圣的东西必须远离公民,至少关于死亡和葬礼的事物是这样。私人宗教不应限制公共用地,这一点得到了法律和大祭司的确认。对于最有德的公民的额外开恩,鼓励该政制的贤人们寻求最高的荣誉,并再次说明了共和国的政治利益远高于宗教和大祭司的政治利益。

马尔库斯特别强调了土葬和火葬或火化之间的区别,他注意到,那些火葬的人实际上没有被埋葬。为了真正地安息,似乎一个人必须在一个为人熟知的地方归于地下,归入一个亲属们可以回来,并按照法律要求施行恰当仪式和赞美的墓穴之中。这种葬礼允许受到宗教法约束规定的悲痛,如果身体只是火化且灰烬也散了的话,这些规定就将非常难以执行,或不可能执行。这些关于削减葬礼开支和减少悲痛的法律,据说大部分(fere)都取自梭伦的法律,这意味着有些法律可用于不止一个民族。绝非偶然的是,这些法律两次被说成是根据"自然"的,而自然是"法律的标准(norma)",[187]第一次和平等处理贫富问题的需求有关,第二次就在对坟墓的讨论之后。马尔库斯从十二铜表法中援引的条款值得引用,因为这些条款与自然有关,即它们之所以好,是因为它们是好的,而不是因为它们是古老的。实际上,这些

---

187 《论法律》II.59, 61, 64。

法律中的最好部分并不源自罗马,而是源自希腊和"法律书写者中的最有智慧之人",尤其是梭伦和法勒隆(Phalerun)的得墨特里奥斯(Demetrius)。[188] 关于死亡和葬礼的法律旨在鼓励公民的和谐与良序。它们鼓励节俭,禁止过度悲痛,这会成倍增长并扰乱共和国。

在结论中,马尔库斯追随柏拉图,后者在卷二被誉为"希腊人中最智慧者",[189] 马尔库斯说,能够多产的土地不应当遍布坟墓。他重复并再次确定了我们刚刚提到的关于将土地奉献给诸神的态度,即没有一片有用的土地应受到限制,即使是宗教的限制。(早时的批评也直接源自柏拉图,马尔库斯并不害怕追随柏拉图乃至翻译柏拉图,如果他的建议是合理的且在政治上有用。)相反,坟墓应当建在无法生产食物的土地之上。或者说,一旦尸体焚烧,就应当与谷物一起播撒在地里,有效地归于土地,又反馈生者。这些宗教法是为了政治的利益。最后,马尔库斯提到了柏拉图关于灵魂不朽、好人有望得到的奖励,以及为恶人准备的惩罚等讨论。[190]

马尔库斯的结论直接提示我们靠近柏拉图《法义》结尾的一个文段,但也间接提醒我们苏格拉底在《理想国》结尾所讨论的厄尔神话。相应地,《理想国》的神话让我们想起斯基皮奥之梦,西塞罗自己关于共和国的作品以这个梦结束。[191] 如果斯基皮奥之梦是打算改进厄尔神话,并将贤人对于永恒灵魂的关心跟政治和治邦者联系起来的话,那么对《法义》的提及以及《论法律》此处对不朽的关心,可被认为是试图修正或改进柏拉图的教诲。西塞罗对于不朽的讨论出现在宗教法结尾处,而柏拉图的这一讨论出现在政制本身的结尾处。对柏拉图来说,不朽与夜间议事会有关,这是

---

188 《论法律》II. 63。
189 《论法律》II. 39。
190 柏拉图:《法义》958d5—959c3。
191 《论共和国》VI. 9—29;柏拉图:《理想国》614b3—621d3。

哲人的议事会,紧随处理死亡的法律之后,他们的轮廓才被勾画出来。这个暗示似乎表明,真正的不朽与发现善的理念有关。对西塞罗来说,政制本身如何确立,官员如何组织——在柏拉图那里以夜间议事会告终的问题,西塞罗将证明它是一个几乎与宗教完全无关的问题。西塞罗把他对宗教和官员的处理分开。他的法律看起来更像是可作为人类诸共和国指南的法律,而这些共和国要应对的是活生生的人类生活。

卷二开始并结束于死亡,或言对死亡的关切,因此是对永恒灵魂的关切。该卷从马尔库斯的祖先谈到坟墓和葬礼,进而谈到不朽。这个最正义的政制必须分享其公民的终极关怀,并监管生与死的界限。对最佳共和国的关切也必定是对任何正义共和国的关切,它在于如何将共和国的善与其公民对不朽及其灵魂的关切结合起来。卷二结尾间接提及斯基皮奥之梦,这提醒我们,在最高层面上,这种关切与贤人对荣耀以及正义的关切有关。这些法律被明确说成是对斯基皮奥的政制的必要立法,该政制在一位伟大治邦者的梦中,而不是在最伟大哲人的古老神话中达到顶峰。马尔库斯已经带我们绕了一整圈,他提升了该卷开头对个人祖先的关切,并使之转向对不朽的关切,这在最高的层面上即是贤人的关切,这群最政治的人施行正义的统治,以便达到最高的不朽:一种不死的永恒,伴之以在生者中持久的正义名声。

宗教法如今业已建立,对任何自然法政制来说,这些法律具有最根本的重要性:西塞罗创建了有助于德性共和国的宗教法,这些法律试图将人民的悲痛和迷信最小化(minuunto),但鼓励那些与理性最一致的宗教实践和统治宇宙的自然法。宗教法开始于以恰当的方式接近诸神,结束于死亡。在此刻,人类见到了诸神,或者就古代城邦来说,人类变成了诸神。葬礼意味着生命的结束,也意味着政治的结束或政治的限度,也就是共和国的限度,而生命的开始则意味着宗教试图对它施加控制。昆图斯和

144

阿提库斯由于满意马尔库斯对他的宗教法的辩护，便催促马尔库斯继续讨论官职法。马尔库斯同意继续这个讨论，至少部分是因为这个讨论会取悦他的对话者。的确，在宗教之事已定后，对一个为最佳共和国立法的创制者而言，没有什么会比官职法更为重要的了。

结　语

到目前为止，马尔库斯在为什么样的政制立法？他创建了什么样的宗教制度，或者这些宗教制度有什么特征？早在卷二的时候，阿提库斯对马尔库斯颁布宗教法典的回应就为我们提供了答案的起点。[192]阿提库斯惊讶地发现，这些宗教法典除了相当简短之外，与罗马第二位国王努马的法律和罗马的习俗（moribus）并无太大区别（non multum discrepat）。他想知道马尔库斯的陈述中有什么是原创的，并且他有些怀疑，他们好不容易到达这一点，结果马尔库斯只是在重述几乎自罗马创立以来就存在的法律和习俗。作为回应，马尔库斯援引了《论共和国》中伟大的斯基皮奥的权威。在那篇对话中，阿非利加努斯（Africanus）说早期罗马共和国或至少西塞罗版本的共和国是所有共和国中最好的，[193]这似乎令人信服。确实如此的话，这些宗教法律难道不应该对应最好的共和国？马尔库斯这样问。那么，马尔库斯的法律为的是维持那个最佳类型（genus）的共和国，也就不足为奇了。正如斯基皮奥的共和国与罗马共和国相似，但不是后者的复制品，同样，马尔库斯的法典也将与努马的法典相似，但不是它的复制品。这就是说，我们可以期待找到这两种法典之间的相似之处，我们也可以期待找到它们之

192　《论法律》II. 23：抄本并未清楚表明，率先回应的人是阿提库斯还是昆图斯。蔡策尔认为是阿提库斯，而鲍威尔和凯斯则认为是昆图斯。

193　《论共和国》I. 70。

间那些重要的,事实上至关重要的差异。此外,马尔库斯还说,即使他碰巧提出现在和过去都并非我们政府一部分的法律,但它们中的"大部分"也都可以在当时具有法律效力的祖传习俗中找到。

这里有两点值得注意:首先,马尔库斯告诉我们,他的法律将不会维护早期罗马共和国本身,而是维护那种最佳类型的共和国。斯基皮奥的政制并非现实的政制,但却意图代表某种或某类西塞罗正为之立法的政制,这种类型的政制在所有时代、所有地点都将被用作所有政制的政治标准,而不仅仅是西塞罗时代的罗马。其次,马尔库斯说,如果他现在提出的法律(记住,我们最多能猜测,"现在"永恒地处于未来之中,或这是某种永恒的"现在"),在当下和过去都并非罗马法律的一部分,那么这种法律的"大部分"都可以在古老习俗中找到,它就像那些时代的法律一样好。并非所有法律都可以在古老习俗中找到,马尔库斯含混地说,但有些法律可能可以找到。马尔库斯的法律实际上不是努马的法律或古代罗马习俗的成文版本。阿提库斯本人意识到了这个事实,他注意到,一方面,努马的法律和罗马习俗之间并没有太大区别,另一方面,努马的法律与马尔库斯的法律也没有太大区别。换言之,存在着一些差别,有些差别可能是重要的甚至是根本的。现在我们知道,这些法律并非努马的法律和罗马习俗的法典汇编,那么,它们是谁的法律呢?

要找到这个问题的答案,不需要回到历史上的努马,而要回到斯基皮奥在《论共和国》中对努马的成就的讨论。我们可以合理推测,马尔库斯的宗教法不同于努马的现实法律,就像对自然法的完整讨论不同于罗马的现实法律。作为斯基皮奥最佳政制的立法的研究者,我们的首要问题不是历史上的努马,而是《论共和国》中的努马。在这部前作中,这些法律是如何与斯基皮奥关于努马的成就的讨论有关的? 在《论共和国》中,斯基皮奥在对早期罗马诸王的历史叙述中告诉我们，努马是罗马的首任国王罗慕路斯死后，受召统治罗马的萨宾外国人。好战的罗慕路斯确立了"共和国的两个绝佳(egregia)基础"，即占卜和元老院，但在罗马人民中"注入"对"闲暇与和平"之"爱"的却是努马，他通过缓和"宗教仪式"的影响来实现这一点。[194]努马实际上确立了罗马宗教的"所有部分"，这是他以"最虔诚的"(sanctissime)方式创立的，他还向仪式施行中加入更多的责任(operam)，但去掉了仪式中的奢侈(sumtum)。换言之，正是努马首先取消以财产作为崇拜诸神的资格限制，由此使得公民在敬重的诸神面前平等。虽然罗慕路斯为共和国创造了两个绝佳基础并且实际上创立了共和国，但努马接续创立了两种最杰出的事物(duabus praeclarissimus)，即宗教和温和或仁慈(clementia)，从而使共和国得以长治久安。换言之，西塞罗在《论共和国》中论述的努马的成就，在某种程度上要高于罗慕路斯自己的成就：罗慕路斯的任务是必要的，他使共和国得以存在，但正是努马让罗马人民看到了闲暇与和平的重要性和好处，"正义和信任借此十分轻松便获得了力量"。[195]

如果这就是努马对该最佳政制的贡献，也就是软化人民的精神，并在诸神的密切监督下促使他们追求和平与正义，那么我们就能合理断定，这种成就正是马尔库斯希望通过他关于宗教的立法来保存与捍卫的。宗教仪式和典礼有助于政制的健康，而且让创制者开创的事业得以永存。在整个最佳政制即自然法政制中，宗教的存在服务于政制的目的。努马通过建立罗马宗教的"所有部分"，实现了斯基皮奥的最佳政制的永存。宗教通过鼓励甚至是强迫虔诚的行为来服务于最佳共和国，这些行为旨在将对诸神的崇

---

[194] 在《论诸神的本性》III.5中，学园派怀疑论者和大祭司科塔准备着手驳斥廊下派的巴尔布斯。科塔认为罗慕路斯通过其占卜，努马通过其确立的仪式，奠定了"我们的政制"基础。

[195]《论共和国》II.17,25—27。

敬,也是将诸神认可的法律,灌输给所有公民。按照为斯基皮奥的政制立法的愿望,马尔库斯提出的立法确立了一个依据努马标准的宗教:一种包含典礼、仪式和敬拜祖先的宗教。一位最高的神(有时被称作朱庇特,但并非总是如此)裁定并监管所有下界发生的事。无论是相信占卜的廊下派,还是不相信占卜的伊壁鸠鲁学派,私人的个体信仰都不是这些法律的主题。这(明显)不是基督教政制,甚至不是被迫应对基督教在全球普及的一神论的政制。马尔库斯依旧按照古代政制的规定来采取行动:他根本是柏拉图及柏拉图之前的苏格拉底的追随者。他试图在深受多神论信念影响的古代世界的背景下,为一个旨在德性和正义的政制确立标准。为了按自然而形成的正当政制着想,马尔库斯打算激发对最高之神,对祖先诸神,对整个法律体系的尊敬。重要的是重申,自然依旧是这个政制的最高标准,而宗教服务于这个目的。

我们在此回到西塞罗对柏拉图有意的纠正:尽管西塞罗公开承认且的确在许多方面追随柏拉图,但他的标准并非善的理念,而是自然。西塞罗的政制的确致力于德性和正义,但它不受限于哲人王的统治。换言之,一个并非绝对正义的共和国也依然可以是好的。重申一下,马尔库斯的共和国将由知晓并关心自然法的贤人统治,这些贤人因为关心荣誉或高尚而感觉到了与自然法的关联。马尔库斯确立了一个日常的治邦者可以努力达到的标准。为了助力这个计划,马尔库斯在宗教法之下将私人的善与共同的善联系起来,但他并没有像柏拉图那样将一者分解成另一者。从柏拉图在《法义》和《理想国》中对仪式或神圣仪式的处理可以看出,马尔库斯的法典与柏拉图的法典有多么不同,这也暗示了他们各自的计划如何相去甚远。为此,首先考虑一下雅典异乡人在《法义》中承认的:"凡是运用自己的理性和经验的人都会认识到,要构建次好的城邦。"雅典异乡人所说的是指他和两位年老的对话者正着手创建的言辞中的城邦。与《理想国》的政制相比,《法义》的政制是次好的,这是雅典异乡人接下来继续澄清的:"这种城邦和政制居首位,法律也最好,在那里,这句古谚尽可能地扩散到整个城邦:据说,朋友们的东西确实公有。"在这个雅典异乡人所描述的最佳政制中,不仅妇女、孩童、财产是共有的,他还更进一步:"采用的每种规划都将所谓的'私有'排除出生活的方方面面;有可能的话,设计某种方法让那些天然私有的东西变成公有。"这甚至包括各种感觉本身,只有到那时,我们才能看到关乎德性的最佳城邦。雅典异乡人承认,这样的城邦必须由"诸神或诸神的孩子居于其中",此刻一个无法企及的城邦就这样向人类清晰地显现出来。即便如此,对柏拉图而言,这个政制对所有其他政制来说都是"典范"(model),是所有政制都应追求的政制。[196]

柏拉图《法义》中的政制,在根本上还是受到苏格拉底在《理想国》中勾勒的善的理念引导,表明这种政制不足以成为人类居住的城邦。正如雅典异乡人所说,这种政制只适合于"诸神"。相反,西塞罗拒绝《论法律》卷一讨论的神人共同体成为正当法律的普遍基础。他反过来求助于贤人对高尚的关心,对法律和同胞公民的爱。要在与神平等的基础上创立政制,这只会被用来刺激雄心勃勃和一定程度上宽宏之人寻求荣誉和卓越,但代价是共和国本身。然而,这种政制也会迅速地转向被斯基皮奥说成是"最不义且最残酷的奴隶制"的僭主制。[197]毋宁说,西塞罗所创立的政制乃是基于尊敬诸神,尊敬诸神所统治的自然,这种自然为这个政制中最好的人提出了标准,借此标准,他们将会调整他们的一切行为。就那种尊重和敬畏来说,马尔库斯对于仪式和典礼的规定是重要的。

柏拉图在《法义》和《理想国》中在这些事上花的时间不多,这

---

196 柏拉图:《法义》739a1—e9。
197 《论共和国》I.68。

证明了这些事物在他眼中的地位。正如学者布伦特写道:"在《理想国》中,柏拉图随便写了一句话,让德尔斐来决定他的典范城邦中的所有宗教惯例,而在《法义》中,他只是随意地提到了祈祷和献祭,而且明显是普通寻常的那种。"另一方面,"对西塞罗而言,这些制度十分重要;他关心人们做什么,而不是他们想什么"。[198]或许布伦特教授言过其实。西塞罗的确关心人们的看法(不然为什么要参与意在劝说最好之人的修辞计划?)但是,更为重要的一点听上去所言非虚:西塞罗以一种柏拉图并未采用的方式,关心他的自然法政制中公民们的行为,至少在宗教领域是如此。好像为了证明这一点似的,雅典异乡人以上文提到的"随意的方式"处理了"诸神和庙宇",紧接着,他承认最佳政制实际上是柏拉图《理想国》中的政制,而他和他的对话者们正在建立的政制只是次好或第三好的政制。正是由于与"诸神和庙宇"有关的东西一定会指向"德尔斐或多多纳(Dodona)或阿蒙(Ammon)"的权威,这使得雅典异乡人抱怨,他的计划将达不到真正的最好。的确,柏拉图在《理想国》中对这个主题极为简短的处理只是证实了这一点:他提出并立即抛弃了《论法律》卷二耗费了大部分时间的主题。[199]

如果我们曾对柏拉图式和西塞罗式的政制有任何怀疑的话,那么当雅典异乡人制定关于私人诸神或圣坛的法律时,他就已将这些疑惑一扫而空。我们回想起,只要这些私人诸神得到公开的批准,西塞罗的法律就允许崇拜私人诸神。[200]他的法律规定,私人仪式须被遵守,更重要的是,要永远保持下去。另一方面,雅典异乡人提出了如下法律:"没有人在私人住宅里可拥有神龛。要是有人

---

198 P. A. Brunt, "Philosophy and Religion in the Late Republic," 198.
199 柏拉图:《理想国》427b1—c6;柏拉图:《法义》738b5—e9; P. A. Brunt, "Philosophy and Religion in the Late Republic," 198n38,他注意到,在柏拉图《法义》828a1及以下,有对德尔斐神谕和诸神献祭的简要提及。
200 《论法律》II. 19—22。

想祭献,应该去公共神庙祭献。"此外,如果坚持以这种表现出严重不敬的方式向私人圣坛献祭,则应判处死刑。[201]在一个尽可能致力于消除公共与私人界限的政制中,这么做是完全合理的。虽然雅典异乡人并不认为,他能带来共享一切的真正正义的城邦,但这并未阻止他尽可能地调整《法义》中的城邦,就像他对待《理想国》中的城邦那样。西塞罗对于私人圣坛和家族诸神的接受,是他的城邦与柏拉图的城邦非常大的区别之一,在很大程度上,这个城邦也会考虑人的境况,这些人居住于自然世界,而不是居住于理念的世界之中。对于居住在这个自然法政制中的贤人而言,仪式是重要的。纯粹的哲学可能会希望排除这些神,使得所有的崇拜成为公共的,但这就会否认人的自然,因为人的自然重视永恒并继而非常认真地对待祖先。西塞罗可能在根本上怀疑古代宗教中关于诸神的真理,他的"诸神"与"最高的神"之间的区分指出了这一点。但是他并不怀疑,贤人对名誉和荣耀的关心是真实的,也不怀疑这样的政治关切不仅与一个人的祖先紧密关联,而且与个人死后的名声紧密关联。

总而言之,西塞罗对诸神和宗教的关切,是对自然和自然法更大的政治关切的一部分:宗教及其伴随的典礼强化了西塞罗正义政制的政治目的。我们想到,西塞罗寻求一个在所有"正当和高尚"之人都会同意的原则上建立的共和国。[202]此外,他将他的法律赋予所有善良和坚强的民族而不仅仅是罗马人民。[203]为了这个目的,西塞罗的法律确立了一个宗教崇拜体系,就该体系设立的特殊规则和规定来说,模仿这个体系是没有必要的,比如它将朱庇特置于法律之首。(要是某位未来的立法者必须为一个没有朱庇特的共和国立法,那又会怎样呢?)毋宁说,应当模仿的是献给宗教信仰

---

201 柏拉图:《法义》909d3—910d6。
202 《论法律》I.37。
203 《论法律》II.34。

本身的伟大敬意和尊重,这表明需要一个可由共和国加以监管的正式的宗教崇拜体系。在据说与"宗教"和"政制的状况"相关的宗教法部分中,马尔库斯认为,"私人宗教"应当由那些负责"公共仪式"的祭司监管。这条规定要比其他任何规定都更有助于维持共和国的健康,因为"人民"将会持续地需要该共和国中"最好之人"的"顾问"和"权威"。马尔库斯制定这项关于公共祭司监管的法律,其目的是双重的:健康的共和国和"正当的宗教"。[204]

马尔库斯的法典承认,人类关切永恒,而这个关切必须为正义的政制服务。在一个前基督教或前一神论的世界中,这必然体现在裁定十分重要的私人仪式(sacra privata)的宗教法典中,尽管这些仪式被置于共和国及其统治者的终极权威之下。这个公共和私人的划分,至少在形式上考虑到了某种宗教自由观点,只要其服务于该政制的目标。尽管我们在此处看到了教会与国家分离这个现代安排的一丝微光,但这肯定不是西塞罗在此向我们提出的。在所有重要的方面,宗教都受政治的控制;私人宗教服从于公共祭司的管理和控制。西塞罗开出的政治处方是为了一个多神教的世界而不是一个现代世界,在前者那里,该政制的诸神批准该政制的法律,而在后者那里,除了最必要的政治介入(比如以宗教之名犯下的谋杀依旧是谋杀,并且是一种政府予以惩罚的罪),宗教信仰和实践领域都可以不受干扰地运作。西塞罗并不支持这样的政制,其中教会和国家占据独立的且绝大多数部分不可侵犯的领域。或许,至多能说,他在这里提出了一种宗教包容,在一神教主导的现代世界里,这种包容必然会变成分裂。在一个城邦的诸神不再认可法律的世界,一个公民的政治忠诚不同甚至相反,却可能相信同一位神的世界中,西塞罗提出的自然法标准依旧适用。在这个意义上,西塞罗的自然法标准预示或暗示了一神论的世界。

---

204 《论法律》II. 30。

在白天结束的时候，马尔库斯摒弃了柏拉图取消公共与私人之分的企图，或者说，他认识到柏拉图的主张作为对现实政治的引导是不切实际的。宗教法典要服务于政制，服务于最佳政制和斯基皮奥的政制。但我们还没有看到对最佳政制的立法，而这是接下来要颁布的法律。到目前为止，我们知道的是，"自然"和"最好"是宗教的标准，也是即将到来的官职法的标准。必须首先考虑宗教，因为宗教的重要性占据首位，但这只是像努马一样，为和平与正义奠定了基础。政制的结构，官职的安排，都将决定这个共和国最终是否成功地遵守马尔库斯在卷一中提出的自然标准，这个标准斯基皮奥已经在《论共和国》中提出，它位居这个混合政制（因此也是最正义的政制）的核心。

第四章　自然法共和国（二）：官职法

在《论法律》卷三中，马尔库斯颁布了官职法，因为在宗教法被确定下来以后，没有比这更重要的法律了。[1] 这些法律将勾勒出一种符合《论共和国》所捍卫的混合政制的政府形式。颁布官职法之前的对话比颁布宗教法之前的对话要短得多。但是，如果我们只比较每部法典的序曲，卷三的序曲则比卷二的稍长。[2] 正如他在卷二中所做的那样，马尔库斯将继续遵循昆图斯此前所描述的柏拉图的演说方式——法律序曲先行于法本身，尽管我们也可以预见，马尔库斯不会停止做"他自己"。[3] 在卷二的结尾，马尔库斯强烈地暗示，自己将继续模仿柏拉图的对话形式和大致主题（但非具体内容），他告诉对话者们，自己将和政治哲学之父一样，在一个夏日里完成关于法律的全部演说。关于内容，马尔库斯保持沉默，只声称他将遵循柏拉图为这一讨论所规定的时间框架。[4]

柏拉图："那位神样的人"（1）

阿提库斯催促马尔库斯按照他原本的计划（rationem）继续谈论下去，马尔库斯接受提议，并且第一个发言——在前两卷中阿提库斯都是最先发言的人——他重申自己试图效仿"那位神样的

1　《论法律》II.69。

2　见 Helen North, "*Sequar ... divinum illum virum ... Platonem*：Cicero, *De Legibus* 3.1," 143。

3　《论法律》II.17。

4　《论法律》II.69。

人",即阿提库斯认定的柏拉图。马尔库斯的重申确认了他在《论法律》中修辞计划的连贯性,并且将官职法与整部作品的开端联系起来。柏拉图是整部作品的灵感源泉,他引导着马尔库斯,从对正义法律之自然基础的讨论转向宗教法,并最终转向官职法或恰当安排公职的法律。但是,和前面所述一致,马尔库斯并没有说自己会模仿柏拉图,或跟柏拉图做得完全一样,而只是说他将追随柏拉图的引导,为一个正义的政制制定法律。实际上,他真正说的是他将追随一位可能被自己过度赞誉的人,但他情不自禁,因为他惊叹于柏拉图的成就并深受感触。[5] 因惊叹不已而赞誉某人,并不等同于必须以各种方式、在所有方面效仿这个人。马尔库斯仰慕柏拉图,但也正是这份仰慕促使他选择另一条不同的道路,而不是"那位神样的人"所开辟的道路。确实,我们已经看到,雅典异乡人的最好城邦应该是诸神或诸神子嗣的家园。或许,一个"神样的人"也能够生活于其中。相比之下,马尔库斯认为,政治正义要求基于自然法而非善的理念,基于贤人统治而非哲人王统治,基于法典而非理智统治。在一个完全致力于公共善和否定私人善的政制中,哲人或宽宏的人也许能够单凭智慧或审慎之光,而不依赖于法律进行统治,但是斯基皮奥的混合政制要求适用于所有人的法典:一个人、少数人和多数人。

在卷一中,马尔库斯一开始只是间接地暗示了和柏拉图的这层关系:阿提库斯才是卷一中最先提到柏拉图名字的人,他说马尔库斯仰慕柏拉图,将柏拉图置于所有人之上,并且极其热爱他。在听到阿提库斯说这些话的时候,马尔库斯既没有同意也没有否认,只是建议在场的罗马对话者们仿效这些希腊人,在谈论最好的法律时散步或偶尔休憩。[6] 事实上,直到马尔库斯后来在卷一中提到

---

5 《论法律》III. 1。
6 《论法律》I. 15。

柏拉图的 familia[家族]，即那些来自柏拉图学园的哲人，作为他统一和恢复自己所处时代教条主义流派尝试的一部分，他才提到柏拉图的名字。[7] 此外，当马尔库斯终于在卷二开头直接颂扬柏拉图，赋予他诸如所有人中最具学识、所有哲人中最严肃或者最重要这类极高评价时，他的目的是要告诉对话者，自己将效仿柏拉图为法律写序曲。换言之，马尔库斯唯一明确表示自己将效仿柏拉图的地方是使用类似的形式，但重申一下，他没有提到内容方面。[8]

使问题更加复杂的是，当马尔库斯在卷二中再次援引柏拉图时，首先是关于音乐，其次是关于土地献祭，他的目的只是暗示，柏拉图在这些主题上制定的法律并不正确。[9] 在卷三中，当对话者们再次触及音乐主题时，马尔库斯将明确地表示，柏拉图关于音乐的观点不正确，导致政制本身发生根本变化的并不是政制中音乐的变化，而是其中领导者品性的变化。[10] 只有在相对无关痛痒的坟墓主题上，柏拉图的想法似乎获得了马尔库斯的充分肯定，他通过逐字逐句地翻译柏拉图来表明这一点。[11] 如果我们仍然对马尔库斯的独立性抱有怀疑，只需回想昆图斯在卷二前面部分所做的评论，他说马尔库斯的宗教序曲，以及到目前为止所说的全部内容，都与柏拉图很不相同。在这一陈述之后，马尔库斯像我们前面提到的那样，申明自己独立于那位伟大的希腊人。[12] 鉴于以上内容，我们不应惊讶于这一发现：尽管马尔库斯声称，自己渴望效仿那位伟大的教师，但他的效仿却是明确的和有限度的。

无论马尔库斯怎么看柏拉图，阿提库斯都明确表示，他认为柏

---

7 《论法律》I. 55。
8 《论法律》II. 14；另参 Helen North, "*Sequar…divinum illum virum…Platonem*: Cicero, *De Legibus* 3.1," 134—35。
9 《论法律》II. 39, 45。
10 《论法律》III. 31—32。
11 《论法律》II. 67。
12 《论法律》II. 17。

拉图配得上最高的颂扬。马尔库斯说出内心的困惑,质疑自己对柏拉图的赞誉是否过度,但阿提库斯立即驳斥了马尔库斯的迟疑。对于阿提库斯来说,颂扬柏拉图是无条件的好事,并且它揭示出不同学派之间达成一致的可能基础:"不,你对他的称赞永远不会过分,也不会显得过于频繁。"[13]有点令人惊讶的是,阿提库斯的伊壁鸠鲁学派同伴们允许他尽情地颂扬柏拉图,尽管这一学派通常不容许赞扬除其成员以外的任何人。正如格里芬写道,在罗马的所有学派中,"伊壁鸠鲁学派哲人"是"最教条化"的。[14]但是,阿提库斯不是一个典型的伊壁鸠鲁学派成员:马尔库斯以赫拉克勒斯的名义起誓,表明自己认为伊壁鸠鲁学派给予阿提库斯这一自由是正确的,因为他独特地结合了 gravitas[庄重]和 humanitas[仁爱],这两种政治特征使他区别于同门兄弟。格里芬指出,西塞罗并没有把阿提库斯看作"头脑简单、教条化、辩论严肃但毫无品位或风格的伊壁鸠鲁学派"中的一员。她提醒我们,在《论诸神的本性》中,西塞罗的确对一般意义上的伊壁鸠鲁主义提出了一些严厉批评,但他的批评主要针对伊壁鸠鲁这位创始人,巴尔布斯将其描述为"一个没有品位或文学素养的人,他攻击所有人,但又毫无敏锐、威望或优雅可言"。[15]与这样毫无优雅可言的教条主义相比,阿提库斯早已将自己呈现为另一种伊壁鸠鲁学派:在卷一中,他承认马尔库斯关于神治的看法,尽管被同门听到可能会引起他们的忿怒。他依靠湍急的河水声掩盖自己可能说出的异端观点。[16]

现在,阿提库斯公开地与自己的学派决裂,或者说,将过去禁锢在伊壁鸠鲁花园内的秘密公之于众。马尔库斯正逐步把他完全

---

13 《论法律》III.1。

14 Miriam Griffin, "Philosophy, Politics, and Politicains at Rome," in *Philosophia Togata I: Essays on Philosophy and Roman Society*, 1—37,特别是第 16—18 页。

15 Miriam Griffin, "Philosophy, Politics, and Politicains at Rome," 17;《论诸神的本性》II.74。

16 《论法律》I.21。

带入自然法政制,伊壁鸠鲁学派就在我们眼前被治愈。其他拥有类似庄重和仁爱特征的伊壁鸠鲁主义者,也因此有可能被纳入这一政制。只有那些不愿意承认这个政制的共同政治原则——所有正当和高尚的事因其自身而可欲——的伊壁鸠鲁学派,才必须守在自己的花园里。[17] 另一方面,通过再次赢得阿提库斯的认同,马尔库斯提醒自己和我们,有一个主要的哲学学派不太可能同意他及其政治计划。在这种情况下,马尔库斯选择颂扬伊壁鸠鲁学派的意见,以此回避这种分歧。他避免讨论可能造成严重后果的哲学分歧,它们在卷一中被初次化解后,一而再再而三地威胁着重新浮出水面。[18] 一个创建至此的政制,不能再迷失于这些隐微的争论,而是必须回到所有政治哲学共同的源头:柏拉图本人。通过提醒各个学派他们之间的共同点——号召他们回到他的柏拉图——马尔库斯希望把他们从教条主义中驱离出来,并且将他们中尽可能多的人纳入公民的行列。为了这个目的,马尔库斯继续努力使这些法律简洁明了,避免绕到任何费时的或不可能找到一致意见的讨论中。[19]

通过赞扬这样一位大家公认应该得到普遍赞扬的哲人,马尔库斯引入赞扬和责备这对政治主题,它们对西塞罗最终关心的贤人问题一直都很重要。即使是教条的、易怒的伊壁鸠鲁学派,也会勉强承认柏拉图值得一些赞扬,无论他们的赞扬多么贫乏、有限。这样的让步当然不是什么鼎力支持,但仍然是一种认可,它为对话者建立起另一个共同点。马尔库斯以其典型方式抓住自己与对话者达成的共识(阿提库斯的沉默表明他的认同),并且将其用于自己的目的:他劝告对话者,用一种适合于其类型的赞扬(propriis generis sui laudibus)来赞扬法律,正如他们刚刚赞扬政治哲学创始人

---

17 《论法律》I.37。
18 《论法律》I.39;另参 I.57。
19 《论法律》I.56; II.23; III.12。

一样。[20]

现在，让我们停下来回想，我们是如何到达对话这一阶段的：对柏拉图的赞扬——首先通过马尔库斯，其后通过阿提库斯——导致马尔库斯对阿提库斯的赞扬，以及他对整个伊壁鸠鲁学派某种间接的赞扬，因为他们允许阿提库斯有这种行动自由，也就是说他们能够承认阿提库斯的政治德性。这表明，如果伊壁鸠鲁学派中有更多像阿提库斯这样的人，那么自然法政制或许是有希望的。马尔库斯将其对话者团结在一位政治哲学伟人——可谓其开创者——身边，使他们处于赞美伟大人物的恰当心智状态，并且继续暗示法律也值得类似的赞扬。在这个统一基础上，马尔库斯开始发表他个人版本的柏拉图式序曲。引人注目的是，相较于马尔库斯在此号召大家赞扬法律（他在宗教法之前也给出这种赞扬[21]），柏拉图写序曲更多的是为了劝谕而非赞扬法律。在《法义》中，柏拉图把自己的序曲比作自由民医生的行为，在下命令之前要先进行劝谕。对柏拉图而言，教育和学习就像法律的实际命令一样，属于法律的一个部分，而命令就其自身而言，就像奴隶的医生所开的处方——并不比僭主的命令高明。[22]相比之下，马尔库斯则明确地以赞扬法律的形式，为宗教法和官职法写序曲。

如何解释这两种不同的方案？马尔库斯的方案假设，他的听众已经被他将要颁布的法律说服了。如果我们接受这样的说法，即整个卷一是接下来全部立法的某种序曲，那么这个假设就是成立的。事实上，在卷二的开头，阿提库斯表示自己和昆图斯都已经被说服了，因此是时候重新开始了。如果卷一中对普遍正义及其自然基础的论证已经说服了马尔库斯的听众，那么接下来的立法

20　《论法律》III. 2。
21　《论法律》II. 14。
22　柏拉图：《法义》720c 及以下；另参 Helen North, "*Sequar...divinum illum virum...Platonem*: Cicero, *De Legibus* 3.1," 138–39。

过程就不再或不那么需要进行说服。通过教授所有法律背后的推理,马尔库斯恰当地治愈了卷一中的患者。如果斯基皮奥的混合政制按照自然的标准是最好的政制,那么《论法律》卷一中的论证就为混合政制的法律奠定了自然的基础。接下来是建立这个最好的共和国所必需的法律,这个共和国同时包括贵族和平民,[23]并且两个群体都不太可能包含任何哲人。在一个贤哲政制中,赞扬和责备并不重要,或至少它们的重要性会大大降低。这种政制中的公民不需要赞扬或责备,他们能够知道并且做正确的事,仅仅因为它是正确的。马尔库斯的政制旨在培养这种有德的公民,他们行事并不是渴望奖赏,而是为了善和正义的事物本身。[24]但是,他也认识到,任何现实政制都需要赞扬其正义法律,因此自然法政制也必须这么做。在颁布自己的法律时,马尔库斯引入了一个中间步骤或曰第二步:劝谕之后并不是直接立法,而是先对即将被确立的法律进行赞扬。这样做能够增强贵族贤人对这些法律的感情,并且争取那些尚未被完全劝谕或仍然保持观望的人。无论如何,重要的是记住,跟在劝谕之后的是赞扬:这种赞扬是好的,因为它服务于最好的法律,这些法律又建立在坚实的、自然的基础上。

赞扬和责备与马尔库斯自然法之间的密切关系变得更加清晰:对哲人柏拉图的赞扬使不关心政治的伊壁鸠鲁学派成员阿提库斯看到赞扬的重要性,因此也看到了责备的重要性。由此,他能够看到赞扬在德性政制中的位置。(关心政治的贵族青年昆图斯保持沉默,很可能早已理解了这些事情的重要性。)每一个政制都试图保持或鼓励它所认同的行动和思维方式,并且摧毁或非法化它不认同的思考和行动方式。但是,柏拉图的对话在某种意义上是一个无止境的劝谕计划,对不同的听众说不同的话,都是为了使

---

23 《论法律》I. 19; II. 30; III. 33。
24 《论法律》I. 48—49。

最好的头脑理解善。确实,在柏拉图看来,对法律的赞扬非常危险地近似于奴隶医生的治疗方式:一位有效的演说家或发言者,即使自己没有被完全说服,也能让某人支持一条法律。在贤哲政制中,这样的事永远不会发生,因为贤哲理解善的理念,这样的人——天生是少数——永远不会赞同不正义或不正确的事。在这样的政制中,赞扬是不必要的。与此相反,西塞罗必须为斯基皮奥的共和国——它由贵族和平民组成,但是可能没有哲人——著述自然法。在这种政制中,公民不一定是哲人,可能看不到善的理念,但仍然是好人,因此赞扬是有必要的。在自然法政制中,赞扬和责备——换言之,演说——是日常政治生活中必不可少的部分,而马尔库斯的任务就是在最高的层面上整合这些现象。最高的赞扬将留给最好的法律,以及那些最严格地遵守它们并且最能捍卫它们的人。马尔库斯的演说类型正是最高的或最好的赞扬的典范,他对最好共和国的赞扬,以一种对政治贤人——无论哲学上的倾向是什么,他们关心正当和高尚之事——具有吸引力的方式展开。在这个意义上,《论法律》是为所有关心最佳政制的演说家树立的模范。有效的自然法哲学依赖于最高类型的修辞,理智之眼观看善的理念则并不如此。那些能够看到善的理念的人就是看到了,再多的赞扬也无法使之发生。马尔库斯试图为贤人的共和国立法,这些贤人不是哲人,但是关心哲学,甚至可能追求哲学。[25]

马尔库斯在卷二中谈论了宗教,在卷二结尾,他告诉我们自己将在卷三中谈论官职(de magistratibus)。要著述一篇论法律的对话,需要包含至少两个独立的、在某种程度上从属的讨论:一个关

---

[25] 见 Leo Strauss, "What is Political Philosophy?" 5-6, 26-33,他写道,赞扬和责备与政治密不可分地联系在一起,异乡人的对话者非常关心对他们自己法律的赞扬和责备。另参亚里士多德:《政治学》1336a22—b37, 1339a11—1340b19,论从小开始赞扬和责备相应的事物,以及对年轻人进行适当音乐教育的重要性,即把赞扬和责备用于培养灵魂的恰当品性;柏拉图:《理想国》508b12—511e4,特别是 511b3—c2,论完美理性对善的理念进行把握的问题,尤其是他将善的理念比作太阳;柏拉图:《法义》968d6—e8。

于宗教,另一个则关于官职。[26]我们已经听到了关于宗教的法律,接下来是关于官职的法律。宗教先行于政制中官职的现实混合,或者说,宗教为其奠定基础。马尔库斯惊人地颠倒了斯基皮奥在《论共和国》中提出的创建秩序,在那里罗慕路斯最先建立元老院——元老院将被证明是混合政制的关键——和占卜官,努马随其后建立了宗教的神圣仪式和典礼。而在《论法律》中,宗教排在前面,共和国官职的秩序在后。[27]

马尔库斯进一步证明,这不可能是为现实的罗马所立的法律,因为在现实的罗马中,政治秩序先被建立,宗教在后。马尔库斯暗示,理想的罗马是或应该是首先建立在宗教法上或灵魂的优先性上。没有被挑明的是,如果现实中的罗马做了相同的事,或许它在创建之初就不必诉诸作战和征服了。回想一下,按照柏拉图《法义》中雅典异乡人的说法,为了战争而建立起来的政制"在地位和荣誉方面排在第四位",而不是第一位,并且它以德性中"最低的"部分作为其指导。[28]和《法义》一样,西塞罗论共和国的书从战争开始,但是随着政制发展完善,就不再将其作为指导原则。[29]另一方面,《论法律》假定完美的或最好的政制,并始于和平。[30]《论共和国》以实存(existence)或时间的秩序为依据,而《论法律》以存在的秩序为依据。[31]尽管宗教法在时间上靠后——相当于说每个政制需要一位先来的罗慕路斯——它们在存在的秩序上则先于官职法,正如灵

26　《论法律》I.15;II.17,69。
27　《论共和国》II.17,26—27。
28　柏拉图:《法义》630c1—e6。
29　见《论共和国》II.30。
30　但是,战争有些时候按照自然法来说是正当的:见《论共和国》III.41;《论法律》III.9,18;《论义务》I.34-40。
31　比较亚里士多德《政治学》1253a19—20:"城邦在本性上则先于个人和家庭。就本性来说,因为全体必然先于部分。"

魂和对灵魂的关照先于身体。[32]无论如何,《论法律》卷二和卷三的结合,时间秩序和存在秩序的结合,使最好的共和国天然成为可能。

官员权力的起源和本质（2—3）

165　　通过探究官员权力的本质——它关乎制定正确而有益的（recta et utilia）、与法律结合的行为规范,马尔库斯开始了他的序曲,即他对官职法真实而恰当的赞扬。任何对共和国正确、有益的事,都与法律联系在一起,并且因此适用于所有公民。法律统治官员,官员也以同样的方式统治人民。法律通过正义的官员统治人民。事实上,官员是说话的法律,法律是不说话的官员。马尔库斯鼓励人民将官员和法律视为同一,对两者都抱有更高的崇敬之情。与此同时,他也暗示最好的官员实际上就是人格化的法律。作为明智者或智慧者,最好的官员天然统治最好的政制,但总是在自然规定的最高法律的限度之内。[33]尽管马尔库斯即将颁布一部成文法典,但我们必须小心谨慎,从各方面最好的角度看待它:马尔库斯不是直接为普通罗马人立法,而是为自然法共和国中最好的公民立

32　朱克特(Catherine H. Zuckert,"Plato's Laws: Postlude or Prelude to Socratic Political Philosophy?" 374-95)主张,雅典异乡人实际上是个前苏格拉底的、在严格意义上非反思和非批判性的角色。这看起来并不适用于马尔库斯的角色。在关于灵魂对身体的优先性问题上尤其如此:朱克特认为雅典异乡人在卷十中对灵魂优先于身体的论证,在本质上是前苏格拉底的,因此非哲学性的自然世界观点。与此相反,马尔库斯表现得十分苏格拉底式的,特别是当他在宗教法中命令最好的仪式应该成为"最古老的"仪式时。他的宗教之所以好,是因为它本身是好的,而不是因为它古老,这是对前苏格拉底观念的完全拒绝。确实,马尔库斯回避这样一个政治陷阱,即思考那些在政治上无法回答的哲学问题,但这并不是因为他没有意识到这些问题或认为它们不重要。正是因为关于"最好之事"和"最坏之事"的哲学争辩如此重要,马尔库斯知道,他必须对抗这样一种政治趋势,即认为政治可以一劳永逸地解决哲学争辩。另参《论法律》I. 52—53,57。

33　《论法律》I. 19: mens ratioque prudentis[明智者的心智和理性];II. 18: ratio mensque sapientis[智慧者的理性和心智]。

法。最好的官员应该颁布以下类型的法律。

在为法典做准备时,马尔库斯把官员的治权(imperium)放在整个自然秩序的背景中:没有什么比治权更加合乎正义和自然的本性——马尔库斯坚持认为他指的是法律。在此他重申,这一政制及其统治者,符合从一开始就支撑起这项研究的自然本性。[34] 宽泛地说,马尔库斯现在谈到的治权符合自然正义,或像马尔库斯说的,符合广义上支配自然的法律。官员分有支配整个宇宙的治权。没有这一治权,不仅家庭、政制或民族俱无法存在,整个人类种族、整个物质自然,甚至世界本身也无法存在。他说,世界服从神,海洋和大地又反过来服从世界,而人类生活遵从最高法律的命令。他把官员放在不断扩大的政治和自然领域的中心,从家庭开始,最终到达整个世界。他从家庭上升到世界,又从世界和统治世界的神明回到大地,回到居住于其上的人类,以及统治人类的最高法律。按照这个观点,人在中心、在大地上有一个自然的家园,而统治整个世界的自然,同时也是统治这个政制的自然法的源泉。诸如朱庇特这样的神明,现在从法律中消失了。事实上,在对官职法的讨论中,我们所拥有的与神——除了刚才描述的坐在自然秩序顶端、为统治人类生活的最高法律提供源泉的无名之神——最接近的事物是柏拉图本人,"那位神样的人"。[35] 对官员秩序的讨论并不依赖于神明或他们的认同,除非以某种最遥远、隐晦的方式——这一点符合马尔库斯区分宗教法和公民法的意图,以防止繁忙的大祭司插手他们一无所知且与宗教领域毫无关系的公民法。[36] 马尔库斯则依靠那些以哲学智慧出名,并且因为对人类的贡献而被奉若神明之人的洞见。当然,就自然法达成一致,要比就治理现实城邦和公民的法律达成一致简单得多。我们只需要提醒自己,柏拉图是这

---

34 《论法律》I. 16。
35 《论法律》III. 1。
36 《论法律》II. 46—53。

场对话在某种程度上试图克服的分歧的根源。马尔库斯省事地遗忘或忽略了"神样的"柏拉图立法的时代与他自己立法的时代之间出现的所有差异。马尔库斯的修辞计划还在继续。

从王权到混合政制（4）

马尔库斯现在从宽泛地讨论统治所有自然的和人类事务的神的王权特征，转向离他们更近的、具体而明确的政治事务，即古代罗马国王的统治。王治或许对于早期罗马人来说已经足够——仅仅因为它由最正义和最智慧的人掌握权力，并且所有民族显然都从王制开始——但是却不足以作为自由民（liberis populis）法律的基础。当王自身变得腐败时，即便是早期罗马人也最终抛弃了王制，并且希望作为自由人被统治。[37]看起来，世界、大地和海洋由不变的王权所统治，但人作为有选择的存在，尽管受到同一治权的支配，还是必须决定如何统治自己。（在自然世界的所有存在中，只有人能够写出一部像《论法律》这样的书。）只有王本人正义，王制才是一个可行选项。斯基皮奥在《论共和国》中最终拒绝了不稳定、容易被败坏的王制，马尔库斯呼应了这一点，支持更适用于自由民的更稳定的混合政制。王制最容易堕落为僭主制这一最坏的政制形式。

---

[37]《论共和国》I.62，64；II.46—47：傲慢而堕落的塔克文·苏佩布，罗马七国王中的最后一位，使罗马人民抛弃了王权这一政府形式。比较洛克：《政府论（下篇）》第八卷，第105—112节，尤其是第107、100节，他暗示所有早期民族都由某种形式的王权或父权统治，并且这一权力至少在一开始是被运用于谋取被统治者的善。对于这些早期民族来说，君主制不仅"简单"而且"最明了"，"经验还没有教导他们不同的政府形式，帝国的野心或好逸恶劳也还没有使他们学会警惕特权的侵犯或绝对权力的骚扰，而这些都是君主制沿袭下来以后容易主张并施加于他们的"。因此，这些早期民族没有理由考虑限制政府权力，或"通过把政府权力分开由不同的人掌握来平衡权力"。确实，如果没有王权，"没有这些温柔、谨慎对待公共福利的保姆式的父亲，所有政府都会因为其婴幼时期的孱弱而消亡，国王和人民不久就会同归于尽"。和洛克一样，西塞罗认为，王权只有在一个政治社会的初期，并且只有在"最正义和最智慧的人"掌权的情况下才是可能和必要的。

在斯基皮奥眼中,最好的形式是混合政制,它使共和国中有些优秀和王室的成分,有些交由领导者或王者的权威,也有些留给人民的判断和期许。斯基皮奥说,在混合型的政制中,既有某种伟大的平等,也有阻止它落入不义的稳定。这种最好的统治形式不会被颠覆,除非"统治者有严重的缺陷"。因此,对于统治系统合理、正义的运行而言,这个统治者阶层是关键。并且,在宗教法的文本中,我们已经看到,当人民总是需要贵族的建议和权威时,共和国才能得到维持。我们不应该惊讶地发现:接下来对官职的安排,将产生出一个混合型的统治。它将尽可能地寻求那些既是统治者又是贵族的正义之士的领导。的确,因为马尔库斯和他的对话者要为"自由民"制定法律,并且因为他们关于最好共和国的想法,西塞罗在前六卷对这个主题已描述过,所以他们将会争取使这些法律符合前一部作品中认同的那类政治秩序。而斯基皮奥以差不多相同的方式谈到过,自己关于最佳政制的既有说法,都符合罗马这个例子。[38]

轮流统治与被统治(5)

马尔库斯在赞扬官职法时总结道:如果这不是王制,而是为自由民所建的混合政制,那么官员就是必要的;没有他们的明智和勤勉,混合的政治秩序就不会成为可能。王制不需要官员,生活在这种政制中的人只需要服从智慧的国王的命令,而国王实际上是唯一的官员。另一方面,混合政制意味着一个自由的共和国,社会中的所有成分都在一定程度上受到代表,并且在如何被统治的问题

---

[38]《论共和国》I. 56, 65, 68—69, 70; II. 47—48, 57;《论法律》II. 30;斯基皮奥和马尔库斯的混合政制反映了亚里士多德的影响,亚里士多德描述了一种实际上是民主制和寡头制混合的政制。另参亚里士多德《政治学》1290a10 及以下:"有一种流行的观念认为政体只有两种。恰如习俗对于风向只说北风和南风,把其他的风向看作这两个风向的转变,对于政体就专举平民政体或寡头政体。"

上拥有发言权。在这样的共和国中,官员数目极大,马尔库斯遵循亚里士多德的观点,声称对官职的安排将完全决定这是一个什么类型的政制。的确,他强调,共和国的全部 moderatio[节制]将包含在对这些官职的描述中。真正正义的共和国体现了人类事务中某种最高的节制。尽管 moderatio 这个拉丁词还可翻译为"品性""组织",[39]但或许我们应该从字面意义上理解西塞罗的用词。在一个政制中,对官职的安排决定了它在政治上的节制(或缺少节制),因此也决定了它将如何坚守节制或得体的德性,西塞罗将此德性确立为个人德性的标准。[40]

由于这是一个混合政制,立国者对官职进行混合的方式,将决定产生出何种类型的共和国。对比亚里士多德在《政治学》中的讨论:"政体为一切政治组织的依据,其中尤其着重于政治所由以决定的'最高治权'的组织。城邦不论是哪种类型,它的最高治权一定寄托于'公民团体',公民团体实际上就是政制。"亚里士多德认为他的定义适用于任何政制,并且引用了民主制和僭主制这两个具体的例子。[41]马尔库斯提出一个共和国(de re publica:关于民众的事或公共的事)中的权力,它混合了三种好政制——君主制、贵族制和民主制。马尔库斯想引入一种非常特别的政制类型,斯基皮奥将其描述为最好的政制。按照这个目标,马尔库斯继续效仿亚里士多德:官员们不仅必须学习如何统治,还要学习如何轮流地被统治,正如一位优秀的命令者,也要学习如何被其他人命令;这是一个致力于公共利益的共和国或政制的本质。亚里士多德将这种统治描述为"一类自由人对自由人的统治,被统治者和统治者的出身相同,这类治理的方式就是我们所谓城邦政治家的治理体系,统治者须先行研习

39　*On the Commonwealth and On the Laws*, trans. James E. G. Zetzel, 158; *De Re Publica. De Legibus*, trans. Clinton Walker Keyes, 460-61。
40　《论义务》I. 93, 95;另参 I. 148。
41　亚里士多德:《政治学》1278b6—14。

受命和服从的品德——恰恰好像人们如果要担任骑兵统领就须先在某一统领下服役"。亚里士多德总结道："不经偏裨，不成良将。"[42]换言之，马尔库斯所描绘的正义的、共和的政制，应该为亚里士多德所熟悉，并且确实借鉴了他的教导。

在处理官职的安排、混合共和国的合理秩序时，马尔库斯一开始赞扬柏拉图，但又转向亚里士多德寻求政治建议，尽管亚里士多德的名字并未被提及。这样做会使学派间统一的希望破灭：马尔库斯要说服不同学派成员加入自己的共和国，柏拉图是唯一的基础。如果我们对此有任何怀疑，只需要回忆一下，对于外在善的合理地位及作用的问题，廊下派和漫步学派（仅举一例）在观点上存在巨大分歧，马尔库斯在卷一中巧妙地处理了这个争议。[43]亚里士多德与柏拉图的不同之处在于，亚里士多德需要更具体或更政治性地谈论政制，或者以一种治邦者能更好理解的方式谈论政制（例如，我们可以回想亚里士多德对《法义》以及最终转向《理想国》的批评），[44]所以西塞罗将会遵循亚里士多德的建议，并且把它们应用于自己的政制，即他那混合了三种成分的共和国。马尔库斯不仅在自然法的引导下，以自己的方式应用亚里士多德的建议，并且主张所有公民必须"热爱"和"珍视"（colant diligantque）官员，从而进一步区别出自己的教义。热爱自己政制中的官员，也就是热爱属己之物，这对西塞罗来说依然是关键要素，正如在卷一中，热爱同胞表现为"正义的基础"。在那里，马尔库斯告诉我们，所有好人因为正义和德性本身而热爱它们。马尔库斯的劝谕性修辞并不仅仅依赖于理性，它也诉诸情感，因此不仅仅是 ratio［推理］，而且是 oratio［演说］。[45]由于对人类同胞的爱更优先和普遍，对官员的

42　亚里士多德：《政治学》1277b8—13。
43　《论法律》I.53 及以下。
44　亚里士多德：《政治学》1264b43—1265a3。
45　《论法律》I.48。

热爱或珍视才得以可能。

马尔库斯由此结束对官职法的赞扬,这一赞扬现在看来由三个部分组成:第一,他向对话者指出官员与法律之间的联系和实质上的同一,以及官员的职责是发布合乎法律的正确有益的命令。(他在这里提到的法律,可以在狭义上指这一卷中的官职法,也可以从广义上指关于法律的全部讨论。)第二,他把我们带到官员权力的起源,即统治整个世界的那位神的权力。官员的权力是这个神圣权力的一部分。与神明统治相对应的是人类中最正义和最智慧的王的统治,但这样的王在数量上总是紧缺——人类生活将永远或几乎永远缺少这样的王——"自由民"的法律必须包含政制中不同成分的某种混合。接下来,马尔库斯到了在序曲中赞扬法律的第三个或最后一个部分:对官员的职位进行合理安排的必要。因为这是一个自由民的政制,官员们不仅需要统治,而且需要知道如何轮流地被统治。这个法律共同体中的每位成员,都应当期待某一天既成为命令者,又成为服从的公民,但是所有公民必须被教育热爱和珍视官员,他们的统治将不同于贤哲同胞的理性劝谕。官员与法律的关系、官员权力的来源以及官职的正确安排,乃是马尔库斯对法律的赞扬的三个部分,它们完成了马尔库斯自己版本的柏拉图式序曲。

官职法的颁布和解释(6—49)

马尔库斯现在从对法律的赞扬转向法律本身。就像在卷二中那样,马尔库斯将以法典的形式颁布法律,采用同样略显古老的口吻(尽管不至于像十二铜表法那样古老),[46]然后对这些法律进行解释。学者们试图从这些法律中找到关于西塞罗时代或罗马早期

---

46 《论法律》II.18。

政制类型的历史证据,并且细致地推测西塞罗意图恢复的古代罗马政制的类型。对西塞罗的法律和实际的罗马法律进行比较是有益且重要的,因为这样能更清晰地描绘出西塞罗的"自然法"的含义。但我们看待马尔库斯自己的说法时应该保持警惕,避免过度解读他提到的同时代或者以前可能存在过的不同制度。我们应当极为谨慎地推测西塞罗所谓的保守主义的程度,以及《论法律》是否实际上是西塞罗重建古代罗马制度的尝试。西塞罗当然希望《论法律》能够指导未来的自然法治邦者——或许他希望这样的治邦者能够在罗马出现,并且致力于实现真正正义的共和国——但这篇对话的目标是"普遍的正义和法律",在这个大背景下,罗马法律只是其中一个非常"狭窄的角落"。[47]

无论如何,将《论法律》看作一部成文法典的意图推动着众多学术研究。大多数学者认为,西塞罗试图将罗马召回到保守的、贵族式的过去。例如,米切尔把西塞罗政治思想的根源追溯到他所接受的保守教育,西塞罗的"贵族导师们""坚决地反对任何威胁到寡头制基础的社会、经济或政治的变革",并且他们"对西塞罗的影响是深远的……因此,西塞罗所接受的教育和他早期的政治交往,使他在后期共和政治中与保守主义传统紧密地捆绑在一起,并在他自己的政治思想和抱负中留下持久的印记"。西塞罗主张,在最好的政制中德性是官职的唯一条件,但因为当时的罗马仕途存在其他准入限制,这一主张被认为是"虚伪的"。米切尔总结道:"《论法律》中所有的创新,都显示出一个核心的关注点:重建一个有效的、受尊重的并且完全掌控政务的元老院。"[48]对于米切尔来说,《论法律》是为西塞罗所处时代的罗马开出的政治处方,而不是针对最好政制的自然法立法。但是,当阿提库斯提出,他们

---

47 《论法律》I.17。
48 Thomas N. Mitchell, *Cicero: The Senior Statesman*, New Haven: Yale University Press, 1991, 1—8, 51—62,特别是第2—3、54—56、62页。

时代的元老过于堕落,不可能成为马尔库斯寻求的那种道德上正直的元老时,马尔库斯不耐烦地否决了他的忧虑,米切尔的论断如何解释这一点?我们又该如何解释,马尔库斯声称,自己的演说与他们时代的元老院和人们毫无关系,而是指向未来的人,并且只是那些希望遵守这些法律的未来的人?

另一位学者伍德在与米切尔类似的评价中写道,西塞罗在19世纪思想家那里遭到冷落,是因为他那保守、反动的政治观念无法适用于要求"社会正义和民主"的新环境。在这些新的、现代的情境中,人们很难指望,一个"人民统治的死敌、社会改良和经济改革的坚决反对者"和"罗马土地寡头制的领袖"所给出的政治处方,会与这个变革的时代扯上关系。的确,伍德说西塞罗"傲慢、自负和冗长的道德说教","与流行的时代精神格格不入"且"相互疏离"。这样的评价与那些认为西塞罗是"平庸的哲人,没有独创性的折中派"的人的看法完全一致。(鉴于这样糟糕的评价,我们不知道伍德为什么要研究西塞罗。)在分析《论法律》给出的法律时,伍德像米切尔一样对待它们:作为西塞罗时代的罗马的处方,它们的独创性体现在如何哄骗人民,使之认为自己拥有实在的政治权力,而事实上权力被保留在贵族手中。用伍德自己的话说:"西塞罗认为混合政制首先是一个巧妙的机制,在一个民众要求更多自由和在政府中发挥更大作用的时代,它可以维持大地主贵族的统治地位。"总而言之,西塞罗关于混合政制的学说,"就其基本原则和目的而言毫无疑问":"它与独裁主义、精英主义和不平等主义的政治社会完全合拍。"[49]

在伍德笔下,西塞罗忙于攫取权力,为财富和掌握财富的精英们辩护,以至于没看到罗马实际上已经与他擦肩而过。的确,在伍

---

49 Neal Wood, *Cicero's Social and Political Thought*, 1-13、168-75,特别是第6—7、11、171、175页。

德看来，政治本身的特点首先是追求权力和财富，因此，唯一正义的政治类型寻求某种马克思主义-列宁主义的再分配，把权力和财富从拥有者手中重新分配给非拥有者。西塞罗依恋自己所属的社会阶层，并且被这种情感蒙蔽，因此没有看到或没有意识到，一些民主的社会力量正在发挥作用，而这种力量是他无法控制的。但是，在这样描述西塞罗时，伍德是通过19世纪历史主义大师们的视角看待西塞罗，这些大师的目的在于诋毁西塞罗，但在这样做时，也就拒绝按照西塞罗自己的方式来对待他。对西塞罗的这种看法的本质，是认为不存在任何超越人们生活于其中的时代的真理，这意味着西塞罗对这种真理的追求只是徒劳，并且如果他确信某种超越的正义，最多也只是被蒙骗了。最糟糕的情况是，西塞罗像所有保守的反动派那样，被获取权力和财富的欲望所驱动，共和主义的花言巧语只不过是一个幌子。对西塞罗的这种解释，最好的表述正是伍德使用的"时代精神"，它指的是将真理和人们在其中寻找到真理的具体时代联系在一起的方式，黑格尔让这个词流行起来。西塞罗不得不为旧秩序辩护，并且作为其中的一部分，他无法看到这一秩序正在凋零甚至死亡。19世纪的历史主义者，以及那些追随他们的知识分子，将揭穿西塞罗的骗术，而这只不过是西塞罗应得的。[50]

米切尔和伍德之前的学者们对于西塞罗的意图或许并没有如此冷嘲热讽，但是他们在关键的一点上看法一致：西塞罗的确试图为他所处时代的罗马提供政治处方。更重要的是，他的尝试完全

---

50 亦参 M. S. Kempshall, Review of Marcus Tullius Cicero, *On the Commonwealth and On the Laws*, trans. James E. G. Zetzel, *The English Historical Review*, cxix 480 (February 2004): 182–84。这种观点的一个极端例子——因为政治完全在于争夺权力，西塞罗的努力只是舞台表演，目的在于蒙蔽人民的眼睛——乃是 Andrew J. E. Bell, "Cicero and the Spectacle of Power," *Journal of Roman Studies* 87 (1997): 1–22。其他学者强调西塞罗的保守主义和对寡头制特权的偏好，但是允许每个时代把自己的意义灌输到西塞罗的作品中，见，例如，Mary Beard, "Lucky City," review of *Cicero: A Turbulent Life*, by Anthony Everitt, *London Review of Books* 23, no. 16 (August 2001): 3–6。

失败了，罗马共和国的覆灭就是明证。罗森写道，《论法律》的"核心问题"，正是卷三在很大程度上试图回答的问题："西塞罗对罗马政治弊病的诊断是什么？以及他建议如何补救？"从这个实践的角度，她展开对卷三中条款的解读，尽管最后的结论却是对西塞罗"反动"观念的怀疑。[51]罗森转而指出，豪和凯斯更早的研究对她的作品产生过影响。豪的文章《西塞罗〈论共和国〉中的理想》明确提出，《论法律》不是独立于《论共和国》的作品，正如柏拉图的《法义》不能与《理想国》割裂。在《论法律》中，豪找到的是"这样的法律，它们适用于西塞罗不久之前在《论共和国》中所描述的国家"。尽管豪认为，马尔库斯的法律的"实质"、"源头"在于"罗马法"和"著名法学家的意见"，但他对作为思想家的西塞罗要宽容得多，指出西塞罗"在这几卷书中贡献了许多原创的材料，并且具有独立的判断"。只不过豪也表示，西塞罗的处方是为他所处时代的罗马准备的，他认为，西塞罗在关于共和国和法律的作品中描述了一种"理想政制"，并且西塞罗"希望建立和保存"这样一种政制。[52]

凯斯写道，《论法律》"不像柏拉图和亚里士多德的论著那样，是对理想国家及其公法和私法的描述，而是一部现实的基本公共法典"。尽管凯斯提出许多洞见，并且对西塞罗的"新想法"——草拟完整的成文政制——抱有很高的赞誉，称之为"《论法律》中最引人注目的原创性成分"，但西塞罗"在政治理论上是折中的"，他的"平衡政制"是为了"找到不同阶段、不同党派极端之间的中道"。在分析卷三中的法律条款时，凯斯希望"找到西塞罗关于改革罗马最深思熟虑的结论"。公平地说，凯斯确实承认遇到一些不

---

51 Elizabeth Rawson, "The Interpretation of Cicero's *De Legibus*," 141–48.

52 W. W. How, "Cicero's Ideal in His *De Re Publica*," *Journal of Roman Studies* 20 (1930): 24–42, 特别是第 26、29、33 页; Elizabeth Rawson, "The Interpretation of Cicero's *De Legibus*," 142n52.

符合自己理论的条款,那些"道德性质的而非法律性质的条款",对于"现代法律精神"来说显得很奇怪。但是,凯斯把这些法律的出现归结为西塞罗生活在古代,而这类道德法律"在古代法典中并不会显得那么格格不入"。他总结道,就西塞罗而言,这种对不道德者的"谴责"是"徒劳"的,而且"他无法给出实际可行的解决办法"。当然,把《论法律》看作尝试解决现实弊病的处方只会带给我们失望和失败,因为共和国本身就失败了。因此凯斯不得不做出如下结论,即在西塞罗所处时代的"政治环境"和他的"政治理想"之间,"几乎没有什么实际的关联",因为他"显然对现实缺乏理解,并且因此无法为垂死的共和国提供任何治疗方案"。西塞罗试图颂扬"旧共和国精神的理想化概念",这一点使他对自己时代的政治问题视若无睹;他的反动保守主义妨碍了他的理论视野。[53]

无论如何,这种牵强附会的历史看法忽视了前面提到的几点重要内容:马尔库斯表明希望做他自己,[54]他坚持这些法律不是为罗马,而是为所有高尚坚定的人民制定的,[55]他声称这些法律永远不会被废除,[56]他寻求那些相信所有正当和高尚的事因其自身而可欲的人也会认同的原则。[57]即使是那些似乎对西塞罗深信不疑、赞不绝口的思想家,也相信他的"政制"是为了系统地改革罗马政制。这在某种程度上解释了,西塞罗的众多解读者在调和他的法典和卷一中的理论讨论时遇到的困难。无论如何,我们必须像研究宗教法那样研究这些官职法,从而在其中找到符合法律的普遍、

---

53 Clinton Walker Keyes, "Original Elements in Cicero's Ideal Constitution," *American Journal of Philosophy* 42, no. 4 (1921): 309-23,特别是第 312、319—320 页;另参 W. A. Merrill, "The Changes in the Roman Constitution Proposed by Cicero," *Transactions of the American Philological Association* 19 (1888): viii-ix。
54 《论法律》II. 17。
55 《论法律》II. 35。
56 《论法律》II. 14。
57 《论法律》I. 37。

自然标准的事物。

对遗失解释的法律的概述（6—9）

阿提库斯同意听取法律,并且对终于听到这部法典,以及马尔库斯提议的讨论次序感到满意。在这之后,马尔库斯开始颁布法律。这里有两件事值得注意:官职法法典比宗教法法典长。另外,马尔库斯对这些法律的解释的开头部分已经遗失了。接下来是对缺失解释的法律的概述和一些简短的评论。考虑到法律解释和法律本身一样重要,甚至更重要,我们在这里提供的评论本质上必然只是片面的。

第一条法律是所有其他法律的基础和指引。法律中第一个词是正义:"权力应当正义"（iusta imperia sunto）是第一条命令。正义是官职法的指导性主题,马尔库斯在卷一中将其确立为先天存在。无论政制中的权力是什么,它们必须合乎正义。我们回想开篇对法律的赞扬中,这些治权被认为合乎正义和自然,马尔库斯所指即法律。在自由的共和国中,这些权力以正义官员的轮流统治与被统治的形式呈现。[58]一旦共和国中权力的正义被确立起来,公民就有义务服从;如果他们拒绝,就将接受人的惩罚。相比之下,宗教法首先规定,人们必须圣洁地奉祀神明,任何违背者将由神明亲自惩处。马尔库斯宗教中的神明能够知晓人类的纯洁和污浊,即能够洞察人类的灵魂。[59]另一方面,官职法将惩处人们的行为。马尔库斯建立了一个正义的惩罚和申诉系统,唯一例外的情况是战争:自我保存的必要性有时候胜过更高的考量。毕竟,如果共和国不复存在,正义本身也就不可能实现。在把正义确立为政制的

---

58 《论法律》III. 2—5。
59 《论法律》II. 19, 24。

第四章　自然法共和国（二）：官职法

最高目标，并确立官员在各自特定领域（我们可以称之为任何政制的高层和低层）拥有惩罚权力后，马尔库斯转向了更加日常的行政事务：他立法设置了"一些低级官职"。[60] 其中包括军事保民官和管理公款、惩罚罪犯、铸造钱币、裁判讼案的文职官员。所有这些官员都必须实施元老院的一切决议。他们人数众多，并且在最高正义的指导下行事，肩负着惩治违法者的艰巨职责。这一政制的成功，取决于那些依据正义行动的官员。保证这些官员的正义、指导整个共和国的主要机构是元老院。这个庄严的机构尚未通过法律确立，还是第一次出现在我们面前，它的决议将会拥有极大的权力和影响力。我们猜想，那些既是统治者又是贵族的人就在这里。

接下来，马尔库斯转向市政官职位，市政官员显然应该是个年轻人，因为这一公职是通往更高职位的第一步。在这之后是两位监察官，任期各五年。监察官的职责既广泛又重要，包括登记私人家庭成员和私人财产，管理公共建筑、土地和税收，按财产、年龄和社会地位将公民划分为部族，将青年分配到军队中，禁止独身，以及在总体上规范公共道德，尤其是元老院的道德行为。在此，元老院再次被提及，其决议应由官员执行，但若行为不端或不道德，将受到监察官的权威约束。

非常不幸的是，在这一点上，我们遗失了马尔库斯的评论，他的监察官看起来很像雅典异乡人所说的法律维护者，这些护卫者中的一部分人将组成神秘的夜间议事会，对柏拉图政制中的所有法律拥有最高权威。若能听到马尔库斯对这些负责公共道德的监察官的评论，将大有裨益，因为他们似乎相当于雅典异乡人所说的必须能够从不同事物看到一个理念的法律维护者。换言之，他们必须能够进行哲学思考。按照雅典异乡人的说法，护卫者必须"准

60　《论法律》III.6。

确地看到",什么使四种德性成为整体,什么使它们成为一,以及它们之中共同的事物是什么。最终,这些护卫者的职责并不微小:他们必须有理解"美"和"善"的能力。护卫者中最优秀的人将组成夜间议事会,该团体对政制中的所有法律拥有最终权威。由此,哲学似乎在柏拉图的政制中找到了自己的位置,而马尔库斯的监察官,看起来在自然法共和国中占据了对应的位置。监察官规范元老院的道德,元老院反过来为所有低级官员制定法律,这些官员是会说话的法律,由此,西塞罗的法典有效地创造出一种高于政制的职位,它们由那些能够进行哲学思考或至少对哲学有共鸣的人担任。[61]

接下来,马尔库斯设立了裁判官的公职,他将负责法庭上的讼案,并且是公民法的保卫者。公民法当然是这整个关于法律的讨论的起点。我们还记得,马尔库斯成功地将对话开始时对话者头脑中的公民法概念,拓宽到普遍的、自然的法律。裁判官将护卫通常被理解为公民法的内容,对话者现在知道,它只不过是更广泛的探讨中的一小部分。在这之后,马尔库斯设立了两位拥有最高治权的执政官,把他们的最终责任说得简明扼要:对于他们而言,人民的幸福即最高法律(salus populi suprema lex esto)。这一权力在军事需求背景下被赋予;当共和国的安全受到威胁时,没有比这更高的法律。[62]

接着,马尔库斯规定官员的任期:任何人不得在十年之内担任同一官职。在危机中,元老院可以将通常由两位执政官持有的权力授予一个人,但任期不得超过六个月。只有在出现吉兆时,人们才能掌握这一权力,这个要求也表明了这种紧急权力的高度不寻常性。征兆或占卜第一次在官职法中出现:这类权力的授予需要

---

61 《论法律》III.7;柏拉图:《法义》965b—966a。
62 《论法律》III.8;《论共和国》I.63。

神明的认同,因为只有神明能够约束这类权力。在共和国没有执政官,甚至没有人民首领或独裁者的情况下,共和国的元老将选出新的执政者,这同样需要占卜的帮助和指导。

而后,马尔库斯转向涉外事务,规定元老院负责关于使节和使节团的决议,以及战争中规范军队的法律,尤其是关于盟友,以及士兵在战斗中的表现、为人民增光的义务和带着荣誉返回故乡的法律。[63]尽管两位执政官或一位独裁者拥有不惜一切代价维护和保全共和国的权力,元老院却有一种制衡的权力。尽管王权成分将在战场上指挥军队,但元老院负责为规范战斗中士兵行为制定法则。这类法则可以限制独裁者或执政官的行动,实际上迫使他们分享涉外政策的权力。但是,当问题变成共和国的存亡时,西塞罗共和国中的王权似乎拥有关于涉外事务的最高决定权。人民的安全或幸福是最根本的法律,即如果共和国被摧毁,其他任何法律无论多么崇高,都无关紧要了。

插曲:廊下派的政治缺陷和对保民官制度的辩护(12—17)

在颁布了法典以后——我们期待马尔库斯开始解释法律之时——马尔库斯表示法律已经念完,并且要求听众散开,分别领取书写板。马尔库斯像在现实的集会中那样发言,并且要求官员们准备投票。在某种意义上,对话者接下来的讨论,类似于对马尔库斯刚才颁布的法律进行公民投票。通过使用单数的 lex[法律],马尔库斯暗示这是一整部法律,呈交给对话者以供表决。被集合在一起的立法者,必须在对法典进行解释或辩护以后,决定他们是否接受这部法典或对官职的安排。

---

63 《论法律》III. 9。

在主持会议的官员发布上述命令以后，昆图斯第一个发言回应，马尔库斯对各个官职描述之简要令他感到惊讶。他接触过的所有现实法典，都不像这部法典那样简短。作为贵族贤人的昆图斯，此前一直较为沉默和深思，在卷三中变得更加健谈和活跃。相比卷二中的沉默表现，对他来说，政府事务显然比宗教事务更为重要。马尔库斯指出，这些法律几乎（paene）就是他们自己城邦的法律，但他加了一些（paulum）新的内容。让我们回忆一下，阿提库斯在宗教法颁布以后，曾经指出这些法律中的大部分内容与努马的法律相同——暗示这些法律中也确实有不同的地方。[64] 现在昆图斯代替阿提库斯，提出类似的看法：这些关于官职的法律很接近罗马的法律，尽管也有一些新的内容。马尔库斯回复说，很对，这正是斯基皮奥在《论共和国》中推崇的恰当混合或节制的共和国，如果没有上述精确的官职建制，它就不可能存在。[65] 在这个意义上，它们不是人们能够从中挑选的法律，而是一个法律体系，组合起来才能产生斯基皮奥的最佳政制。马尔库斯小心地使用昆图斯的措辞来强化自己的观点：其他建制无法实现这种共和国。他提醒昆图斯，能够定义一个共和国的，是它的官职组建方式，或对这样一个问题的回答：谁统治？在这种情况下，马尔库斯认定，他们的罗马先辈最智慧、最节制地建立了共和国，因此他不希望在法律中引入任何新的东西，或至少"没有很多"。与宗教法一样，马尔库斯警醒我们，这些法律与逝去的罗马黄金时代的法律并非完全等同，它们是《论共和国》中那个仅存在于言辞中的罗马政制的法律。

现在是阿提库斯要求对这些法律进行解释，类似于宗教法颁布之后的解释。马尔库斯同意了这个要求，说自己将按照希腊人

---

64 《论法律》II. 23。
65 见《论共和国》I. 54, 69; II. 57, 65。

中最博学者的方式,探讨和辩论这整个主题。回想卷三的开场,马尔库斯在赞扬这些法律之前,声明自己将追随"神样的"柏拉图,但现在,他只是模糊地说自己将追随希腊人中的最博学者,而没有指出任何具体的思想家。卷二中,马尔库斯在颁布法律之前,声称要追随柏拉图这位"最博学者",但是在解释法律时,却没有提及类似的话。马尔库斯只是在序曲上向柏拉图寻求灵感,而在解释法律、官员的职责和功能以及最佳政制中官职的安排时,他宁愿不选取任何个别的思想家。这让我们想起整个讨论类似的开头,马尔库斯提到"最博学者"作为自己第一个法律定义的权威。马尔库斯再三回到能引起所有学派好感的共同基础。[66]此外,通过向最优秀的希腊人寻求关于最好的官职建制的正确教导,马尔库斯再次暗示,这是为最好的政制寻找法律的尝试,而不仅仅是为了罗马。尽管他肯定会找时间来触及对话者自己的罗马法律,正如他一开始就打算做的那样,但马尔库斯在开头就明确,对罗马法律的讨论是他们最后的或最低的考虑对象。[67]

既然阿提库斯已经声明,马尔库斯提议的讨论方式正是他所期待的,因此我们按照这个顺序,期待马尔库斯开始他的解释。但是现在,马尔库斯犹豫了,似乎不确定如何或是否继续下去,并且突兀地提出另一个预备性话题:他先是提醒阿提库斯,对最好的共和国,自己在之前关于这个主题的书中(即在《论共和国》中)已经说了很多。他提出,对于政制中的官职问题,其他作家谈论过一些与之相适的特定主题。这一提醒暗示《论共和国》同样追随这些"最博学"的希腊人,并且强调了西塞罗这一计划的连贯性。但是,马尔库斯出于另一个更迫切的原因转移话题:他希望发表关于官职法的某种观点,而这个观点能够得到他刚才提到的"伟大希腊

---

66 《论法律》I. 18; II. 14; III. 1。
67 《论法律》I. 17。

人"中一些人的支持,特别是特奥弗拉斯托斯和廊下派的第欧根尼。不关心政治的廊下派也处理过官职秩序这样的政治问题,阿提库斯对此表现出惊讶(但是阿提库斯在特奥弗拉斯托斯被提及时,没有表现出类似的惊讶,等到我们知道后者是亚里士多德的学生,这点就不奇怪了)。[68] 马尔库斯承认,在廊下派中,第欧根尼和后来的帕奈提乌斯脱颖而出,正是因为他们关心政治。马尔库斯特别称赞帕奈提乌斯是"伟大的人""在原初之物上很博学",老一辈廊下派则没有被理会,因为尽管他们在语言上非常犀利,但是他们对共和国的讨论无益于各民族和公民。[69] 正如阿提库斯代表了某种政治化的伊壁鸠鲁学派,他们能够被劝谕并且加入最正义的政制,因此,也可能存在像第欧根尼或帕奈提乌斯这样的廊下派,他们也许会考虑放弃严格的廊下派教义,并且在政治中变得活跃。马尔库斯赞扬帕奈提乌斯,正是因为他尝试使廊下派教义有益于各民族和公民。按照朗和塞德利这两位学者的说法,我们关于帕奈提乌斯的教义所拥有的一点确凿证据,表明他试图将过去根本上而言只适用于贤哲的廊下派教义,运用到"一般的听众"上。马尔库斯选择性地赞扬或单独挑出帕奈提乌斯,再次证实了他的目标是传播一种有助于各共和国、各城邦和各民族的政治教导。[70] 就此而言,很难看出西塞罗为什么会被指控为纯粹的廊下派学说传播者;相反,帕奈提乌斯被颂扬,正是因为他修改自己

---

68 特奥弗拉斯托斯关于官职或任何其他与政制相关话题的可能存在过的作品,现在都遗失了。流传给我们的作品只剩下关于植物学的论文和人物描写的残篇。

69 见《论演说家》II. 157—159; III. 65—66。不仅廊下派的观念对共和国没有什么用,他们的演说也"贫乏、无味、过于简洁和琐碎"。对于西塞罗而言,这并非偶然:对政治有用的哲学会知道如何使用政治性语言。至少,这意味着政治性演说"必须适应大众的耳朵"(multitudinis est auribus accommodanda)。它当然不能使"民众的耳朵感到厌恶"(abhorrens ab auribus vulgi)。

70 《论法律》I. 37。

的观点,从而使它们更紧密地与西塞罗的计划相契合。[71]

马尔库斯教导我们,应当只效仿柏拉图的某些学生,他们严肃地探究过官员在正义政制中担任的角色:他继续告诉我们,主要是柏拉图和他的追随者(最著名的是亚里士多德本人)描绘出这个主题的框架,并且将官职和政制的知识传递给未来的几代人。此外,特奥弗拉斯托斯的学生,法勒隆的得墨特里奥斯——换言之,亚里士多德学生的学生——最先将这些事情从私人生活(umbraculis)的幽秘沉默中带到光天化日之下,甚至带到争论的前线。马尔库斯赞扬得墨特里奥斯将学识(doctrinae)和统治能力(regenda)独特地结合在一起,这些正是马尔库斯希望在共和国统治者中培养的品质。马尔库斯似乎暗示,得墨特里奥斯在某种程度上高于柏拉图和亚里士多德,因为学术过去被限制在博学之士的闲暇中,现在则被得墨特里奥斯成功地运用于政治。另一方面,通过把关于官职的最佳思想追溯到柏拉图,西塞罗旨在回归政治哲学的柏拉图根源,从而清除混乱并帮助自己完成学派统一的计划。

西塞罗不会转述柏拉图的话,但他也不会介意为了自己的政

---

71 萨拜因和史密斯(George Sabine and Stanley Smith,"Introduction"to the *On the Commonwealth*, trans. George H. Sabine and Stanley Barney Smith, Columbus, OH: Ohio State University Press, 1929, 29n36)评论道:"帕奈提乌斯的哲学几乎完全是通过西塞罗被认识的。"正如西塞罗自己所说,他在写《论义务》前两卷时效仿了帕奈提乌斯,只是稍做"修改"(correctione),并且在 III. 7—15, 33—34 中,他把这部作品的卷三描述为对帕奈提乌斯的辩护。对帕奈提乌斯的援引——以及它作为西塞罗教义的核心为什么远离廊下派——一个具有洞见的分析,可以见 Douglas Kries,"On the Intention of Cicero's *De Officiis*," 375-93,特别是第 382—385 页。对帕奈提乌斯更进一步的颂扬,正是因为他抛弃了严格的廊下派,关于这一点,亦可见《论至善与至恶》IV. 79。参 A. A. Long and D. N. Sedley, *The Hellenistic Philosophers*, Vol. 1, Cambridge: Cambridge University Press, 1987, 427:"把所有人类分到两个绝对的范畴,智者和愚者,或有德性者和卑贱者……这样的做法使廊下派遭到其伦理学完全不具有实践性的指控。鉴于他们的智慧或德性的条件——毫无过失、绝对一致性、理性的完美、每一件事情都做好——廊下派的确很难比这一指控当作误解……把伦理系统调整为某种面向一般听众的道德教育,这是帕奈提乌斯特别关心的……或许,帕奈提乌斯给予了廊下派一种比它过去知道的更人性化的基调。"

治目的,援引柏拉图的权威。马尔库斯对官职法的解释,从引述自己论共和国的作品入手,然后,在引述《论共和国》与解释之间,马尔库斯插入一段最好的思想家关于官职主题所做论述的简史。借此,马尔库斯暗示,他希望我们认为这些"伟大希腊人"的教导在根本上是不完整的,因此需要马尔库斯论共和国和法律的作品。如果我们事先没有读过《论共和国》,就不可能对官职进行讨论。只有在此之后,我们才考虑伟大的希腊思想家,但这样做只是为了给马尔库斯的讨论提供序曲。

在某种意义上,马尔库斯认为自己为完成希腊人所开启的事业提供了一种教导:希腊人从一位最优秀者的统治的角度思考官职,而事实上,他们应该从马尔库斯的混合政制教义开始研究。这些专家探究的主题是,在政制中是否应该存在一位让其他公民都遵循和服从于他的官员。亚里士多德关于一位正义者统治的可能性研究,或许是这种教导中最著名的例子,但是考虑到接下来的处理方式,它在西塞罗的眼中显然不充分。[72](马尔库斯认为一位国王的统治与"自由民"的法律是矛盾的。[73])通过回顾罗马历史,马尔库斯很快抓住问题的关键,这也是亚里士多德处理过的困难:虽然古罗马人认为可以接受由一人统治,因为他们曾经驱逐过一位不义的国王并不再把一人统治称作王制,但王权的本质仍然被保留。名称的改变并不会使事物的本质发生改变。混合政制设置保民官公职,而保民官能够约束执政官权力,帮助其他官员和人民,这正是应对困境的解决方案。

---

[72] 亚里士多德:《政治学》1285b29—1288a30,特别是1287a15,似乎站在问题的两边,首先提出"唯独神祇和理智可以行使统治;至于谁说应该由一个个人来统治,这就在政治中混了兽性的因素。常人既不能完全消除兽欲,虽最好的人们(贤良)也未免有热忱,这就往往在执政的时候引起偏向。法律恰恰是免除一切情欲影响的神祇和理智的体现"。但是他后面又说,"如果一个家族,或竟是单独一人,才德远出于众人之上,这样,以绝对权力付给这个家族,使成王室,或付给单独一人,使他为王,这就是合乎正义的了"。

[73] 《论法律》III. 4。

或许感到自己的骄傲或荣誉受到威胁,愤怒的昆图斯迅速、庄严地打断马尔库斯。在昆图斯看来,马尔库斯所说的保民官一职是一种大恶:它只给共和国带来不幸,因为在这一职权诞生之后,贵族的声望降低了,而人民的权力增加了。昆图斯非常肯定地把自己看作贵族阶层中自豪的一员,这种自豪现在成为焦点。马尔库斯为了整个共和国的利益,不得不抚平他的兄弟及类似人物的贵族自豪感和不义的野心。他说,保民官非但不邪恶,而且在共和国中是必要的:执政官的权力在茕茕孑立、没有混合人民影响力时,难道不是对人民显得更加傲慢和暴力(superbius populo et violentius)?很不幸,文本在此损坏,未留下对此问题的回答,尽管我们可以相当肯定地推测,接下来的交流会有如何走向:马尔库斯将欢迎保民官公职,它正义且必要,即使并不总是正确,而昆图斯会把它诋毁为对贵族权力的冒犯。对保民官权力的首次处理现在结束了,它看起来是为了反驳马尔库斯的伟大前辈们所设想的观念,即一人统治能够合乎正义。在共和政制中,人民必须享有部分统治权,否则它就不再是"公共事物"。

在解释自己关于官职的法律之前,马尔库斯为什么诉诸希腊思想传统?这一做法引起我们的注意,是因为卷二中没有出现类似的诉求。马尔库斯在那里重申,自己的法律意在为《论共和国》中的混合政制立法,正如他在这里所做的,但并未进一步辩护。这中间的区别似乎在于,卷二涉及的是罗马特有的宗教信仰,它们仅仅起源于罗马,因此不受更高权威的控制。在这个意义上,任何政制的宗教细节都不可能在这个政制之外得到解释,因为不可能诉诸更高的或独立的权威。另一方面,卷三涉及关于最佳政制的概念,它们起源于罗马之外的非罗马思想家。任何试图改进它们的人必须首先理解它们。古代罗马宗教法的存在——任何政制中任何宗教法的存在——具有事实的、不能被改变或质疑的行为的性质,而官职法,就其本性而言,可以接受言论上的质疑和争辩。这解释了为什么宗教法开始于"神明"(divos)这个词,而官职法开始于"正义"(iusta)这个词。在宗教领域中,毫无疑问神明统治,并且合乎正义地统治。另一方面,政治领域属于人及其理性的领域,其中毋庸置疑的是,谁应该统治将会引起争议,且争论往往非常激烈,结果可能并非正义,而是不义。因此,在早先关于宗教的讨论中,公开争论不得不被掩藏起来,而现在,对话者已经做好公开地辩论官职问题的准备。诸神奴仆的服从甚至谦卑,替换为对正义的追寻和对找到正义的个人能力的某种自豪。只举一个最明显的例子,昆图斯将毫不犹豫地为他的贵族阶层寻求正义,并且把这种正义等同为所有人的正义。而在长期建立起来的宗教法中,很难想象会出现类似的争议,因为它们拥有来自所有公民的最深刻的尊敬。

这不是说,由于宗教法所认同的信仰(例如预言、征兆、预兆等)内在地缺乏理性,因此宗教法在某种意义上与正义完全对立。正如我们看到的,西塞罗对于他视作危险迷信的实践,毫不掩饰自己的怀疑。但是,如果我们按照西塞罗希望的那样,从宗教法中抽象出一些东西,就会发现它们承认人类某些真实且内在理性的东西:对灵魂的永恒关注。自然法政制把人类生活的这个方面看作不变而且永恒,但也并不必然因此而不正义或不理性。西塞罗宗教法的作用是尽可能地理性化这些信仰,同时使它们服务于自然和正义的目的。西塞罗让神明服务于正义,并且通过这样做,让像阿提库斯这样的怀疑派哲人以及像昆图斯这样的贵族贤人都可以接受。挑战在于使这两种人——从他们各自特殊的角度,即非政治性的或怀疑派的哲学,以及对任何限制自身的尝试感到恼怒的贵族自豪感——看到混合政制中的正义。哲人的正义和宽宏之人的正义必须被转化为整个共和国的正义。通过对话的形式,西塞罗向我们展示,一个创制者必须如何在已有宗教信仰的民族中建立与自然法标准相适应的新政制。只有当政制中的宗教信仰以这种方式被规范,从而在政制追求正义时帮助它,或者至少不阻碍它时,马尔库斯刚才诉诸的希腊思想才会变得有益。[74]

再释官职法(18—49)

无论如何,马尔库斯对官职法第一部分的解释已遗失,他在其中概述了不同的公职及其权力,包括执政官、保民官、市政官、监察官和裁判官。值得一提的是,对于实施王权的两位执政官来说,人民的幸福应当成为最高的法律。换言之,一个看似不受限制的权力被设置为服务于整个民族。人民的幸福是执政官行动的指导原则。[75]在执政官实现混合政制中对王制因素的要求之后,马尔库斯讨论了内战和对外战争。对法律的解释从最后一条军事训诫再次展开:"让他们[指挥官及其部下]荣耀地回返。"优秀的士兵和他们的指挥官有责任为人民增光,他们不应该在战场上做任何让自己或共和国蒙羞的事。同样,那些仅为私利而无公共使命出使的元老院成员是最可耻的;相反,使节的任命应以共和国的利益为目的。好人决不能忘记,他服务于自己的共和国,这有助于防止他堕落。[76]

马尔库斯现在希望离开行省返回罗马,但必须征得对话者的同意。阿提库斯代表自己和昆图斯发言,确认他们同意这一计划,尽管他很快指出,一些罗马人,即那些居住在行省中的罗马人,完全不会赞同这一举动。但是,马尔库斯反驳道,如果罗马人遵守他

---

74 见 Frederick D. Wilhelmsen and Willmoore Kendall, "Cicero and the Politics of the Public Orthodoxy," 91-94, 97-99,他们充分地利用了这一点,即西塞罗愿意把根本上非理性和迷信的宗教运用于功利主义立场,从而加固正义政制的自然基础。我和他们的争执在于,他们似乎低估了西塞罗对于作为制度的宗教的善的信念,这种善来源于有关人类的永恒正确的事物。从这种自然正义的角度出发,西塞罗的思想呈现为统一的整体。
75 《论法律》III.8。
76 《论法律》III.9, 18。

制定的法律,他们会发现没有什么比罗马的家更甜蜜,没有什么比行省更充满劳作和负担。在这样说时,马尔库斯暗示,尽管涉足外交政策和战争事务是必要的,但他相信只有在国内事务中才能充分彰显正义。像柏拉图《法义》中的雅典异乡人那样,马尔库斯否认正义的政制是或应当以战争为导向。对于真正正义的共和国来说,战争中的胜利有必要,但并不充分。战争或许使具有正义和真正德性的生活成为可能,但不应该与这种生活本身混为一谈。[77]这些法律从正义出发,进而涉及共和国中的不同公职,再到国内和国外的战争,以及派遣使节出使国外,现在又回到城市和保民官的权力。

二论保民官(19—26)

重新回到城市和政治的举动,提醒我们这些法律的政治性和混合性。奇怪的是,在从行省转向城市的途中,马尔库斯只想略过保民官权力:他为什么认为没有必要讨论保民官职位,这一点令人费解,或许是受昆图斯此前的咆哮所影响,马尔库斯希望避免再次与自己亲爱的兄弟针锋相对。兄弟情谊使马尔库斯回避这样的对抗,但若发现自己身处其中,他也会毫不犹豫地反驳自己亲爱的兄弟,即使他确实感到这样做是痛苦的。由于文本受损,我们只能猜测,昆图斯没有像他在马尔库斯先前提及保民官时那样充分地回应。[78]但他也不会在这个重要的主题上错失第二次质疑马尔库斯的机会,因为,这个主题直接指向最重要的问题的核心:这将是一个什么类型的政制?贵族可以单独执政,还是需要保民官?昆图斯当然不需要保民官。但是,正如我们将要看到的,这意味着否认

---

77 柏拉图:《法义》625e—630d。
78 《论法律》III. 17。

公正统治的可能性。昆图斯将试图为贵族作为统治阶级的局部利益提出自私的主张。这一观点的实质是,王制的实质——仅由社会中的一部分人统治的观念——此前被马尔库斯认为是坏的而加以否定,现在却被认为是好的,但不可否认它已转化为贵族统治而非王者统治。[79]贵族统治如果没有保民官约束,会把自身转变为某种王权式的或不公正的权力。

昆图斯此前就表现出了不耐烦,[80]我们可以设想他正迫不及待地要为纯粹贵族统治提供辩护,而马尔库斯之前很可能阻止了他这么做。昆图斯殷切地抓住机会,向他的兄长询问这项他认为带给共和国许多伤害和耻辱的制度。他突然回到对话中,凭着赫拉克勒斯起誓,希望了解自己的兄长对这个"大恶事"的想法:不,兄长,请赫拉克勒斯做证,我却很想知道你对这种职权的看法。昆图斯用誓言反驳了马尔库斯的主张,即没有必要谈论保民官的权力,话里透露出一位政治家的惊讶、怀疑和愤怒。一个对这些事情非常严肃的质询者,怎么可能不希望更深入地探究这个统治问题?[81]

昆图斯反驳道:保民官的权力产生于分裂罗马的内乱,而不像正义的权力和制度那样产生于和平。在昆图斯看来,这种权力是有害的、煽动性的、畸形的、不光彩的和令人厌恶的。它就像一个畸形儿,曾经被处死,现在又复活过来。在古罗马传统中,畸形儿被看作神明对某种不当行为的惩罚。因此,根据昆图斯的说法,保民官一职是来自神明的惩罚,因为罗马在内乱中试图平息人民,而人民作为罗马的一部分,利用政治环境提出自己不正当的要求。更糟糕的是,罗马犯下的罪过不止一次而是两次:这个孩子曾被处

---

[79] 《论法律》III. 15。
[80] 见《论法律》I. 57;II. 7。
[81] 《论法律》III. 19;见 Leo Strauss, "What is Political Philosophy?" 4:"只有在《政治学》中,亚里士多德才使用誓言,它对于富有激情的演说几乎不可避免。"

死,但是又以某种方式复活了。这些罪恶的罗马人为自己招致神明的惩罚,并且,如果昆图斯的愿望能够实现,他们应该再次处决这个畸形的制度。[82]

昆图斯对保民官职位的政治性反对(在他发表激烈言辞之后)如下:首先,这个职位像不孝的子孙,通过允许平民拥有过去仅限于贵族元老的公职,从父辈那里夺取所有荣誉。其次,或许更为深刻的是,它使所有卑劣的事物等同于最高的事物,把一切混为一谈。因而问题就在这里:昆图斯极其反对高贵和低劣的混合,这种混合贬低了他所属的元老阶层,同时不公正地抬高平民的地位。确立保民官职位所调动的政治趋势,如若允许继续发展下去,会导致持续的以及最终如昆图斯所见的对德性和荣誉的彻底贬低,昆图斯对此表示坚定的反对,这也让我们想起苏格拉底在柏拉图《理想国》中对纯粹民主制的描述。苏格拉底说,民主是无差别平等的胜利,在这样的城邦中,父亲生活于对儿子的恐惧,动物最终与人类平起平坐,甚至凌驾于人类之上。但是,苏格拉底在书中讨论的"多彩"民主,把某种平等以相同的方式分配给所有平等和不平等者,这是为了勾勒出那种应当回避的极端民主统治。马尔库斯会同意这个批评。他和昆图斯意见相左的地方,不是正义的政制是否需要混合,而是它需要何种程度的混合。昆图斯认为保民官制度使它混合过度了。[83]

昆图斯的反对意见对政治提出两个不同寻常的要求:第一,只有在和平时期,当所有派别对政制和政治目的达成一致意见时,共和国才可以创建新的制度。这个要求假定和平状态事实上是可能的,并且导致第二个要求或主张:政治冲突本身是不自然的,某种

---

82 见 *On the Commonwealth and On the Laws*, trans. James E. G. Zetzel, 164n21: "十人委员会在公元前450—449年倒台以后,随着保民官职位的恢复(和常规官职一起),获得'第二次生命'。"

83 柏拉图:《理想国》557a2—558c8, 562b9—563e1;另参《论共和国》I.65—67。

完美的政治能够以某种方式存在于世界上。在昆图斯的完美秩序中,平民们不会有像保民官这样的制度代表,他们也不需要这一代表。昆图斯要求建立一个没有污点、完全正义的政治秩序,这使读者想起《理想国》中格劳孔对完全正义者和完全不义者的描述。苏格拉底指责格劳孔把每个人打磨得像雕像一样,也就是说,打磨得不那么像人或有点过于完美。昆图斯的世界是贵族统治的完美世界,但要实现这一点,就必须超越人性之所是,并因此也不再需要政治行动。毕竟,雕像是用来敬仰的,而非用来进行政治活动。[84]

这是昆图斯到目前为止最长、最生动的发言。马尔库斯以同样的方式回应他,他的论点是为了温和地提醒对话者政治的不完美,并且再次把他们引向混合政制。马尔库斯迅速地承认,昆图斯非常清楚地看到保民官制度的弊端。然而,在一个类似的对话中,如果有选择性地列举这个制度坏的方面,指出它的缺点,与此同时忽略它好的方面,这对任何人都没有什么好处。如果对话者们采用昆图斯的方法,只强调错误的方面,那么昆图斯心中最亲切的由贵族主导的执政官制度,也会遭到抨击。马尔库斯同意,在保民官的权力中存在坏的东西,但我们不可能只拥有善而不拥有坏的事物。所有人都认为保民官的权力太大,但他们也可以控制人民的暴力行为,因为这样的领导者会安抚人民,同时意识到自己的行为"自担风险"(suo periculo)。保民官能够比人民更清楚地看到,他们真正的利益是什么;在某种意义上,他对所有以人民名义做的事负责。马尔库斯将保民官的个人利益与人民的善联系在一起。昆图斯希望拥有一个高尚的、纯粹致力于共善的政制,他还看不到这种观点的不切实际性。最好的政制是对一个人、少数人和多数人的混合,但又能使每一部分都发挥出最大的作用。因此,马尔库斯

84　柏拉图:《理想国》360e1—361d6。

惊讶于祖先的智慧,他们如此明智地设立保民官职位,从而制止暴乱,使平民放下武器,而且最重要的是建立起节制。结果是共和国变得更好或更真实地混合了:低微者(tenuiores)开始认为自己与统治者处于平等地位。马尔库斯甚至将保民官的创立描述为"政治秩序的唯一救赎"(uno…civitatis salus)。执政官们可能受 salus populi[人民的幸福]的支配,但是保民官的创立将拯救共同体。[85]

马尔库斯的教导是,正义的政制必须是混合的。古代罗马元老原本可以用专制和镇压应对暴乱,却为了正义的政制,选择在古老政制中混入一些民众的成分。即使是格拉古暴动,那些民众党派主义中臭名昭著的例子,也不是反对这一政制的标志。政治中永远都会有坏人。另一方面,长期的好处是政治清平,统治者不被憎恨,平民不会不公正地要求更多的权力。贵族和民众的部分诉求会转化为保卫整个共和国的共同要求。因此,在面对腐败王制和必须抛弃王权时,古罗马人被迫给予民众真正的自由。他们留下的不朽遗产,正是以这样一种方式使平民服从于"统治者的权威"。[86]

在结束对保民官的辩护时,马尔库斯首先提醒他"最善良、最亲爱的兄弟",即使在他自己被迫流放时,他也并不责怪保民官制度本身,而是责怪担任这一职位的人。这让我们想起宗教法中,马尔库斯以自己被流放的情境,为誓言的有用性辩护。在那里,昆图斯同样表现出对民众的不耐烦和对某种政治理想的渴望。马尔库斯在那里提醒他,对最优秀者的真正的和最终的惩罚来自诸神。在这里,马尔库斯暗示,合乎自然的最佳政制必须是混合的,因此它必须包含民众。两种情境中,昆图斯都错误地对政治——甚至或尤其是最好的政治(按照马尔库斯而非昆图斯的标准)——无

---

[85] 《论法律》III. 24。
[86] 《论法律》III. 25。

法实现的事物抱有某种渴望。似乎上述这些都还不够,马尔库斯在回应昆图斯的抱怨时,又以为庞培提供辩护作结尾:庞培恢复保民官的权力,不是因为它们最好,而是因为它们必要。智慧的公民永远不会为民众的煽动行为留下空间,因为拒绝提前解决这个问题,肯定会导致最糟糕的政制:僭主制。保民官职位是混合政制的必要部分,它能够平息民众、防止僭主制,并且有助于建立正义的政制。正义的政制同时包含必要的事物和优秀的事物。换言之,政治中的选择永远不在两个完美的选项之间,或者一个完美的和另一个不完美的选项之间,而是在两个不够完美的选项之间。审慎的政治家必须看清这两个选项,并且选择更接近于他的统治原则的方案,即使没有政制能够完美地实现这些原则。这种完美只能在言辞中领会。[87]

但现在马尔库斯也激怒了阿提库斯,他承受着与昆图斯不同的苦恼。阿提库斯认为最好的政制由哲人王统治,并且像昆图斯那样,忘记了正义的政制还包含民众。对话中出现另一个誓言,这次来自据称不关心政治的伊壁鸠鲁学派,他向赫拉克勒斯起誓,自己和昆图斯都不同意马尔库斯对这种权力的辩护。阿提库斯透露出一种生气或愤怒的能力,这种政治特质向我们显示,为什么他是那种可以被带进马尔库斯最佳政制的伊壁鸠鲁学派。尽管这些对话者找到如此之多可以争辩的地方,但他们还是敦促马尔库斯完成他的法律。无论他们是否意识到,他们正在学习如何接受一个不太完美的政治体制。尽管它无法达到这些对话者心中的标准,无论如何,他们已经走得太远以至于无法抛弃这个创制计划。

---

[87] 《论共和国》I. 68; II. 47—48。

共和国的统治者：元老院的至关重要性（27—32）

马尔库斯表示同意并且开始讨论占卜，他将这种宗教习俗与政治结合起来，帮助官员们引导民众远离不义。尽管西塞罗对这些迷信不屑一顾，正义政制的创制者却必须处理他所获得的材料。无论迷信与否，占卜的存在是一个事实，创制者必须对此做出解释。通过这样做，马尔库斯教育自己的听众，政治并不总是理性的，必须尽可能地让不理性的因素在理性和正义的名义下行事。鉴于占卜特别有助于压制民众"不义的冲动"（impetum iniustum），它们对保民官来说可能特别有用。保民官最接近民众，并且最有能力劝服他们遵循正义的道路。反过来，如果煽动者假借保民官的名义出现，任何其他官员都可以利用占卜来制止他的不正义阴谋。总而言之，占卜可用于约束民众或民众领导者的不义激情和野心，直到更冷静和更理性的头脑占据主导。这教导民众及其领导者追求整个共和国的正义，而不仅仅是为其中的一部分寻求正义。[88]

马尔库斯现在转向元老院这个庄严的机构，它是整个政制体系的关键。因为这篇关于最好共和国的演说依据于民众理性，[89] 马尔库斯把元老院与民众紧密地联系起来，或者说从根本上为其提供了一个民众基础：除非得到民众的认可，否则任何人都无法进入元老院。换言之，作为一个真正的共和国，民众对如何受统治拥有发言权。马尔库斯推翻了监察官的补选系统，这一系统通过执

---

[88] 《论法律》III. 27；另参 Andrew R. Dyck, *A Commentary on Cicero, De Legibus*, 517，他写道，在这一段中，西塞罗努力地应对"煽动和轻率的问题，而这一问题同样困扰他所处时代的立法程序"。事实确实如此，只不过这样的问题在任何时代都会困扰民众当权的政府。

[89] 《论法律》I. 19。

行法律,将成员限制在当前成员提名的人之内,一直以来保持着元老院在历史上以家庭关系为基础的排他性的贵族权威。尽管马尔库斯把这个基于民众的创新看作恶——严格地说,这背离了贵族的统治——但他宣称这种背离可以通过元老院权威的增强来抵消。元老院的决议必须被视作理所当然(eius decreta rata sunto),从而给予元老院在现实罗马政治中缺少的立法权威。[90]

这里我们简要勾勒出了以元老院为核心的最佳政制,它只有在以下条件下才是可能的:元老院应该成为公共议会的主导,政制中的所有其他阶层都必须维护它的法令。此外,其他阶层应该愿意,共和国按照这个最高阶层的议会来治理。满足了这些条件以后,通过适当的法权混合,自然法共和国便成为可能或被创建出来:其中元老院掌握权威(auctoritas),人民拥有权力(potestas),这样的共和国将节制而和谐。马尔库斯很快又补充道:这样一个正义的政制是可能的,但不能保证。只有当元老院真正成为共和国中其他阶层的行为典范,并且不沾染恶行时,最好的共和国才有机会诞生。无论阿提库斯多么渴望它,马尔库斯当然不是说,这样一个共和国现在就能实现,或者过去实现过:马尔库斯当下的演说,并不指涉当下的人或他们时代的元老院,而是指向未来的人,"如果他们当中有人愿意遵守这些法律"。任何有恶习的人都不能进入这个庄严的机构。但是,找到这样的人会非常困难,他们需要"一定的教育和训练"(educatione quadam et disciplina)。[91]这种教育必然是自然法教育;那些想进入最好的元老秩序的人必须具备自然及其法律的知识,这些知识是这个最为正义的混合政制的

---

90 关于西塞罗的创新,特别见 Clinton Walker Keyes, "Original Elements in Cicero's Ideal Constitution," 312-14; Elizabeth Rawson, "The Interpretation of Cicero's *De Legibus*," 142-43; W. W. How, "Cicero's Ideal in His *De Re Publica*," 32-33; W. A. Merrill, "The Changes in the Roman Constitution Proposed by Cicero," viii-ix。

91 《论法律》III. 29。

核心。

马尔库斯再次澄清,自己是为斯基皮奥的共和国立法,它由合乎自然的正确理性的真正法律统治。[92]马尔库斯将元老院向所有值得尊敬的公民开放,同时让元老院成为公共议会的主导(dominus),从而真正地混合了这个共和国。他把王制和贵族制的成分结合在智慧的元老院中,元老院由最优秀的公民组成,并且统治全体人民。元老从人民中间选出,以共和国的名义实践他们的智慧和审慎,颁布慎重、成熟的法律,而这些法律拥有王的命令权力。马尔库斯称所有官员为"会说话的法律",[93]他们在着手实施由最优秀者组成的议会制定的明智法律时,将表现出王权的特征。马尔库斯希望这些最优秀者进行领导——确实,他们除了领导最好的共和国以外,没有其他选择——这一点在法典剩下的两个主要部分中尤其明显,它们分别与音乐和投票法有关。

毫不奇怪,元老院必须成为其他等级的典范(specimen)。如果对话者们能恪守这条法律,他们就可能实现自己打算做的"所有事情"。通过树立榜样进行引导,这取决于共和国中的最优秀者或统治者:正如这些最优秀者的欲望和罪恶能够感染整个政制,他们也能通过自己的节制(continentia)来改善和纠正(emendari et corrigi)民众。[94]卢库卢斯(Lucius Lucullus)的故事很好地阐述了这一点,他没有意识到,自己对财富的追求会对邻居和朋友造成怎样的影响。马尔库斯更进一步论证:坏人总是有的,但这不是最糟糕的;更糟糕的是,共和国中会出现许多坏人的模仿者(imitatores)。一直以来,政制的状况由最优秀的人(summi viri)的状况所决定,或者说,由那些人民向其寻求指导、灵感和日常生活榜样的人的状

92　《论共和国》III. 33。
93　《论法律》III. 2。
94　比较《论共和国》I. 52:"贵族占据了个人掌权的软弱和许多人掌权的轻率之间的适中地位,那是一种最富有节制的统治状态。"

况所决定;共和国中领导者的变化必然会导致人民中间出现类似的变化。

为了使人明白他是多么严肃地看待第一公民或领导者的重要性,马尔库斯甚至与他的伟大导师柏拉图分道扬镳。柏拉图认为音乐家曲调的变化,会导致共同体状况的变化,马尔库斯则认为,贵族生活和习惯的改变,能带来共同体风俗的改变,这更接近事实。在宗教法的语境中,马尔库斯曾暗示音乐不像柏拉图所认为的那样令人恐惧,[95]现在他则明确坦白了自己与柏拉图的不同之处。在混合政制中,领导者和统治者的榜样力量非常强大,并且不能不被重视,这在很大程度上是因为,有别于柏拉图的理想城邦,那些不属于统治阶层的人不会心甘情愿地成为统治阶层的奴隶。"净化"公民的灵魂,从而使他们服从于统治阶层的任何命令,这样的方法并不存在。[96]相反,人民在统治中拥有发言权。这一事实指出了品性和习惯对于自然法政制以及任何将这些法律作为指导的政制的重要性。显要人物的榜样(exemplo)比他们自身的恶(peccato)更具破坏性,问题真正的根源更多地在于他们败坏(corrumpunt)其他公民,而不是他们自身被败坏。习惯、品性、榜样:这些品质在一个同时包含多数人和少数人的共和国中非常重要。最应该害怕的不是非政治性的音乐,而是领导共和国的贵族们在音乐品味上的变化。显要人物灵魂的变化,最终将导致人民灵魂的转变。这解释了马尔库斯在卷二中对音乐的重要性的矛盾态度:音乐与宗教密切相关,并且为节庆做伴乐,但这种音乐的品性,进而这些宗教节庆的品性,会受贵族的变化所影响。

总之,这样一条法律——让元老院成为其他人的榜样——或许可运用于整个秩序,但它也可以在运用中限制(coangustari)到极

---

95 《论法律》II.39。
96 见柏拉图:《理想国》500a—501a, 590c—d。

少数(pauci)人身上,他们为荣誉和骄傲所动,能够败坏或纠正共同体的风俗。我们可以推测,这整个演说在某种意义上针对这些最好的人。马尔库斯试图在共和国和法律问题上教导这些潜在的领导者,因为所有人都依赖他们。与此同时,我们也看到元老院向所有优秀公民开放。这个政制的标准是按照自然而言最好的事物,马尔库斯会在任何地方找到这样的人,并让他们为共和国服务。正如鲍威尔曾写道:"罗马元老院等级完美地起到这样的作用,即储存正直和明智的 rectores rei publicae[共和国领导者]——或者用浅显的语言来说,治邦者——他们中的任何人都能够在必要的时候领导共和国。"[97]这些人必须接受政治技艺方面的教育和训练,马尔库斯在《论法律》中提到这些政治技艺,但是他并没有在我们现有的对话中更具体地回顾或考察这个问题。我们有理由推断,这种教育由这样一些成分组成,它们意在培养能够在混合政制中进行统治的灵魂。至少,这种教育看起来要求回到《论共和国》,并研究其中被描述的伟大治邦者。马尔库斯暗示了这一点,他告诉自己的对话者,关于这个话题已经谈论得够多了,并且把他们引向自己关于最佳政制的书,以获得更完整的图景。对这些伟大治邦者的研究,结合马尔库斯关于普遍正义的教义,能够为我们找到公民教育和训练中的所有合理因素提供坚实的基础。呼吁回到西塞罗关于最好共和国的作品,提醒读者《论共和国》处于西塞罗《论占卜》中给出的作品目录的中心位置。[98]西塞罗告诉我们,de legibus[论法律]的作品是 de re publica[论共和国]的作品的续作,这意味着关于法律的作品也处于中心位置。这同时暗示,完整的教育要求对西塞罗在目录中提到的所有作品进行细致研究,这种教育和训练将涵盖从哲学到政治,最终到修辞的整个领域。

---

97 J. G. F. Powell, "The *rector rei publicae* of Cicero's *De Republica*," *Scripta Classica Israelica* XIII(1994): 19-29,特别是第 22、27 页。

98 《论占卜》II.1—4。

最好共和国中的票板表决法
和赞同的作用（33—39）

我们知道这个共和国将由最优秀者领导，但是，人民作为一个整体会怎样参与到统治中？这个问题将对话者带到"困难的、进行过许多讨论"（difficili ac multum et saepe quaesita）的话题，即票板表决法。票板表决法包括选举官员、陪审团审判和通过新的法律，尤其是马尔库斯的法律，即人民拥有表决的自由，但是这一表决必须向贵族（optimatibus）公开。阿提库斯暗示，这条新的法律相当奇怪，并且很可能具有争议性，他向赫拉克勒斯发誓，自己听过这条法律但是并不理解它。而昆图斯再次表明，他可能不会同意自己的兄长。马尔库斯的回复令自己的兄弟感到惊讶，他告诉昆图斯他同意公开投票是最好的，但在当前讨论的共和国中，不可能建立这样一种制度。换言之，审慎意味着，这个混合共和国需要全民无记名投票，但这种投票必须按要求开放给最好的人，即那些拥有最好教育的元老院成员。马尔库斯在这里呼吁昆图斯的审慎，这一呼吁被置若罔闻：昆图斯不能容忍任何贵族特权的削弱。

这个话题被证明和保民官公职的创建一样具有争议性，因为它指向共和国的核心，并且像保民官那样，牵涉到人民的统治。昆图斯对明智或至少涉及绝大多数人民的明智没有什么耐心：他说，在为正确的事业辩护时，宁愿被武力压服，也好过因为糟糕的票板表决法而放弃贵族的权威。我们看到的是，昆图斯和马尔库斯都同意，最优秀者的统治是最好的，但他们在如何实现这一目标上存在分歧。马尔库斯看到，如果人民被强制合乎德性地行动（真正的德性不能被强制——它"因其自身"而被追求），[99]这就绝不会是混

---

99 《论法律》I.37。

合的共和政制。相反,它变成某种对人民同意怀有敌意的贵族制。在最严格的意义上,"公共的事物"(res publica)将不再是"人民的事物"(res populi)。[100]确实,昆图斯试图把德性——也就是他自己版本的德性——强加给不情愿或至少不知情的人,并不仅限于平民。历史向我们显示,最强大的人滥用自己的权力时,往往会被他所支持的那种口头表决惩罚。因此,如果目标是好的政制,确实没有必要废除口头表决。换言之,口头表决允许贵族为了所有公民的利益进行统治,而当他们滥用职权时,也为其最有效地提供惩罚。与此相反,对全体人民而言,就像对最强大的人那样,秘密投票是不利的:如果有这样的机会,昆图斯应该会剥夺"有权势者"(potentibus)为了错误事业躲到票板背后的"过度欲望"(nimia libido)——他应该会保留口头表决。他应该会阻止贵族们屈服于对这样一种表决方式的要求,它允许权贵们隐藏在其缺点(vitiosum)背后,这反过来导致更深远的恶,即贵族无法了解人民的想法。

马尔库斯列举四种具体的票板表决法来支持自己的观点后,要求马尔库斯拥护最好的事物,而不仅仅是拥护那些此时此刻最实际或最流行的事物(populo obtineri possit)。他进一步提醒自己的对话者,他们现在不是在审查罗马人民的法律,而是在追溯那些已经不再被使用的法律,或者编写新的法律。他们在寻找最好的事物,而这不正意味着,他们应该愿意和能够抛开所有对人民做出的让步?对于昆图斯而言,最好的法律等同贵族的统治,除此别无其他。他的贵族冲动或许应该受到钦佩:他寻求一个这样的政制,其中所有人都合乎德性地行动,并且毫无理由将自己"隐藏"(occultaret)[101]在秘密投票背后。但情况会不会是这样,无论理论上最

---

100 《论共和国》I.39,48。
101 《论法律》III.34。

好的事物是什么,有瑕疵的人类本性在实践中要求类似票板这样的事物?最好的共和国确实以少数人和多数人、贵族和民众之间的混合为特征。忽视这个事实意味着忽视人类本性,并且忘记"法律是植根于自然的最高理性"。[102]昆图斯假装这个共和国可以简单地由最优秀的人统治,不考虑生活在其中的公民,这些公民被期望无条件地遵循贵族的命令。他没有看到的是,马尔库斯的处方包含民众,正是因为这样做能够带来更好的共和国,并且这一点对包括贵族在内的所有公民都真实。在不用考虑全体人民的情况下,最优秀者的宽宏,更容易偏向由过分自豪推动的自我满足。通过把贵族与民众联系在一起,马尔库斯使共和国成为真正的"公共的事物",并且因此使它真正地具有政治性。对正义政制这个难题的解决,他拒绝使之成为贵族自豪感的牺牲品,通过这样做,他为政治哲学引荐这一政制打开了一扇窗户。

马尔库斯在回应昆图斯的长篇大论时也表达了类似的观点。共和国中的好人会拥有和使用他们的权威,以鼓励民众跟随他们的好榜样。他允许民众拥有票板表决的自由,只要他们在被要求时愿意把票板向最好的和在政治上最严肃的(gravissimo)公民展示。昆图斯似乎没有看到,马尔库斯赋予人民自由和权力,以一种高尚的方式满足共和国的优秀者。马尔库斯把"高尚的"特征应用到人民的行为上,从而扩大了其范围和影响。我们记得,对于廊下派而言,只有贤哲才真正高尚。但是,在这个共和国中,人民也有可能是高尚的,通过选择最优秀的人统治自己、投票支持最好的法律,以及做出最好的司法裁决,他们展现自己的荣誉——和自己的德性。马尔库斯再一次拒绝廊下派把荣誉这样一个在政治上非常重要的德性归为己有的做法,与此同时,他也确立了一条在任何

---

102 《论法律》I. 18。

情况下既给予民众某种自由,又保留好人权威的法律。[103]共和国中的人民将享有理所当然的自由,只要他们是为了最好的事物而使用这种自由。请注意,在这个最好的共和国中,被分离开来的不是"少数人"和"多数人",而是"优秀者"和"人民",或者更经常的是optimates[最优秀者]或"统治者"和人民。统治者之所以成为统治者,是因为其卓越的德性,而不是因为阶层、财富或家族地位。这些优秀者在其他优秀者的认同下统治,不是因为他们天生被认同或通过收买得到认同,而是因为他们配得上这份认同。

阿提库斯和昆图斯就其天性和教育而言都属于贵族,他们代表了西塞罗和所有创制者在尝试恢复或创建真正的共和国时必须面对的那种人。作为贵族行动派的昆图斯和作为贵族享乐派的阿提库斯,他们都表示对创建共和国抱有兴趣,但是又都对这个共和国心怀蔑视。自然法共和国的成功依赖于人民的德性,而这样的贵族永远都会成为其创建过程中的阻碍。无论他们宣称自己多么强烈地热衷于实现这一事业,他们在天性上就对这样一种事业抱有怀疑,马尔库斯为了真正的共和国与他们进行争辩。在这场对话中,马尔库斯能否成功地为一个真正的混合共和国提出论据,将决定自然法政制能否通过这种立法实现。

从元老院到法律维护者(40—49)

马尔库斯跳过了下一条法律,它要求人民选出额外的官员,来处理法典颁布后可能出现的任何必要任务。马尔库斯没有解释这

---

103 参 Ursula Hall,"'*Species Libertatis*': Voting Procedure in the Late Roman Republic," in *Modus Operandi: Essays in Honour of Geoffrey Rickman*, ed. Michel Austin, Jill Harries, and Christopher Smith, London: Institute of Classical Studies, University of London, 1998, 15-30。除了提供关于票板表决使用情况的发展历史,从"民主参与"的角度说明它最终的失败,霍尔还告诉我们,关于为罗马"引入 tabella[票板]的法律的唯一详细解释",来自《论法律》的这一部分。

条法律,这一点令人感到困惑,但我们确切地知道,除非得到人民的批准,否则不能设立任何额外的官职,从而保证自然法政制中的任何修改或补充都在根本上取决于人民。[104]

在一条列举拥有权利和威望主持人民会议和元老会议的团体的法律之后,马尔库斯要求在会议上保持节制,节制对任何正义共同体的稳定都是最重要的元素。不仅整个政制要在共和国中培养节制,马尔库斯还规定社会中的各个阶层以节制的精神追求目标。通过这样做,马尔库斯进一步表明,他试图建立一个所有现实共和国都应设法达到的自然标准。[105]任何提交给人民或元老院的事务,都必须冷静平和地讨论和辩论。法律要求元老必须出席会议,按次序发言,且简洁扼要。马尔库斯主张,不仅在元老那里,而且在演说者那里,都应该极力称赞简洁。几乎是在这场对话的开头,马尔库斯就赞扬了简洁的重要性,并在制定法律条文时谨慎地遵守这个要求。立法者的时间有限,他必须在短时间内完成重大的任务。[106]接下来的法律要求元老掌握关于人民的知识,它表明任何元老要进行正义的统治,就必须掌握实践的知识:他必须熟悉与军事、财政、同盟、朋友、纳贡者、法律、协议和条约有关的事务。元老必须拥有"知识、勤勉和记忆力",才能出色并光荣地履行职责。通过对元老们提出这些要求,马尔库斯再次表明他要追求的是最好的共和国:他的标准是知识,而非财富、出身或社会地位。[107]

在这之后,马尔库斯转向了人民:在共和国的日常程序中,没有比诉诸暴力更有悖于正义和法律(iuri ac legibus)的行为。[108]解

---

104 《论法律》III. 10。
105 见《论共和国》I. 52, 69。
106 《论法律》II. 23; III. 12。
107 《论法律》III. 41;另参柏拉图:《法义》709d—710b,雅典异乡人告诉他的对话者们,最好、最快地建立最佳政制的方式,是让最好的立法者遇到由一位年轻僭主统治的城邦,并且这位年轻僭主拥有如下品质:记忆力强、好学、勇敢、高尚,以及最后同样很重要的节制。
108 《论法律》III. 42。

决暴力问题,部分地依靠否决权:任何同等或更大的权力可以否决另一权力。没有行动总比坏的行动好,这条格言让人回想起之前的一条法律,即所有官员拥有占卜的权力,以制止人民的不义冲动。[109] 马尔库斯通过立法确定了一种制度框架,它有助于防止某种不义的利益诉求主宰共和国的其他利益,并借此教导公民,任何正义的立法都应该考虑到社会各个阶层。如果这种普遍否决权未能实现预期效果,责任将由主持会议者承担,他对任何煽动性行为负有责任。任何否决坏法律的人,将受到共和国的正式感谢和颂扬,这项公共奖励可以鼓励官员帮助而不是破坏共和国的事业。共和国的拯救者会受到赞美和尊敬,而那些试图煽动暴力以满足个人野心的官员,则会受到辱骂和正当的惩罚。这些法律试图让野心和私利服务于共和国,而不是反对共和国。

马尔库斯接下来讨论了关于占卜和占卜官的法律,它们已经是罗马公共制度或习俗中的一部分,也包含在法律中。官员被要求听从占卜官,后者应该在国家遇到严重困难时始终在场,并且随时待命。占卜官带着朱庇特和其他神的权威,而这种权威拥有不可估量的价值,尤其是在叛乱或内战时期。马尔库斯此前告诉我们,共和国中没有什么法律比宗教法更重要。[110] 它们的重要性首先来自这样一种可能性,即恰当使用占卜可以给共和国带来"援助"(opem)。[111] 至高之神统治这些法律,赋予它们权威和支持,但是朱庇特必须为共和国效力。官职法和宗教法一样,必须考虑占卜官这个具有政治影响力的宗教职位。法律的关注点在于使占卜官服务于自然上最好的政制。所有的法律服务于以自然为导向的正义

---

109 《论法律》III. 27。
110 《论法律》II. 69。
111 《论法律》III. 43。

目的。[112]

马尔库斯曾面临并度过一次危机,这使他回想起十二铜表法中的两条法律。十二铜表法古老而令人尊敬,被马尔库斯描述为最杰出的(praeclarissimae)法律。其中一条法律规定,仅对个人或私人生效的法律(privilegia)不能被通过。法律就其定义而言必须对整个共和国具有普遍效用,否则它就不是法律,而仅仅是强者施加给弱者的暴政。另一条法律规定,只有在最大的公民会议(maximo comitiatu)上才能对个人的公民身份做出决议。十二铜表法的第一条规定,保证了法律的公平性:没有比法律不能平等地适用于政制中所有公民更不公正的了。法律的定义——法律的本质——要求它适用于所有人,正如普遍法律植根于人类的共同本性。[113]上述第二条法律规定,在涉及个人性命或公民身份时,例如在流放的情况下,必须强制所有民众参与决议。这样的法律能够迫使公民广泛而严肃地思考公民身份的意义。[114]保留这两条法律还有额外的好处,马尔库斯的兄弟和朋友曾指责他偏袒民众,且颁布只会给共和国带来麻烦的票板表决法,这两条法律则可以平息他们的批评。它们能够警惕和监视那些在大会上代表平民利益的"煽动性的平民保民官"(seditiosis tribunis plebis)。[115]平等地适用于所有人的法律,就不可能以某种方式被用来摧毁一个伟大人物。公民身份和生死的问题,只能由不同年龄、等级和财富的公民共同决定,马尔库斯声称这样更有可能在决定这些重大问题时得到良好的建议。强制公民混合确保对个人施加不义的派系不太可能形成。

---

112 考虑《论法律》I. 21;II. 8, 15。在此之前对占卜官和占卜的处理,包括它们在政治上的重要性以及关于占卜所提出的问题,见《论法律》II. 20—21, 30—33。
113 《论法律》I. 15, 17, 29, 37, 42。
114 关于这条法律的范围,见 Andrew R. Dyck, *A Commentary on Cicero, De Legibus*,544-45。
115 《论法律》III. 44。

在简单地介绍有关贿赂的法律以后，马尔库斯转向了最后一条法律，他告诉我们这条法律现在已经不被采用，[116]但它对最好的共和国来说是必要的。马尔库斯希望效仿希腊人——在这方面他们比罗马人更用心——为自己的法律设立了法律维护者（nomophulakes）。马尔库斯扩展了监察官的公职，将其纳入法律的保管范围，通过这样做，他解决了卷三中最初引入监察官时出现的问题。马尔库斯对法典中那个部分的解释已经遗失了，因此对于监察官及其与柏拉图法律维护者之间可能存在的关联，还有一些不确定性。现在这个部分的解释则使监察官和柏拉图法律维护者之间的关系更加明确——在对话的前面部分中，监察官据称拥有规范道德的职责，他们和法律维护者之间的关联只是一种可能性。这些维护者的职位没有期限，他们监督法律文本，并确保人们的行为符合共和国的法律。官员卸任时必须到监察官面前解释自己的履职情况，而监察官应该对他们做出评判（praeiudicent）。

马尔库斯现在到了法律的结尾部分，他的结尾让我们想起柏拉图《法义》的结尾，在那里，柏拉图建立审判员制度，这些审判员将听取卸任官员的陈述，并且宣布对他们的评判。[117]与柏拉图的审判员合作的是其他法律维护者，包括神秘的夜间议事会。[118]与之相对，马尔库斯制定了监察官的职位，来完成所有这些工作，他们拥有非常显赫的官方地位，并在光天化日之下做出评判。两部著作在这一点上的区别，与两位作者各自不同的计划密切相关。柏拉图的政制最终看起来是一种混合的哲学政体，其中包含民主制和寡头制的成分。[119]夜间议事会很明显是一种哲学委员会，它由政制

116　J. G. F. Powell, "Were Cicero's *Laws* the Laws of Cicero's *Republic*?" 26. 他说监察官制度是对西塞罗原创性的证明："他提出的一些建议很明显具有创新性，最显著的例子是无期限的法律监察和保管制度（尤其参 III. 46）。"
117　柏拉图：《法义》945b4—947e8。
118　柏拉图：《法义》962b4 及以下。法律维护者最先在 752e1 及以下被立法确定。
119　亚里士多德：《政治学》1265b28—1266a22。

中最智慧的人组成,并带有隐蔽性质,适合于一种不受限于任何法律的哲学统治。议事会的主要任务是找到一个凝聚所有事物、具有统一性的"理念",并确保这个"理念"支配政制中的法律,这是一项极具柏拉图色彩的事业。此外,只有"神样的"且"努力掌握关于诸神存在的一切证据"的人,才会被允许加入这个委员会。[120]

另一方面,马尔库斯的监察官形成共和国中确定、可知和可见的部分。我们可以推测,监察官是精英中的精英,他们从那些将要组成未来元老院的人中挑选出来,而未来元老院制度只有通过恰当的教育和训练才会产生。这一事实揭示出马尔库斯的监察官(及其元老)与柏拉图的夜间议事会之间的相似之处:这些官员都不可能于当前出现,而是只有经过大量学习和教育,才可能出现于某个未知、遥远的未来。如果这样的人能够被找到,他们就必须被迫掌权——无论在元老院中还是在夜间议事会中——并被赋予统治的权威。[121]

马尔库斯对法律维护者简短而公开的描述,符合西塞罗与柏拉图在更宽泛意义上的差异,也符合西塞罗为贤人而非哲人提供教导的意图。不出意料,马尔库斯在这场关于最好法律的讨论结束时重申了简洁的必要性——这一点就足以说明问题。这种差异不仅在结尾处显而易见:通过建立他自己版本的法律维护者制度,马尔库斯明确提醒对话者柏拉图的《法义》,并有意使我们注意他在这场对话开头对柏拉图的模仿,从而突出了这中间的巨大差别。马尔库斯在总结时提醒阿提库斯和昆图斯,如果他们希望继续这场对话,就应该按照自己认为合适的方式思考和谈论自然法,但是,一旦涉及罗马人民的法律,他们就有责任捍卫留传下来的事物。在最好的共和国中,公民的首要职责是忠诚,只不过忠诚仅限

---

120 柏拉图:《法义》965c1—966d4。
121 比较《论法律》III. 28—29, 46—47 和柏拉图:《法义》968c4—9。

于自然法的范围。尽管没有言明,但马尔库斯暗示,如果罗马法律与自然法产生冲突,罗马法律就必须让步,遵循自然法。事实上,对话者们从一开始就遵从这条忠告。这场对话为未来的立法者提供了模仿的样本。阿提库斯最后发言,他告诉马尔库斯这正是自己期待的那种研究,从而表示对马尔库斯的支持。这场对话以对实现正义共和国的期待结束。[122]

结　语

《论法律》卷三以对未来的期望结束。遵循整篇对话的特点,这一卷的最后也留给我们这样的认识,即关于最好的官职制度,永远有更多可以讨论的内容。正如柏拉图《法义》的结尾留给我们的印象是还有更多有待完成的工作。[123]当然,任何试图仿照马尔库斯的自然法建立现实共和国的人类立法者,永远有更多要完成的事。马尔库斯已经完成的,只是在斯基皮奥的最佳政制中,为政治公职的建立制定必要的法律。卷二试图解释宗教和宗教信仰的事实,并且通过这样做,认识到这些信仰在每个政制中都呈现为特定的形式。但卷三为公职和官员的合理混合提供政治性的处方,其目的被明确而直接地表述为正义。卷二中的神明必须以谦卑的虔敬着手处理——共和国最多能做的,是为了公共利益规范私人崇拜,从而使宗教按照(或至少不反对)卷一中提出的自然标准行事——而在卷三中,正义是目标,理性将决定对官职的最好安排。

这种最好的安排主要表现在元老的地位上,或者更确切地,是贵族或统治者的地位。这些词可以交替地使用,用于描述那些将要领导共和国的人。事实上,统治者确实是最佳政制中的最优秀

122　《论法律》III. 49；另参 I. 14。
123　柏拉图：《法义》969c5—d3。

者，他们因此不会是财富或出身上的贵族，而是德性上的贵族。再次考虑斯基皮奥在《论共和国》中的教导：他告诉我们，没有哪类比这更丑恶的(deformior)政制，其中最富裕的人(opulentissimi)被认为是最优秀的人。相反，最优秀的(praeclarius)共和国类型是由德性统治的共和国。[124]那些最优秀的人，即共和国的领导者或统治者，在元老院中拥有正式的、制度化的家园。元老院制度作为行为的榜样服务于政制，通过对这一制度的检查，马尔库斯表明最优秀者并不限制于任何形式上确定的职责。他们的影响渗透于整个政制，单凭感受就可以判断他们处于元老院建筑之内或之外。最优秀者拥有的最大权力，在于塑造公民同胞们的灵魂：在讨论元老院作为政制的典范时，马尔库斯直截了当地让人注意到这一事实，并借此机会对柏拉图关于音乐的错误教义进行最严厉、最公开的批评。音乐的堕落并不会腐化一个政制——尽管马尔库斯此前在这一点上同意柏拉图，即"没有什么事物"(nihil)像音乐一样容易影响年轻的灵魂[125]——共和国中领导者、统治者品性和灵魂的堕落才会腐化政制。

最优秀的人或好人构成西塞罗教义中本质的方面，原因与此相同：最好共和国的法律以法典的形式提出，并在法典之后对法律进行解释。相比之下，有别于西塞罗，柏拉图以渐进的方式颁布法律，这需要大量的辩证交流才能使意见达成一致。柏拉图逐一讨论和解释每条法律，并总是以辩证的形式进行，但西塞罗抛弃了这一惯例。相反，他选择写下法典的方式，对于每天都和法典打交道的人(如元老和其他官员)更为熟悉。我们对西塞罗法典的考察越深入，就越不会觉得他是柏拉图的效仿者。鉴于自然法共和国的主张，即它更类似于人类生活并考虑了政权的所有要素，西塞罗

---

124 《论共和国》I. 51—52。
125 《论法律》II. 38。

的法典与柏拉图截然不同也就不足为奇了。柏拉图的辩证对话是哲学性对话，西塞罗的则不是：马尔库斯扮演了立法者的角色，一次性为最佳政制立法，然后才解释他的法律。柏拉图的政制在每一个步骤中都要求解释，尤其是讨论中的政制最终是哲人的政制，因为没有智慧者会认同任何仍然处于辩论中的步骤，除非已讨论并决定了前一个步骤。

西塞罗对最好的人或好人的诉求，在这个意义上非常不同于对至上贤哲的诉求，这些贤哲在现实政治中，甚至是在最好的政制中可能出现，也可能不出现。相比之下，最好的人或好人实际上在几乎所有政制中都可能存在，尤其是良好和公正的政制中。这将有助于解释，为什么在开始解释官职法时，马尔库斯向对话者们特别强调，这个话题主要起源于以柏拉图——哲人中的王者——为首的哲人家族。此外，他说亚里士多德在关于这个话题的调查和争论中，"照亮了整个公民生活的领域"。[126] 马尔库斯诉诸亚里士多德，尤其是在轮流统治与被统治上，一个重要原因在于，亚里士多德似乎为非贤哲建立良好且公正的统治敞开了大门。毕竟，至上贤哲没有理由被其他人统治，事实上，如果贤哲存在于政制中，我们会偏向于接受他的统治。按照定义，贤哲不可能受制于那些限制其他公民的条规和法律。至上贤哲将成为他自己的统治者。西塞罗关心混合共和国的立法问题，对于他而言，即使最优秀的人也必须受到法律权威的控制。任何政制都包含统治者、贵族和人民，其中官员来自人民，必须受制于共同的法律，而哲人的政制则无须如此。智慧者不需要任何法律来强迫或限制自己，而这正是法律，尤其是最好的自然法的功能。[127] 一条进行命令和限制的法律只适用于且有益于所有达不到贤哲状态的人，这包括了所有或几乎所

---

126 《论法律》III. 14。
127 《论法律》I. 18。

有人类。在这个领域内,最正义的法律能够成功地令行禁止,正是因为它们适用于最好的人类,他们研究这些法律并将它们作为指南。在马尔库斯眼中,至善者或好人,正是那些试图认识自然法,并且害怕自然法可能带来的最高惩罚的人:对不道德行为的认识,折磨着最优秀的灵魂中最好的良心。[128]

---

128 《论法律》I. 40; II. 24, 43—44;另参 III. 29:未来最好的人会痛苦地知道自己的过错,并且因为他们拥有这一自我认知,甚至不愿意进入元老院。

第五章　结语：哲学、政治和修辞

在《论占卜》卷二开头，西塞罗告诉我们，他着手写作关于政治哲学的著作，是为了以"最好的技艺方式"（optimarum artium vias）引导公民同胞。在接下来他的作品目录中，我们可以看到从最开始的哲学（《霍尔腾西乌斯》[Hortensius]）到最后的演说术（《演说家》[Orator]）的发展轨迹。这个目录列出了13部作品，《论共和国》正好处于中间位置；它作为哲学和修辞之间的桥梁，连接了哲学的劝诫与完美演说家特有的劝诫。[1]西塞罗对《论法律》的本质做出众多声明，表示它意在充当斯基皮奥最佳政制的立法典范，如果我们严肃地对待这一点，《论法律》就应被视为《论共和国》的必要续作和完成篇。[2]换言之，若西塞罗要把《论法律》放进他的作品目录中，我们可以设想，他应该也会把它和《论共和国》一起直接放在中间。关于共和国的作品和关于法律的作品，作为关于创制的全部教诲的两个部分，将共享哲学和修辞之间的中心位置。

西塞罗没有把《论法律》列入作品目录，这件事令人感到困惑，但已经考虑过的内部证据至少部分解释了遗漏的原因。这个证据表明，最佳政制的法律不存在于任何具体的时空中，而应被看作这样一个标准，所有创制者或立法者可以向它看齐以制定自己的法律，即使他们永远无法真正达致这一标准。最好的法律具有

---

[1] 《论占卜》II.1—4。
[2] 《论法律》I.20; II.14, 23; III.4, 12; 马尔库斯在每一组法律被提出前后都表示，他希望这些法律被理解为斯基皮奥最佳政制中的法律。

同时回顾过去和展望未来的特点。[3]最好的法律是一直存在并将永远存在的法律,正因如此,人类法律不断地朝着它努力,但永远无法真正实现。通过拒绝把这部关于法律的作品置于自己其他政治哲学作品的情境中,[4]或给予它任何历史的情境,西塞罗强调最好的法律的非时间性和永恒性。这不是说最好的法律完全抽离于现实政治之外:如果最好的法律要造福于人类,它就必须考虑到人们的生活;它必须适用于现实的政制或共和国。任何自然法创制者或立法者必须从一个现实政制或共和国出发,正如西塞罗从一个理想的罗马出发;从来没有创制者或立法者像柏拉图的《法义》所暗示的那样从头开始。这就是为什么西塞罗的法律著作是他对最优秀共和国的著作的续篇:研究那些存在于任何共和国之前的最好法律,要求我们事先解释一个理想化的罗马,这个罗马适合接受那些最优秀的法律。总有一些材料需要处理,因此创制者自然会受到一些限制。最好的共和国始于这个给定的材料——西塞罗在《论共和国》中密切地结合这一材料进行工作,但它可能在自身之外,在它自己的法律之外,寻找用来管理自己的立法标准。在这个意义上,西塞罗的计划是对政治限度的认识,而政治限度无非就是人的限度。西塞罗关于建国的教义是对政治节制的教导,这就是为什么最好的共和国是混合的或节制的共和国。

在这场关于法律的对话一开始,这种节制就显而易见。在卷一中,昆图斯的贵族自豪感和统治欲表露无遗,他提出一个不节制的建议,即应该由诗歌或诗学进行统治,而不是由建立在自然基础上的真理来统治。他暗示,没有哪条法律不是人为制定的。马尔库斯在整个卷一中都在反驳这个看法,追溯到以自然为基础的最

---

3 《论法律》I. 19; III. 29。
4 *On the Commonwealth and On the Laws*, trans. James E. G. Zetzel, xxi:"在西塞罗的主要哲学作品中,只有《论法律》一次也没有在西塞罗的书信中被提到过。"

古老法律。讨论的结果是法律的这样一个普遍基础，它吸引了所有相信"正当和高尚"的事物因其自身而可欲的人。马尔库斯以节制的名义，在其他两卷的开头也做了类似的追溯。

卷二以马尔库斯回到最古老的土地开篇，他的祖先曾经步履其上，现在则长眠其中。在卷一的最后，马尔库斯上升到哲学和世界城邦，现在他回到大地，回到自己祖先的家园，以提醒自己和对话者们认识到人类生活的限度和死亡的现实。这个严肃的话题使对话者们坚定地融入大地，并且提醒他们，政治生活由那些关心祖先、死亡和灵魂命运的人所组成。为最好共和国立法的愿望驱使马尔库斯、他的兄弟和他亲爱的朋友返回家园，采取最好共和国中的公民视角。扎根于大地，马尔库斯可以继续描述他对公民身份的双重看法，这一看法将鼓励公民们超越自我和他们私人的神圣仪式而转向罗马，并且确保在这个政制中，不会排斥任何"正当"的宗教或仪式，最好的仪式将成为新的最古老的仪式，而最古老的仪式必须永久保留。马尔库斯试图解释，随着外来神不断涌入罗马帝国，而这些神明因为他们的人民曾被打败过，明显不再是最高的神。通过描述出这样一个宗教法典，它规定只有一位最高神，并由共和国控制其宗教仪式，马尔库斯在某种意义上预示了后来一神教的兴起。

卷一中马尔库斯回到最古老的法律类型，卷二中他回到最古老和最好的宗教，而在卷三中，他回到政治哲学的创立者柏拉图，由此完成自己关于节制的教诲。官职法的教诲来源于柏拉图及其后辈，尤其是亚里士多德。只有在使自己坚定地根植于古老的故土之后，马尔库斯才走出罗马。他这样做时，只是着眼于合乎自然标准的正当统治。马尔库斯教导我们，所有的创制者需要从自身政制的素材出发，才能向自身所处的政制之外寻求合理的哲学指导。换言之，政治正当是自然正当和法律或传统正当的结合。

关于节制的教诲让我们想起，为了立法者的冷静和简明性，有一些话题已被排除在这场对话之外,这实际上就是另一种节制。回想这些话题,我们意识到《论法律》中的讨论并不旨在穷尽人类活动和探究的方方面面,而是为了给共和国提供法律,这些活动只要不会摧毁共和国建立于其上的一般原则,就可以发生于其间。确实,对于最佳政制的健康而言,这些活动被看作是必要的。在整个对话过程中,由于某些话题不适合法律的讨论,马尔库斯便一步一步地禁止或搁置。在建立共和国时谈论某些问题,只会使这样一个共和国永远无法建立。让我们考虑一下,马尔库斯采取了哪些步骤来保证创建过程继续进行:他要求阿提库斯承认神意;他提到修辞的重要性,只是为了把读者引向斯基皮奥在《论共和国》中对这一话题的处理;他把怀疑论者和伊壁鸠鲁学派驱逐出这场对话;他肯定了回避关于 summum bonum[至善]之争的智慧;最后,他坚称需要对公民进行教育和训练,但又拒绝讨论具体细节。[5]

然而,马尔库斯如此明显并尖锐地排除在谈话之外的这些议题,对于正义共和国的创制者依然重要,而这些议题的排除使人关注到创制者教育中缺失但需要的东西。毕竟,试举一例,如果创制者不了解怀疑论者和伊壁鸠鲁学派的教义,他又怎会知道要成功创立一个共和国,就决不能使这些学派与自己的创制计划纠缠在一起呢?同样,马尔库斯暗示,修辞对于创制者而言很重要,但他除了这篇对话本身,并没有提供任何相关的教导。(要了解关于修辞的全部教导,我们需要去阅读《论演说家》、《布鲁图斯》[Brutus]和《演说家》,它们是西塞罗在《论占卜》中所提供目录的最后三部作品。)事实上,整部对话便是劝谕性修辞的一次演练,其目的在于争取那些会为了个人荣誉牺牲共和国的贵族成员们——它呼吁共和国中最好的人,或者那些雄心勃勃想成为最优秀者的人,让他们留意政治哲学的教导。它也试图劝谕那些不同政治哲学学派的成

---

5 《论法律》I.21, 27, 39, 57。

员们,这些人回避政治,部分原因在于他们认为自己已能够把哲学转化为智慧。这两者都发展成了教条主义,而马尔库斯的目的是想把它们从各自的麻木状态中唤醒。尽管在《论法律》中,马尔库斯刻意忽视了这些重要话题的讨论,但这种刻意又表明,他并不希望创制者或立法者无视它们。确切地说,他想要的不仅是把我们引回到《论共和国》中的教义,更是把我们引向《论占卜》中的整个作品目录。自然法立法者必须在各种研究中都接受良好的教育,从哲学到政治到修辞,从《霍尔腾西乌斯》到《演说家》,涵盖一切。

西塞罗在《论演说家》中告诉我们,完备的演说家必须拥有关于所有重要的科学和技艺的知识,对所有公共事务、法律、习俗、正义有了解,但是最重要的是拥有关于人类禀赋和品性的知识。换言之,演说家必须拥有"关于所有德性的知识"。关于人类生活和习俗的这种知识是哲学的一个分支,真正的演说家必须完全掌握。此外,在人们中间找到或发现完美的演说家是一件极为罕见的事情。这是因为演说家必须拥有极为广泛的特质:论辩者的敏锐、哲人的思想、诗人的语言、律师的记忆力、肃剧演员的声音、最伟大表演者的举止。完美的演说家必须在最高程度上将所有这些特质集于一身,当他实践这项由"神"赋予人的技艺时,他本身也显现为"神样的"。这位演说家决不能像"哲人"一样详细探究每一点,而是应该像正当、法律和政治共同体的"创制者"(constituerunt)那样演说。至高的共和国创制者是哲人或哲学研究者与完美演说家的结合,他联结哲学和修辞,并使它们服务于共和国及其法律。[6]《论法律》为我们提供了这样一个演说者的范例,他在适用于创制者的所有正确类型的研究上都受过教育,能看到哲学与修辞间的联系的重要性,并完全有能力依据自然为最好的共和国立法。

---

6 《论演说家》I. 20, 48, 68—69, 128, 202; II. 5, 67—68, 348—349;另参《论演说家》III. 54。

参考文献

Aquinas, Thomas. *Treatise on Law*. Introduction by Ralph McInerny. Washington, D. C. : Regnery, 1996.
Aratus. *Phaenomena*. Translated by G. R. Mair. Cambridge: Harvard University Press, 1977.
Aristotle. *Nicomachean Ethics*. Translated by Joe Sachs. Newburyport: Focus, 2002.
——. *Physics*. In *The Basic Works of Aristotle*. Edited by Richard McKeon. New York: Random House, 1941.
——. *The Politcs*. Translated, and with an introduction, notes, and glossary, by Carnes Lord. Chicago: The University of Chicago Press, 1984.
Austin, M., J. Harries, and C. Smith, eds. *Modus Operandi: Essays in Honour of Geoffrey Rickman*. London: University of London, 1998.
Barlow, J. Jackson. "The Education of Statesmen in Cicero's *De Republica*." *Polity* 19 (1987): 354–56.
——. "The Fox and the Lion: Machiavelli Replies to Cicero." *History of Political Thought* XX, no. 4 (Winter 1999): 627–45.
Barnes, Jonathan. "Antiochus of Ascalon." Pp. 51–96 in *Philosophia Togata I: Essays on Philosophy and Roman Society*, edited by Miriam Griffin and Jonathan Barnes. Oxford: Clarendon Press, 1997.
Barnes, Jonathan, and Miriam Griffin, eds. *Philosophia Togata II: Plato and Aristotle at Rome*. Oxford: Clarendon Press, 1999.
Beard, Mary. "Cicero and Divination: The Formation of a Latin Discourse." *Journal of Roman Studies* 76 (1986): 33–46.
——. "Lucky City." Review of *Cicero: A Turbulent Life*, by Anthony Everitt. *London Review of Books* 23, no. 16 (August 2001): 3–6.

Beard, Mary, and John North. *Pagan Priests: Religion and Power in the Ancient World*. Ithaca: Cornell University Press, 1990.

Benardete, Seth. "Cicero's *De Legibus* I: Plan and Intention." *American Journal of Philology* 108, no. 2 (Summer 1987): 295-309.

Bell, Andrew J. E. "Cicero and the Spectacle of Power." *Journal of Roman Studies* 87 (1997): 1-22.

Bruck, Eberhard F. "Cicero vs. the Scaevolas: RE: Law of Inheritance and Decay of Roman Religion (*De Legibus* II, 19-21)." *Seminar: An Annual Extraordinary Number of the Jurist* (School of Canon Law: Catholic University of America) 3 (1945): 1-20.

Brunt, P. A. "Philosophy and Religion in the Late Republic." Pp. 174-98 in *Philosophia Togata I: Essays on Philosophy and Roman Society*. Oxford: Clarendon Press, 1997.

Carlyle, R. W., and A. J. Carlyle. *A History of Mediaeval Political Theory in the West*. Vol. 1. London: William Blackwood and Sons, Ltd., 1950.

Cicero, Marcus Tullius. *Ad Atticum*. Vol. 4. Edited and translated by D. R. Shackleton Bailey. Cambridge: Harvard University Press, 1999.

—. *Brutus. Orator*. Translated by G. L. Hendrickson and H. M. Hubbell. Cambridge: Harvard University Press, 1939.

—. *De Finibus Bonorum et Malorum*. Translated by H. Rackham. New York: The Macmillan Company, 1914.

—. *De Legibus*. Edited by Konrat Ziegler. Heidelberg: F. H. Kerle Verlag, 1950.

—. *De Natura Deorum, Academica*. Translated by H. Rackham. Cambridge: Harvard University Press, 2000.

—. *De Officiis*. Translated by Walter Miller. Cambridge: Harvard University Press, 1968.

—. *De Oratore, Books I-II*. Translated by E. W. Sutton and H. Rackham. Cambridge: Harvard University Press, 1942.

—. *De Oratore, Book III. De Fato. Paradoxa Stoicorum. De Partitione Oratoria*. Translated by H. Rackham. Cambridge: Harvard University Press, 1942.

——. *De Re Publica, De Legibus*. Translated by Clinton Walker Keyes. Cambridge: Harvard University Press, 1994.

——. *De Re Publica, De Legibus, Cato Maior De Senectute, Laelius De Amicitia*. Edited by J. G. F. Powell. Oxford: Oxford University Press, 2006.

——. *De Senectute, De Amicitia, De Divinatione*. Translated by William Armistead Falconer. Cambridge: Harvard University Press, 1996.

——. *Letters to Atticus*. 4 vols. Edited by D. R. Shackleton Bailey. Cambridge: Harvard University Press, 1999.

——. *On the Commonwealth*. Translated and with an introduction by George H. Sabine and Stanley Barney Smith. Columbus, OH: Ohio State University Press, 1929.

——. *On the Commonwealth and On the Laws*. Translated and edited by James E. G. Zetzel. Cambridge: Cambridge University Press, 1999.

——. *The Republic and the Laws*. Translated by Niall Rudd, with an introduction and notes by Jonathan Powell and Niall Rudd. Oxford: Oxford University Press, 1998.

——. *Tusculan Disputations*. Translated by J. E. King. Cambridge: Harvard University Press, 1996.

de Coulanges, Numa Denis Fustel. *The Ancient City: A Study on the Religion, Laws, and Institutions of Greece and Rome*. Baltimore: The Johns Hopkins University Press, 1980.

Colish, Marcia L. *The Stoic Tradition from Antiquity to the Early Middle Ages*. Vol. 1 of *Stoicism in Classical Latin Literature*. Leiden: E. J. Brill, 1985.

Cumming, Robert Denoon. *Human Nature and History*. 2 vols. Chicago: The University of Chicago Press, 1969.

Dolganov, Anna. "Constructing Author and Authority: Generic Discourse in Cicero's *De Legibus*." *Greece and Rome* 55, no. 1 (April 2008): 23-38.

Douglas, A. E. *Cicero*. Oxford: Clarendon Press, 1968. Reprint, 1979.

Dyck, Andrew R. *A Commentary on Cicero, De Legibus*. Ann Arbor: The University of Michigan Press, 2004.

Everitt, Anthony. *Cicero: The Life and Times of Rome's Greatest Politician*. New York: Random House, 2001.

Ferrary, Jean-Louis. "The Statesman and the Law in the Political Philosophy of Cicero." In *Justice and Generosity: Studies in Hellenistic Social and Political Philosophy*, edited by Andre Laks and Malcolm Schofield. Proceedings of the Sixth Symposium Hellenisticum. Cambridge: Cambridge University Press, 1995.

Fortenbaugh, William W. and Peter Steinmetz. *Cicero's Knowledge of the Peripatos*. Rutgers University Studies in Classical Humanities 4. New Brunswick: Transaction Publishers, 1989.

Fortin, Ernest. "Augustine, Thomas Aquinas, and the Problem of Natural Law." *Mediaevalia* 4 (1978): 182–86.

Glucker, John. "Cicero's Philosophical Affiliations." Pp. 34–69 in *The Question of "Eclecticism": Studies in Later Greek Philosophy*, edited by J. M. Dillon and A. A. Long. Berkeley: University of California Press, 1988.

Griffin, Miriam. "Philosophy, Politics, and Politicians at Rome." Pp. 1–37 in *Philosophia Togata I: Essays on Philosophy and Roman Society*, edited by Jonathan Barnes and Miriam Griffin. Oxford: Clarendon Press, 1997.

Griffin, Miriam, and Jonathan Barnes, eds. *Philosophia Togata I: Essays on Philosophy and Roman Society*. Oxford: Clarendon Press, 1997.

Gorler, Woldemar. "Silencing the Troublemaker: *De Legibus* I. 39 and the Continuity of Cicero's Skepticism." Pp. 85–113, in *Cicero the Philosopher: Twelve Papers*, edited by J. G. F. Powell. Oxford: Clarendon Press, 1999.

Hall, Ursula. "'*Species Libertatis*': Voting Procedure in the Late Roman Republic." Pp. 15–30 in *Modus Operandi: Essays in Honour of Geoffrey Rickman*, edited by Michel Austin, Jill Harries, and Christopher Smith. London: Institute of Classical Studies, University of London, 1998.

Hamilton, Alexander, James Madison, and John Jay. *The Federalist Papers*. Edited by Clinton Rossiter. With an introduction and notes by Charles R. Kesler. New York: Mentor Books, 1999.

Hathaway, R. F. "Cicero, *De Re Publica* II, and His Socratic View of History." *Journal of the History of Ideas* 29, no. 1 (1968): 3–12.

Holton, James E. "Marcus Tullius Cicero." Pp. 155–75 in *History of Political*

Philosophy, 3rd ed., edited by Leo Strauss and Joseph Cropsey. Chicago: The University of Chicago Press, 1987.

Homer. *Odyssey*. Translated and with an introduction by Richmond Lattimore. New York: Harper Perennial, 1991.

Horsley, Richard A. "The Law of Nature in Philo and Cicero." *Harvard Theological Review* 71 (1978): 35-59.

How, W. W. "Cicero's Ideal in His *De Re Publica*." *Journal of Roman Studies* 20 (1930): 24-42.

Kant, Immanuel. *Fundamental Principles of the Metaphysic of Morals*. Translated by T. K. Abbott. Amherst, NY: Prometheus Books, 1988.

Kempshall, M. S. Review of Marcus Tullius Cicero, *On the Commonwealth and On the Laws*, translated by James E. G. Zetzel. HER, cxix 480 (February 2004): 182-84.

Kenter, L. P. De Legibus: *A Commentary on Book One*. Amsterdam, 1972.

Kesler, Charles R. "Cicero and the Natural Law." Ph. D. diss., Harvard University, 1985.

Keyes, Clinton Walker. "Did Cicero Complete the *De Legibus*?" *American Journal of Philology* 58, no. 4 (1937): 403-17.

—. "Original Elements in Cicero's Ideal Constitution." *American Journal of Philology* 42, no. 4 (1921): 309-23.

Koester, Helmut. "NOMOS PHYSEOS: The Concept of Natural Law in Greek Thought." Pp. 521-41 in *Religions in Antiquity: Essays in Memory of Erwin Ramsdell Goodenough*, edited by Jacob Neusner. Leiden: E. J. Brill, 1968.

Kries, Douglas. "On the Intention of Cicero's *De Officiis*." *Review of Politics* 65, no. 4 (Fall 2003): 375-93.

Lacey, W. K. *Cicero and the End of the Roman Republic*. London: Hodder and Stoughton, 1978.

Livy. *Ab Urbe Condita*. Edited by H. E. Gould and J. L. Whitely. New York: St. Martin's Press, 1993.

—. *The Early History of Rome*. Translated by Aubrey De Selincourt with an introduction by R. M. Ogilvie. New York: Penguin Books, 1971.

Locke, John. *Second Treatise on Civil Government*. Edited by Peter Laslett. Cambridge: Cambridge University Press, 1993.

Long, A. A., and D. N. Sedley. *The Hellenistic Philosophers*. 2 vols. Cambridge: Cambridge University Press, 1987. Reprint 1988.

Long, A. A., and Irving Stone, eds. *Problems in Stoicism*. London: Athlone Press, 1997.

Lucretius Carus, Titus. *De Rerum Natura*. Translated by W. H. D. Rouse. Revised by Martin Ferguson Smith. Cambridge: Harvard University Press, 1997.

MacKendrick, Paul. *The Philosophical Books of Cicero*. New York: St. Martin's Press, 1989.

Mehl, David Duane. *Comprehending Cicero's* De Legibus. Ph. D. diss., University of Virginia, 1999.

Merrill, W. A. "The Changes in the Roman Constitution Proposed by Cicero." *Transactions of the American Philological Association* 19 (1888): viii-ix.

Mitchell, T. N. "Cicero on the Moral Crisis of the Late Republic." *Hermathena* 136 (1984): 21-41.

Mitchell, Thomas N. *Cicero: The Senior Statesman*. New Haven: Yale University Press, 1991.

Mitsis, Phillip. "Natural Law and Natural Right in Post-Aristotelian Philosophy: The Stoics and Their Critics." *Aufstieg und Niedergang der romischen Welt 2*, no. 36 (1994): 4812-850.

Nicgorski, Walter. "Cicero and the Rebirth of Political Philosophy." *The Political Science Reviewer* 8 (Fall 1978): 63-101.

—. "Cicero's Focus: From the Best Regime to the Model Statesman." *Political Theory* 19, no. 2 (May 1991): 230-51.

—. "Cicero's Paradoxes and His Idea of Utility." *Political Theory* 12, no. 4 (November 1984): 557-78.

North, Helen. "*Sequar... divinum illum virum... Platonem:* Cicero, *De Legibus* 3. 1." *Illinois Classical Studies* 28 (2003): 133-43.

Plato. *Laws*. Translated, with notes and an interpretive essay, by Thomas L. Pangle. Chicago: The University of Chicago Press, 1988.

—. *Minos*. Translated by Thomas L. Pangle. In *The Roots of Political Philosophy*. Ithaca: Cornell University Press, 1987.

—. *Phaedrus*. Translated by James H. Nichols, Jr. Ithaca: Cornell University Press, 1998.

—. *Republic*. Translated, with notes, an interpretive essay, and a new introduction by Allan Bloom. New York: Basic Books, 1991.

Plutarch. *Lives of the Noble Grecians and Romans*. Translated by John Dryden. Edited and revised by Arthur Hugh Clough. New York: The Modern Library, 1992.

Powell, J. G. F. "Introduction: Cicero's Philosophical Works and Their Background." Pp. 23-26 in *Cicero the Philosopher: Twelve Papers*, edited by J. G. F. Powell. Oxford: Clarendon Press, 1999.

—. "The *rector rei publicae* of Cicero's *De Republica*." *Scripta Classica Israelica* XIII (1994): 19-29.

—. Review of *Eckard Lefevre, Panaitios' und Ciceros flichtenlehre. Vom philosophischen Traktat zum politischen Lehrbuch. Historia Einzelschriften 150*. *Bryn Mawr Classical Review*. Bryn Mawr: Bryn Mawr College, 2002. 08.40.

—. "Were Cicero's *Laws* the Laws of Cicero's *Republic*?" In *Cicero's Republic*, edited by J. G. F. Powell and J. A. North. London: Institute of Classical Studies, 2001.

—, ed. *Cicero the Philosopher: Twelve Papers*. Oxford: Clarendon Press, 1999.

Rawson, Elizabeth. *Cicero: A Portrait*. London: Bristol Classical Press, 1983.

—. "Cicero the Historian and Cicero the Antiquarian." *Journal of Roman Studies* 62 (1972): 106-10.

—. *Intellectual Life in the Late Roman Republic*. London: Duckworth. 1985.

—. "The Interpretation of Cicero's *De Legibus*." In *Roman Culture and Society: Collected Papers*. Oxford: Clarendon Press, 1991.

Robinson, Edward A. "Did Cicero Complete the *De Legibus*?" *Transactions and Proceedings of the American Philological Association* 74 (1943):

109-12.

Sabine, George H. *A History of Political Theory*. New York: Holt, Rinehart and Winston, Inc., 1961.

Sabine, G. H., and S. B. Smith. "Introduction." Pp. 1-102 in *On the Commonwealth*, by Marcus Tullius Cicero. Columbus: Prentice Hall, 1929.

Schofield, Malcolm. "Cicero for and against Divination." *Journal of Roman Studies* 76 (1986): 47-65.

—. *The Stoic Idea of the City*. Chicago: The University of Chicago Press, 1999.

Sharples, R. W. *Stoics, Epicureans and Sceptics: An Introduction to Hellenistic Philosophy*. New York: Routledge, 1996.

Slaughter, M. S. "Cicero and His Critics." *The Classical Journal* 11, no. 3 (1921): 120-31.

Strauss, Leo. *The Argument and the Action of Plato's Laws*. Chicago: The University of Chicago Press, 1977.

—. *The City and Man*. Chicago: The University of Chicago Press, 1978.

—. *An Introduction to Political Philosophy: Ten Essays by Leo Strauss*. Edited by Hilail Gildin. Detroit: Wayne State University Press, 1989.

—. *Natural Right and History*. Chicago: The University of Chicago Press, 1953.

Striker, Gisela. "Cicero and Greek Philosophy." *Harvard Studies in Classical Philology* 97 (1995): 53-61.

—. *Essays on Hellenistic Epistemology and Ethics*. Cambridge: Cambridge University Press, 1996.

Vander Waerdt, Paul A. "Philosophical Influence on Roman Jurisprudence? The Case of Stoicism and Natural Law." *Aufstieg und Niedergang der romischen Welt* 2, no. 36 (1994): 4851-900.

—, ed. *The Socratic Movement*. Ithaca: Cornell University Press, 1994.

West, Thomas G. "Cicero's Teaching on Natural Law." *St. John's Review* (Annapolis: St. John's College) 32, no. 3 (1981): 74-81.

Wilhelmsen, Frederick D., and Wilmoore Kendall. "Cicero and the Politics of the Public Orthodoxy." Pamplona: Universidad de Navarra, 1965. Reprint, *The Intercollegiate Review* 5, no. 2 (Winter 1968-69): 84-100.

Wood, Neal. *Cicero's Social and Political Thought*. Berkeley: University of California Press, 1988.

Xenophon. *Cyropaedia*. Cambridge: Harvard University Press, 1994.

Zetzel, James E. G. Review of *A Commentary on Cicero, De Legibus*, by Andrew R. Dyck. *The Classical Review* 55, no. 1 (2005): 111-13.

Zuckert, Catherine H. "Plato's *Laws*: Postlude or Prelude to Socratic Political Philosophy?" *The Journal of Politics* 66, no. 2 (May 2004): 374-95.

索 引

（索引页码为原书页码，即本书边码）

Acropolis 雅典卫城 26
Adeimantus 阿德曼托斯 24，28
Aquilo 阿奎罗 29，108
Aratus 阿拉托斯 111—113
aristocracy 贵族 167，170，193；the ballot law and 与票板表决法 187—189；in De Re Publica 在《论共和国》中 51，111；nocturnal rites and 与夜间仪式 132；in Plato's Laws 在柏拉图《法义》中 49—51，136
Aristotle 亚里士多德 11，13—14，41，128，171，194，203；and the greatest good 与至善 73—74；and justice 与正义 43—44；on Plato's Laws 论柏拉图《法义》39，54—55；prudence and 与明智 42，118；and ruling 与统治 167—169，176—178
Arpinum 阿尔皮努姆 78，125；and citizenship 与公民身份 97—107，110；and poetry 与诗 24—27
auctoritas 权威 1；religion and 与宗教 141；the senate and 与元老院 184—189

ballot law 票板表决法 187—189
Benardete, Seth 伯纳德特 19

Carlyle, R. W. and A. J. R. W. 卡莱尔与 A. J. 卡莱尔 7
censor 监察官 173—174，191—193
Christianity 基督教。见 monotheism
Chrysippus 克律西普斯 5，7
citizenship 公民身份 110，187，202；ancestral gods and 祖传的神 124—127；basis of 其基础 101—107；deciding questions of 其决定性问题 191；rituals and 与仪式 140
civil law 公民法 33—39，55，56，60；guardian of the 其保卫者 174；religious law and 与宗教法 140—141，165—166
Civitas 政制 35，47，56，79，148，165，175，177，183，193；gods and men and the 与神和人 57—60；laws of religion and the 与宗教

法 125—127; music and the 与音乐 186

Colish, Marcia 科利什 8—9

community 共同体 citizenship and 与公民身份 101—107; of gods and men 神人共同体 39—45, 57—63, 121, 147; of laws 法律共同体 167—169; natural justice and 与自然正义 67—72; praise of wisdom and 与对智慧的赞颂 75—77; *summum bonum* and 与至善 72—75; tenuous bonds of 其脆弱纽带 128—129; unity among the schools and 各学派的联结 63—66

consent 同意 Atticus and 与阿提库斯 48—49, 59, 162, 172; the ballot law and 与票板表决法 187—189; and the interlocutors 与对话者 32—35, 180; nocturnal rites and 与夜间仪式 132—133; unity of the schools and 与各学派的联合 65

cosmopolis 世界城邦 99, 100, 106, 125, 202; and stoic doctrine 与廊下派学说 10

courage 勇气 69; Horatius Cycles and 与科克勒斯 116; Plato's *Laws* and 与柏拉图《法义》31, 53

Crassus 克拉苏斯 2

De Divinatione《论占卜》25, 104, 122, 130, 131, 187, 201, 203, 204

De Finibus《论至善与至恶》37—38, 74

De Natura Deorum《论诸神的本性》130—131; *auctoritas* and 与权威 141; Epicureanism and 与伊壁鸠鲁学派 161

De Officiis《论义务》8—12, 13, 84

De Oratore《论演说家》2, 203, 204

De Re Publica《论共和国》175—179, 201—204; defense of political life in 其中对这种生活的辩护 56; education and 与教育 187; idealized Rome presented in 其中呈现的理想化罗马 2—4; invocation of Aratus in 其中对阿拉托斯的援引 111—112; Leo Strauss on 施特劳斯论 10; mixed regime in 其中的混合政制 51—52, 166, 193; natural law in 其中的自然法 13, 45—47, 97; praise for Panaetius in 其中对帕奈提乌斯的赞扬 11; relation to *De Legibus* 与《论法律》的联系 20—22, 48, 55, 77, 79, 80—81, 144—145, 164, 171; setting of 其背景 122

Delian palm 德洛斯岛的棕榈树 26

democracy 民主 Aristotle and 与亚里士多德 167; in Plato's *Laws* 在《法义》中 50—51; in Plato's *Republic* 在柏拉图《理想国》中 181—182; Scipio and 与斯基皮奥

111

deus 神 137
dialectic 辩证法 76
Diogenes 第欧根尼 5，11，176
divination 占卜 127—132
Douglas，A. E. 道格拉斯 7
Dyck，Andrew R. 戴克 4，5，8，10，12

Egeria 埃革里娅 29，130
encomium 赞辞 to wisdom and philosophy 对智慧和哲学的赞辞 75—77
Epicureanism 伊壁鸠鲁学派 Atticus and 与阿提库斯 74，161，176；tenuous relation to the regime 与政制的脆弱联系 48—49，54—55，102—103，128—132
Epicurus 伊壁鸠鲁。见 Epicureanism

Ferrary，Jean-Louis 费拉里 45
Fibrenus 斐布瑞努斯河 99；as image of philosophical argument 作为哲学争论的意象 101—104；and Plato's *Phaedrus* 与柏拉图的《斐德若》107

gods 诸神 and Atticus's concession 与阿提库斯的承认 48—55；augury and 与预兆 127—132，190—191；citizenship and 与公民身份 99—107；community of men and 与神人共同体 57—60；and music 与音乐 133—136；and rites 与仪式 139—144；prelude to the law and 与法律序曲 120—121；private and public worship of 其私人与公共崇拜 124—127；relation to natural law 与自然法的联系 110—117；violation of vows and 与违背誓约 137—139
Griffin，Miriam 格里芬 161
guardians of the laws 法律维护者。见 censor

Hegel 黑格尔 6，171
Herodotus 希罗多德 30
history 历史 Roman 罗马史 169—172；poetry and 与诗歌 31—33；Scipio's 斯基皮奥叙述的历史 2—3
Homer 荷马 26
honestum 高尚 8，11，61，68—69，71，79，81—83，116，132，146—147
How，W. W. 豪 171

ius civile 公民法。见 civil law

justice 正义 gods and men and 与神人共同体 39—45，57—60；in *De Re Publica* 在《论共和国》中 45—47；human nature and 与人的自然

本性 60—63；natural law and 自然法 36—39；naturalness of 其自然本性 67—72；philosophical unity and 与哲学的联结 63—66；in Plato's Laws 在柏拉图的《法义》中 47—55；wisdom and 与智慧 75—77

Keyes, Clinton Walker 凯斯 19, 21, 171

Keyes, C. W. 凯斯。见 Clinton Walker Keyes

kingship 王制 51, 166, 167, 178, 181, 183

Kleinias 克莱尼阿斯 24, 31, 36, 49—57, 52—54, 79—80, 102, 123

Koester, Helmut 凯斯特 10

Kries, Douglas 克里斯 8—11, 37—38

Laelius 莱利乌斯 3, 11, 21, 42, 45, 51, 97, 111

law court 法庭 128, 174; poetry and the 与诗歌 28—31

Liris 利里斯河 25, 35, 99, 101

Long, A. A. 朗 177

lucus 圣林 26, 77, 99

Macrobius 马克罗比乌斯 19
Magistracy 官员。见 magistrate
magistrate 官员 172, and arrangement of offices 与官职的安排 167—169；nature of the power of the 官员权力的本质 165—166

Marius 马略 26, 107

Megillos 墨吉罗斯 24, 31, 36, 53, 102, 123

mens 心智 114, 116

Mitchell, Thomas N. 米切尔 169—171

Mitchell, T. N. 米切尔。见 Thomas N. Mitchell

mixed regime 混合政制 105, 117, 124; arrangement of offices in the 其中的官职安排 167—169；*De Re Publica* and the 与《论共和国》 2—4, 44, 51, 80—81, 111；glory and the 与荣誉 138；kingship and the 与王制 166—167；nocturnal rites and the 与夜间仪式 132；role of the senate in the 其中元老院的作用 184—187；role of tribunes in the 其中保民官的作用 177—178, 180—184

moderation 节制 as a command of the law 作为法的命令 190；in music 在音乐中 133—136；regime 政制 167；nocturnal rites and 与夜间仪式 132—133；senate as a model of 元老院作为其典范 185—186；Sextus Tarquinius and 与塞克斯都·塔克文 116；tribunes and 与保民官 182—183

monotheism 一神论 146, 148—149
music 音乐 and religion 与宗教 133—136; and the senate 与元老院 186

natural law 自然法 citizenship and 与公民身份 101—107; definition of 其定义 41—45; in *De Re Publica* 在《论共和国》中 45—47; indeterminacy and brevity of 不确定性与简明性 121—123; magistrate's power and 与官员的权力 165—166; introduction of 其序曲 36—39; revisited 再探 110—117
nature 自然 basis of justice found in 其中发现的正义根基 67—72; and the dramatic setting 与戏剧性背景 23—28, 101—107
Nicgorski, Walter 尼戈尔斯基 2, 7, 8—9
Numa 努马 29, 130, 149, 164, 175; and *De Re Publica* 与《论共和国》144—146

oak tree 橡树 24, 26—28
oratio 演说 35, 44, 59, 64, 95, 140, 159, 168, 170, 185
Orithyia 俄瑞堤伊亚 29, 108

Panaetius 帕奈提乌斯 5, 10, 11—12, 45, 130, 176; and *De Officiis* 与《论义务》8—9

persuasion 劝谕 25, 27—28, 44, 169; precedes praise of the laws 先于对法的赞颂 162—164; and preludes to laws 与法律的序曲 117—121
Philo 斐洛 10—11
philosophy 哲学 the censors and 与监察官 191—193; *summum bonum* and 与至善 72—75; insufficient as ground of politics 不足以作为政治之根基 36—63; schools of 各学派 63—66; praise of wisdom and 与对哲学的赞颂 75—77
Plato 柏拉图 and democracy 与民主 181—182; *Laws*《法义》1, 33—36, 47—51, 52—56, 102—103, 122—123, 164, 168, 180, 191—193; on music 论音乐 133—136, 186; Myth of Er 厄尔神话 143; *Phaedrus*《斐德若》107—110; and preludes to laws 与法律的序曲 117—121; "that divine man" "那位神样的人" 159—164
pleasure 快乐 56, 61, 70, 73; Arpinum and 与阿尔皮努姆 98, 104—105; Epicureans and 与伊壁鸠鲁学派 65—66; philosophy and 与哲学 75—76; poetry and 与诗 23, 30, 129, 130
Plutarch 普鲁塔克 6
poetry 诗歌 Cicero's *Aratea* and 与西塞罗的《阿拉忒亚》111—113;

divination and 与占卜 129—130; founding and 与创制 23—28; history and 与历史 31—33; the law court and 与法庭 28—31; music as a form of 音乐作为一种诗歌形式 133—136; Plato's *Laws* and 与柏拉图的《法义》50—51; rhetoric and 与修辞 107—110

Polybius 珀律比俄斯 11

Powell, J. G. F. 鲍威尔。见 Jonathan Powell

Powell, Jonathan 2—4, 6, 7, 85n24, 186—187

prince 第一者。见 *princeps*

princeps 第一者 21, 95

prudentia 明智 167

quercus 橡树 26

ratio 演说 1, 46, 47, 59, 62, 63, 67, 114, 168, 188

Rawson, Elizabeth 罗森 4—5, 12, 171

religion 宗教 divination and 与占卜 127—132; Jupiter and laws of 朱庇特与宗教法 111—113; music and 与音乐 133—136; pontifical law 大祭司法 140—141; prelude to laws of 宗教法序曲 118—121; promulgation and explanation of laws of 宗教法的颁布和解释 123—144; and vows 与誓约 137—139

rhetoric 修辞 Plato's *Phaedrus* and 与柏拉图的《斐德若》107—110

Robinson, Edward A. 鲁宾逊 85n2

Romulus 罗慕路斯 3, 28—29, 32, 126, 145, 164; and divination 与占卜 129—130

Rudd, Niall 拉德 12—13

ruling 统治 and being ruled in turn 与轮流被统治 167—169

Sabine, George H. 萨拜因 6—7

sacred grove 神圣橡树 23—28, 77, 99—100, 125—126

sapiens 智慧之人 114, 116, 165, 195

Scipio 斯基皮奥 9, 11, 12, 13, 20, 24, 33, 44, 48, 51, 55, 79, 80—81, 95, 98, 101, 105, 106, 110, 111, 117, 138, 141, 147, 149, 160, 163, 185, 193, 201, 203, 204n2; Dream of 斯基皮奥之梦 143; and idealized history of Rome 与罗马的理想化历史 2—4, 32, 144—146, 164, 166—167, 175

senate 元老院 97, 145, 170, 173, 174; essential importance of the 其至关重要性 184—187; guardians of the laws and the 与法律维护者 190—193

Socrates 苏格拉底 14, 22, 24, 26, 28, 29, 35, 36, 42, 47, 62, 63,

64，69，76，77，83，96，111，120，146，147；on democracy 论民主 181—182；Glaukon and 与格劳孔 182；Myth of Er and 与厄尔神话 143；philosophic unity and 与哲学上的联合 74；in Plato's *Phaedrus* 在柏拉图的《斐德若》中 107—110

stoicism 廊下派 *honestum* and 与高尚 81—84；natural law and 与自然法 39—45；Cicero and 与西塞罗 8—12；criticism of 对其的批评 37—38；divination and 与占卜 130—131；political inadequacy of 其政治上的不足 175—177；*summum bonum* and 与至善 72—74

Strauss, Leo 施特劳斯 10, 195n25

summum bonum 至善 82，203；digression concerning the 关于至善的分歧 72—75

Tarquin 塔克文 29
Theophrastus 特奥弗拉斯托斯 11, 176, 177
Theopompus 特奥蓬波斯 30
theos 诸神 26，77，99
tribunate 保民官。见 tribune
tribune 保民官 177—178，180—184
tyranny 僭主 50，138，147，166，167，183，191
Tyrtaeus 提尔泰俄斯 26，31，79
utile 效用 8，11

Vander Waerdt, Paul A. 瓦尔特 4, 5

West, Thomas G. 韦斯特 10
wisdom 智慧 foundation of community of gods and men 神人共同体的根基 57—60；in *De Re Publica* 在《论共和国》中 46；goddess of 智慧女神 137；Marcus praises 马尔库斯赞辞 75—77；natural law and 与自然法 39—45，113—115；perfect friendship and 与完美友谊 62—63；philosophy and 与哲学 74；in Plato's *Laws* 在柏拉图的《法义》中 50，54；in the senate 在元老院中 185
Wood, Neal 伍德 170

Zeno 芝诺 5，10，73—74，82—83
Zetzel, James E. G. 蔡策尔 5，10，19, 85n24, 204n4
Ziegler, Konrat 齐格勒 85n24

图书在版编目（CIP）数据

恢复古典的创制观：西塞罗《论法律》义疏 /（美）蒂莫西·卡斯珀著；林志猛等译. -- 北京：商务印书馆，2025. --（哲学与文明起源）. -- ISBN 978-7-100-24431-2

I . D903

中国国家版本馆 CIP 数据核字第 2024DU5891 号

权利保留，侵权必究。

哲学与文明起源
恢复古典的创制观
西塞罗《论法律》义疏
〔美〕蒂莫西·卡斯珀　著
林志猛　王　旭　等译

商 务 印 书 馆 出 版
（北京王府井大街36号　邮政编码100710）
商 务 印 书 馆 发 行
南京新洲印刷有限公司印刷
ISBN 978-7-100-24431-2

2025年3月第1版	开本 880×1240 1/32
2025年3月第1次印刷	印张 10

定价：68.00元